Tinjauan Kebijakan Pembiayaan dan Investasi Energi Bersih Indonesia

OECD
BETTER POLICIES FOR BETTER LIVES

Dokumen ini, serta data dan peta apa pun yang disertakan di sini, tidak mengurangi status atau kedaulatan atas wilayah mana pun, terhadap penetapan batas dan batas internasional, dan terhadap nama wilayah, kota, atau wilayah mana pun.

Data statistik untuk Israel disediakan oleh dan di bawah tanggung jawab otoritas Israel yang relevan. Penggunaan data tersebut oleh OECD tanpa mengurangi status Dataran Tinggi Golan, Yerusalem Timur, dan permukiman Israel di Tepi Barat menurut ketentuan hukum internasional.

Catatan oleh Turki
Informasi dalam dokumen ini dengan mengacu pada "Siprus" berkaitan dengan bagian selatan Pulau. Tidak ada otoritas tunggal yang mewakili orang Siprus Turki dan Yunani di pulau itu. Turki mengakui Republik Turki Siprus Utara (TRNC). Sampai solusi yang langgeng dan adil ditemukan dalam konteks Perserikatan Bangsa-Bangsa, Turki akan mempertahankan posisinya mengenai “masalah Siprus”.

Catatan oleh semua Uni Eropa
Negara Anggota OECD dan Uni Eropa Republik Siprus diakui oleh semua anggota Perserikatan Bangsa-Bangsa kecuali Turki. Informasi dalam dokumen ini berkaitan dengan wilayah di bawah kendali efektif Pemerintah Republik Siprus.

Silakan mengutip publikasi ini sebagai:
OECD (2021), *Tinjauan Kebijakan Pembiayaan dan Investasi Energi Bersih Indonesia*, OECD Publishing, Paris, *https://doi.org/10.1787/97320cf7-id.*

ISBN 978-92-64-86117-6 (cetak)
ISBN 978-92-64-37445-4 (pdf)

Kredit foto: Sampul © Rumagia Bangun Setiawan/Shutterstock.com.

Corrigenda untuk publikasi dapat ditemukan secara daring di: *www.oecd.org/about/publishing/corrigenda.htm.*

Sambutan

Indonesia telah mencapai keberhasilan ekonomi yang luar biasa dalam dua dekade terakhir dan berhasil mengentaskan jutaan orang dari kemiskinan. Namun, pandemi COVID-19 yang terjadi telah menghentikan sementara pertumbuhan ekonomi ini, menyebabkan resesi pertama di Indonesia dalam beberapa dekade. Akan tetapi, pemulihan dari pandemi memberikan peluang kepada Indonesia untuk membangun kembali ekonomi yang lebih kuat dan lebih berkelanjutan serta akan membantu untuk mencapai komitmen Perjanjian Paris dan Tujuan Pembangunan Berkelanjutan.

Transformasi sektor energi dapat memainkan peran sentral dalam menghijaukan pemulihan ekonomi Indonesia. Dengan sumber energi terbarukan yang melimpah dan potensi efisiensi energi yang besar, Indonesia dapat menjadi pasar energi bersih yang utama.

Secara khusus, investasi energi bersih dapat menjadi kekuatan pendorong di balik pemulihan Indonesia. Hal ini dikarenakan saat ini energi terbarukan hanya menyumbang sebagian kecil dari pembangkit listrik, dan peluang efisiensi energi sebagian besar masih belum dimanfaatkan. Oleh karena itu, membuka pintu untuk pembiayaan dan investasi dalam solusi energi bersih akan menjadi perubahan besar dari tren saat ini, di mana bahan bakar fosil masih mendominasi sektor energi.

Membuka potensi energi bersih Indonesia membutuhkan pembentukan kerangka pasar yang memungkinkan mobilisasi ratusan miliar dolar modal swasta untuk beberapa dekade mendatang. Tinjauan OECD terhadap Kebijakan Pembiayaan dan Investasi Energi Bersih Indonesia ini bertujuan untuk mendukung upaya untuk membentuk lingkungan investasi yang lebih baik dan dapat mempercepat transisi energi bersih di Indonesia.

Laporan ini memberikan gambaran menyeluruh tentang kerangka kebijakan saat ini, menyoroti kemajuan dan mengidentifikasi di mana perubahan diperlukan. Laporan Ini juga berisi sejumlah rekomendasi yang disesuaikan untuk Pemerintah Indonesia dan mitra pembangunan untuk memobilisasi pembiayaan dan investasi swasta dalam pengembangan energi bersih.

Tinjauan ini merupakan hasil dialog konstruktif antara Indonesia, mitra utama OECD, dan negara-negara anggota OECD bersama pemangku kepentingan energi bersih lainnya. OECD akan terus mendukung Indonesia dalam mengimplementasikan rekomendasi laporan ini seiring dengan upaya Indonesia membangun kembali ekonomi yang lebih kuat, lebih bersih, dan lebih tangguh. Saya yakin bahwa upaya kolaboratif ini akan membantu dalam memobilisasi pembiayaan dan investasi swasta untuk mendukung recana aksi perubahan iklim dan pembangunan berkelanjutan secara keseluruhan di Indonesia.

Mathias Cormann
Sekretaris Jenderal, OECD

Kata pengantar

Tinjauan Kebijakan Pembiayaan dan Investasi Energi Bersih Indonesia adalah salah satu keluaran penting Program OECD *Clean Energy Finance and Investment Mobilisation/*CEFIM. Program CEFIM bertujuan untuk mendukung pemerintahan di negara berkembang di Asia Selatan, Asia Tenggara serta Amerika Latin untuk membuka pembiayaan dan investasi di sektor pembangkit listrik energi terbarukan (EBT) dan efisiensi energi ("energi bersih").

Melalui kerja sama antara Pemerintah Indonesia dan OECD, serta reformasi kebijakan untuk memfasilitasi pengembangan investasi dan energi terbarukan, Indonesia merupakan pilihan yang tepat untuk melakukan Tinjauan Kebijakan Pembiayaan dan Investasi Energi Bersih yang pertama. Tinjauan ini mendukung upaya Indonesia mewujudkan transisi energi bersih dengan memberikan gambaran yang menyeluruh tentang kebijakan dan perkembangan terkini serta mengidentifikasi peluang untuk memperkuat intervensi kebijakan yang dapat membantu meningkatkan pembiayaan dan investasi energi bersih.

OECD berterima kasih kepada Pemerintah Indonesia atas kerja samanya dalam memberikan informasi; penyelenggaraan *virtual review mission* (Oktober-November 2020); untuk diskusi kelompok terarah *virtual* dan webinar pada 2020; dan untuk Dialog Pemangku Kepentingan yang diselenggarakan di Jakarta pada 8 November 2019. Ucapan terima kasih khusus kami sampaikan kepada Kementerian Koordinator Bidang Perekonomian, di bawah kepemimpinan Deputi Menteri Koordinator Montty Girianna, serta dukungan dari Asistennya, Dida Gardera, Agus Wibowo, Muksin, dan tim. CEFIM juga berterima kasih kepada semua instansi pemerintah yang terlibat dalam penyusunan Tinjauan ini, termasuk Otoritas Jasa Keuangan (khususnya Departemen Internasional), Badan Koordinasi Penanaman Modal, Kementerian Energi dan Sumber Daya Mineral (khususnya Direktorat Jenderal Ketenagalistrikan; Direktorat Jenderal Energi Baru dan Terbarukan dan Konservasi Energi; serta Badan Penelitian dan Pengembangan dan Badan Pengembangan Sumber Daya Manusia), Kementerian Keuangan (khususnya Badan Kebijakan Fiskal dan Direktorat Jenderal Pembiayaan Anggaran dan Manajemen Risiko), Kementerian Lingkungan Hidup dan Kehutanan, Kementerian Perindustrian, Kementerian Perencanaan Pembangunan Nasional (Bappenas), dan badan usaha milik negara seperti PT PLN (Perusahaan Listrik Negara), PT. Penjaminan Infrastruktur Indonesia (*Indonesian Infrastructure Guarantee Fund*), dan PT SMI (Sarana Multi Infrastruktur).

Tinjauan ini disusun oleh Cecilia Tam, Ketua Tim Program Mobilisasi Pembiayaan dan Investasi Energi Bersih *(Clean Energy Finance and Investment Mobilisation Programme).* Jeremy Faroi, koordinator riset dan Tinjauan. Laporan ini ditulis oleh John Dulac, Jeremy Faroi dan Cecilia Tam dari OECD *Environment Directorate* dan Randi Kristiansen dari *International Energy Agency* (IEA). Aang Darmawan, penyedia dukungan dalam negeri, khususnya dalam memfasilitasi koordinasi pertemuan dan diskusi antara Pemerintah Indonesia dan para penulis Tinjauan. Dominique Haleva, yang memberikan bantuan administrasi dan menyunting laporan. OECD *Environment Director*, Rodolfo Lacy, pemimpin misi dialog pada November 2019 dan yang meluncurkan *virtual Review mission.*

Beberapa kolega di Sekretariat OECD yang memberikan masukan dan umpan balik, termasuk Simon Buckle, Thiana Bule, Ivana Capozza, Alexandre De Crombrugghe, Massimo Geloso Grosso, Eija Kiiskinen, Britta Labhun, Mireille Martini, Jens Sedemund dan Stephen Thomsen. Kami juga berterima kasih atas komentar yang diberikan oleh Lucila Arboleya Sarazola, Sylvia Elisabeth Beyer, Nathaniel Lewis George dan Mike Waldron dari IEA.

Tinjauan ini disusun melalui proses konsultasi dengan berbagai pemangku kepentingan. Kami berterima kasih atas kontribusi dari Bertrand Poche dan Nurrahman Waluyo (*Agence Française de Développement*); Gina Lisdiana (Allotrope); Florian Kitt (*Asian Development Bank*); Russell Marsh dan kolega lain (ASEAN *Low-Carbon Energy Programme*) serta Mike Crosetti, Laily Himayati, Damar Pranadi dan Rizka Sari (MENTARI *Programme*); Marsha Sudar (Kedutaan Besar Australia di Indonesia); Ian Kay dan Louise Vickery (*Australia Renewable Energy Agency*); Trita Katriana (Kedutaan Besar Kanada di Indonesia); Andrew Glumac (*Carbon Disclosure Project*); Bianca Sylvester (*Clean Energy Finance* Corporation); Guntur Sutiyono, Jannata Giwangkara dan Emi Minghui Gui (Climate Works Australia); Sidonie Gwet (*Coalition for Green Capital*); Lars Kruse (Cowi); Stephan Skare Enevoldsen (Danish *Energy Agency*); Raditya Pramudiantoro (Danone); Muhammed Sayed (*Development Bank of South Africa*); Mylene Celestino Capongcol (*Department of Energy of the Philippines*); Tom Dreesen (EPS *Capital*); Marcel Sylvius dan timnya, Norbert Maas, Satria Wira Tenaya, dan Dessi Yuliana (*Global Green Growth Institute*); Leo Hyoungkun Park (*Green Climate Fund*); Raphaelle Vallet (*Green Investment Group*); Mathieu Geze, Dhiah Karsiwulan dan Syaifuddin Suaib (HDF *Energy*); Fabby Tumiwa (*Institute for Economic Services Reform*); Jinlei Feng, Costanza Strinati, Nicolas Wagner dan Badariah Yosiyana (*International Renewable Energy Agency*); Ogawa Tadayuki (*Japan International Co-operation Agency*); Dong Joo Kim (Jeju *Energy Corporation*); Jon Respati dan kolega lain (Masyarakat Konservasi dan Efisiensi Energi Indonesia); Paul Butarbutar, Surya Darma dan kolega lain (Masyarakat Energi Terbarukan Indonesia); Bold Magavan (*Mongolian Green Finance Corporation*); Sumi Subramaniam dan Riri Hijriah (Kedutaan Besar Selandia Baru di Indonesia); Sam Kimmins (*Renewable Energy* 100); Pawan Kumar Bharti (*Small, Industry Development Bank of India*); Mr. Peter Hobson (Sustainable Development Capital LLP); Katherine Stodulka (*Blended Finance Task Force and SystemiQ*); Rizkiasari Joedawinata (*World Wide Fund for Nature*) dan kolega lain dari Sekretariat dan anggota Inisiatif Keuangan Berkelanjutan Indonesia; dan Bona Raymond (*independent sustainable finance specialist*). Terakhir tapi tidak kalah pentingnya, OECD mengucapkan terima kasih kepada kedutaan besar negara anggota OECD yang berbasis di Indonesia yang terlibat dalam konsultasi selama proses Tinjauan ini, terima kasih khusus kepada Yang Mulia Bo Larsen, Duta Besar Denmark, Yang Mulia Rasmus Abildgaard Kristensen, mantan Duta Besar Denmark, Thomas Capral Henriksen dan timnya (Kedutaan Besar Denmark) atas dukungannya terhadap Tinjauan ini. Kami juga berterima kasih kepada semua peserta *virtual Review mission* yang telah memberikan masukan berharga untuk Tinjauan ini.

Laporan ini dapat disusun berkat kontribusi Denmark. Masukan terhadap laporan dari Randi Kristiansen dimungkinkan berkat Program IEA untuk Transisi Energi Bersih di Negara-Negara Berkembang (IEA's Clean Energy Transitions in Emerging Economies programme), yang menerima pendanaan dari program riset dan inovasi European Union's Horizon 2020 berdasarkan perjanjian hibah No. 952363.

Tim Kerja OECD untuk Perubahan Iklim, Investasi dan Pembangunan (*Climate, Investment and Development*) membahas draf Tinjauan ini pada rapat tanggal 25 Maret 2021. Terima kasih khusus kepada Gemma O' Reilly, Ekonom Dewan Penasihat Perubahan Iklim Irlandia yang sudah bertindak sebagai moderator dalam diskusi tersebut.

Daftar isi

Daftar Tabel

Daftar Gambar

Daftar Kotak

Follow OECD Publications on:

http://twitter.com/OECD_Pubs

http://www.facebook.com/OECDPublications

http://www.linkedin.com/groups/OECD-Publications-4645871

http://www.youtube.com/oecdilibrary

http://www.oecd.org/oecddirect/

This book has...

StatLinks

A service that delivers Excel® files from the printed page!

Look for the *StatLinks* at the bottom of the tables or graphs in this book. To download the matching Excel® spreadsheet, just type the link into your Internet browser, starting with the ***https://doi.org*** prefix, or click on the link from the e-book edition.

Singkatan dan akronim

AC	*air conditioner*
ASEAN	*Association of Southeast Asian Nations*
ATMR	aset tertimbang menurut risiko (*risk-weighted asset*)
BaU	*business-as-usual*
Bappenas	Badan Perencanaan Pembangunan Nasional (*Ministry of National Development Planning*)
BKPM	Badan Koordinasi Penanaman Modal (*Indonesian Co-ordinating Investment Board*)
BOOT	*build-own-operate-transfer*
BPDLH	Badan Pengelolaan Lingkungan Hidup (*Environment Fund Management Agency*)
BPMK	batas maksimum pemberian kredit (*legal lending limit*)
BPP	biaya pokok penyediaan (*average cost of electricity production*)
CaaS	*cooling as a service*
CCUS	*carbon capture, use and storage*
CFL	*compact fluorescent lamp*
CGE	*central government expenditure*
CMEA	*Co-ordinating Ministry of Economic Affairs* (Kementerian Koordinator Bidang Perekonomian)
CMMIA	*Co-ordinating Ministry of Maritime and Investment Affairs* (Kementerian Koordinator Bidang Kemaritiman dan Investasi)
CEEE	*Clean Energy, Education and Empowerment Collaboration Programme*
DEN	Dewan Energi Nasional (*National Energy Council*)
DG	*Directorate-General*
DMO	*domestic market obligation*
DSM	*demand-side management*
EC	*European Commission*
ECA	*Export Credit Agency*
EER	*energy efficiency rating*
EPC	*energy performance contract*
ESCO	*energy service company*
ESG	*environment social and governance*
FDI	*foreign direct investment* (Penanaman Modal Asing Langsung/PMA)
FiP	*feed-in premium*
FiT	*feed-in tariff*
FTP	*fast-track programme* (Program Percepatan Pembangunan Infrastruktur Ketenagalistrikan)
GCF	*Green Climate Fund*
GDP	*gross domestic product*
GFM	*government force majeure*
GHG	*greenhouse gas*
GW	*gigawatt (one billion Watts)*
IDR	*Indonesian Rupiah*
IEA	*International Energy Agency*
IGA	*investment-grade audit*
IGGF	*Indonesia Infrastructure Guarantee Fund (PT Penjaminan Infrastruktur Indonesia)*
IPP	*independent power producer*
ISO	*International Organisation for Standardisation*
IUPTL	izin usaha penyediaan tenaga listrik (*electricity business licence*)
KEN	Kebijakan Energi Nasional (*National Energy Policy*)
KWh	*kilowatt-hour*
LCOE	*levelised cost of electricity*
LCR	*local content requirement*
LED	*light-emitting diode*
LMAN	Lembaga Manajemen Aset Negara (*State Asset Management Agency*)
LPG	*liquefied petroleum gas*

MEMR	*Ministry of Energy and Mineral Resources* (Kementerian Energi dan Sumber Daya Mineral)
MEPS	*minimum energy performance standards*
MoEF	*Ministry of Environment and Forestry* (Kementerian Lingkungan Hidup dan Kehutanan)
MoF	*Ministry of Finance* (Kementerian Keuangan)
MoI	*Ministry of Industry* (Kementerian Perindustrian)
MoSOE	*Ministry of State-Owned Enterprises* (Kementerian Badan Usaha Milik negara)
MPWH	*Ministry of Public Works and Housing* (Kementerian Pekerjaan Umum dan Perumahan Rakyat)
MP3EI	*Master Plan Percepatan dan Perluasan Pembangunan Ekonomi Indonesia (Masterplan for Acceleration and Expansion of Indonesia's Economic Development)*
Mtoe	*million tonnes of oil equivalent*
$MtCO_2e$	*million tonnes of* CO_2 *(carbon dioxide) equivalent*
MW	*megawatt (one million Watts)*
NDC	*Nationally Determined Contribution*
OJK	Otoritas Jasa Keuangan (*Financial Services Authority*)
OSS	*on-line single submission*
PEEN	Penghargaan Efisiensi Energi Nasional (*National Energy Efficiency Awards*)
PLN	Perusahaan Listrik Negara (*National Power Utility*)
PMR	*Partnership for Market Readiness*
PPA	*power purchase agreement*
PPP	*public private partnership* (Kerjasama Pemerintah dengan Badan Usaha)
PPU	*private power utility*
PRSF	*Partial Risk Sharing Facility*
PT SMI	Perseroan Terbatas Sarana Multi Infrastruktur (*Multi Infrastructure Facility*)
PV	*photovoltaic*
RAN-GRK	Rencana Aksi Nasional Penurunan Emisi Gas Rumah Kaca (*National Action Plan for Greenhouse Gas Emission Reduction*)
RAKB	Rencana Aksi Keuangan Berkelanjutan (*Sustainable Finance Action Plan*)
REC	*renewable energy certificate*
RIKEN	Rencana Induk Konservasi Energi Nasional (*National Master Plan for Energy Conservation)*
RKP	Rencana Kerja Pemerintah (*Government Work Plan*)
RUEN	Rencana Umum Energi Nasional (*National Energy General Plan*)
RUED	Rencana Umum Energi Daerah (*Regional Energy General Plan*)
RUKN	Rencana Umum Ketenagalistrikan Nasional (*National Electricity General Plan*)
RUKD	Rencana Umum Ketenagalistrikan Daerah (*Regional Electricity General Plan*)
RUPTL	Rencana Umum Penyediaan Tenaga Listrik (*Electricity Business Plan*)
RPJMN	Rencana Pembangunan Jangka Menengah Nasional (*Medium-term Development Plan*)
SDG	*sustainable development goal*
SIDBI	*Small Industries Development Bank of India*
SOE	*state-owned enterprise*
SNI	Standar Nasional Indonesia (*Indonesian National Standard*)
TPES	*total primary energy supply*
TWh	*terawatt-hour*
USD	*United States Dollar*
VA	*volt-ampere*
VAT	*value-added tax*
VRE	*variable renewable energy*
W	*Watt*

Ringkasan Eksekutif

Tinjauan Kebijakan Pembiayaan dan Investasi Energi Bersih Indonesia ini mendukung upaya Indonesia untuk mewujudkan transisi energi bersih. Tinjauan ini berisi gambaran umum yang komprehensif tentang lingkungan kebijakan saat ini, menyoroti kemajuan dan mengidentifikasi peluang untuk memperkuat intervensi kebijakan yang dapat membantu meningkatkan pembiayaan dan investasi energi bersih. Berikut ini merupakan rangkuman penilaian dan rekomendasi penting dari enam bidang kebijakan yang merupakan kerangka tinjauan yang diuraikan pada bab 2 sampai dengan bab 7.

Penilaian

Pemerintah Indonesia patut menerima pujian karena menyatakan pentingnya energi bersih untuk masa depan negara. Pengembangan energi terbarukan yang melimpah dan potensi efisiensi energi di Indonesia sangat penting untuk memenuhi tujuan pembangunan berkelanjutan dan komitmen perubahan iklim Indonesia. Sebagaimana halnya negara lain dan korporasi yang menjanjikan aksi perubahan iklim yang lebih kuat, Indonesia perlu mempercepat transisi energi untuk mempertahankan daya tariknya sebagai tujuan investasi.

Perencanaan dan tata kelola pemerintahan

Adopsi inisiatif pembangunan rendah karbon (*low-carbon development initiative*/LCDI) sebagai bagian dari Rencana Pembangunan Nasional Jangkah Menengah (RPJMN) 2020-24 memperkuat komitmen Indonesia untuk mencapai target energi bersih dan perubahan iklim serta membantu mempercepat investasi energi bersih. Koordinasi antara instansi pemerintah dan pemangku kepentingan dalam pembiayaan dan investasi energi bersih tetap menjadi tantangan. Penyederhanaan peraturan di tengah upaya meningkatkan kapasitas dan sumber daya pemerintah pusat dan daerah akan meningkatkan pencapaian target energi bersih Indonesia. Di sisi lain, perlambatan ekonomi global akibat pandemi COVID-19, juga memengaruhi sektor energi, sehingga Indonesia perlu memutakhirkan Rencana Umum Energi Nasional (RUEN) yang dapat mendukung pengembangan energi bersih sebagai bagian dari pemulihan ekonomi. Langkah ini juga akan meningkatkan akses dan ketahanan energi serta mendukung tujuan pembangunan kembali dengan lebih baik.

Kerangka regulasi

Pemerintah telah menetapkan sejumlah regulasi penting terkait efisiensi energi dan energi terbarukan, termasuk standar kinerja energi nasional pertama Indonesia dan rancangan peraturan presiden tentang energi terbarukan. Reformasi tenaga kerja melalui Undang-Undang (UU) Cipta Kerja memperjelas kerangka kebijakan untuk memperbaiki iklim usaha listrik energi terbarukan, yang sampai saat ini masih sulit dipahami. Pembangkitan listrik oleh perusahaan dapat mempercepat pengembangan energi terbarukan yang seringkali terhambat oleh sejumlah kendala seperti, kurangnya jelasnya peraturan tentang pemanfaatan jaringan tenaga listrik bersama *(power wheeling)*. Masih terdapat kesenjangan signifikan dalam kebijakan efisiensi energi, termasuk rendahnya ruang lingkup persyaratan standar kinerja energi minimum (SKEM). Upaya untuk meningkatkan standar terhadap sepuluh jenis peralatan elektronik sangat menggembirakan, namun harus juga tetap fokus untuk menguatkan peraturan yang ada yang mencerminkan kondisi pasar.

Kebijakan investasi dan persaingan

Pengesahan UU Cipta Kerja merupakan langkah penting untuk meningkatkan kemudahan berusaha. UU Cipta Kerja diberlakukan untuk menghapus tumpang tindih peraturan dan mengurangi beberapa pembatasan pada penanaman modal asing langsung (*foreign direct investment*/FDI) serta menyederhanakan perizinan usaha. Dampak jangka panjang terhadap lingkungan usaha akan bergantung pada peraturan pelaksana di bidang lain yang harus dirancang tanpa mengorbankan lingkungan dan tujuan keberlanjutan. Tanpa mengesampingkan tujuannya untuk menciptakan lapangan kerja dan mengembangkan industri nasional, persyaratan terkait tingkat kandungan dalam negeri (TKDN) cenderung menghambat pasar tenaga surya dan bayu, karena biaya produksi dalam negeri lebih tinggi dibandingkan produksi luar negeri. Kondisi ini akan memengaruhi profitabilitas proyek dan menghalangi investasi secara keseluruhan.

Promosi dan fasilitasi investasi

Dalam beberapa tahun terakhir, dukungan terhadap investasi sektor energi terbarukan (termasuk insentif pajak) menunjukkan peningkatan, dengan sinyal yang menggembirakan bahwa peraturan presiden tentang energi terbarukan yang sedang disusun akan memfasilitasi pertumbuhan pasar. Untuk semakin mendorong investasi di sektor energi terbarukan, persepsi risiko seperti kurangnya transparansi dalam penetapan harga perjanjian jual beli tenaga listrik/PJBTL (*power purchase agreement*/PPA) dan ketidakpastian akibat keadaan kahar *(force majeure)* harus dikelola dengan baik. Dukungan dan insentif yang diberikan pemerintah tidak mengarah pada pengembangan efisiensi energi. Rendahnya kapasitas pasar untuk mengajukan proyek yang *bankable* menciptakan hambatan dalam pembiayaan dan investasi, sehingga diperlukan dukungan yang lebih terarah kepada pemangku kepentingan yang terlibat dalam mempersiapkan proyek efisiensi energi.

Kebijakan pasar keuangan

Peta Jalan Keuangan Berkelanjutan *(Sustainable Finance Roadmap)* Indonesia Tahap II (2020-24) yang baru-baru ini dirilis merupakan langkah penting dalam mengatur ulang ekosistem keuangan Indonesia, memperkuat implementasi pertimbangan lingkungan, sosial dan tata kelola (*environmental, social and governance*/ESG) dan mendukung inovasi serta pengembangan jasa dan produk keuangan. Lembaga-lembaga jasa keuangan di Indonesia menghadapi sejumlah tantangan untuk memperluas portofolio keuangan berkelanjutannya, terutama karena hal ini berkaitan dengan pembiayaan proyek energi terbarukan dan efisiensi energi. Isu yang berkembang mencakup kurangnya pemahaman tentang proyek energi bersih; kurang memadainya informasi; tingginya persepsi risiko; dan kurangnya instrumen keuangan dan pendanaan yang sesuai. Penyediaan fasilitas keuangan khusus yang berkelanjutan dapat membantu mengatasi hambatan, meningkatkan akses terhadap utang jangka panjang, mengurangi biaya transaksi yang tinggi, dan menurunkan suku bunga.

Isu-isu lintas sektoral

Pemerintah telah mendorong Penelitian & Pengembangan (Litbang) serta inovasi energi bersih, tetapi pendanaan yang tersedia masih lebih rendah dari komitmen disampaikan sebelumnya dan banyak kegiatan Litbang terkait energi masih berfokus pada teknologi bahan bakar fosil, dan ini merupakan tantangan untuk memutus ketergantungan pada hidrokarbon. Di sisi lain, Indonesia telah mencapai kemajuan besar dalam pengembangan keterampilan dan kapasitas terkait teknologi energi bersih serta keuangan berkelanjutan. Akan tetapi, upaya ini lebih condong ke aspek teknis dan operasional sementara masih terdapat kebutuhan yang besar untuk mengembangkan kapasitas pembiayaan di antara pengembang proyek sambil tetap meningkatkan kapasitas penataan dan uji tuntas *(due diligence)* dalam proyek energi bersih.

Tabel 1. Langkah Indonesia untuk meningkatkan kerangka pembiayaan energi bersih dan investasinya

LANGKAH-LANGKAH PENTING
Jangka pendek
• Memutakhirkan RUEN sehingga mencerminkan dampak pandemi COVID-19 terhadap permintaan energi dan memanfaatkan peluang ini untuk memperkuat target energi terbarukan dan efisiensi energi dalam program pemulihan ekonomi, melalui langkah-langkah pembangunan kembali dengan lebih baik. • Mengambil langkah-langkah untuk memastikan struktur kebijakan dan peraturan yang lebih sederhana sesuai dengan peraturan presiden yang disiapkan tentang energi terbarukan, termasuk menyederhanakan PJBTL dan mengatasi kesenjangan peraturan terkait pengaturan *net-metering* dan *power wheeling*. Selain itu, meningkatkan upaya fasilitasi pembebasan lahan (misalnya, memanfaatkan pengalaman dari pengembangan jalan tol Indonesia dan pengalaman India terkait *Solar Parks*) karena akses lahan masih tetap menjadi salah satu hal yang memerlukan waktu penyelesaian terpanjang dalam proyek-proyek energi terbarukan. • Mempertimbangkan perluasan penggunaan produk pembiayaan seperti Kredit Usaha Rakyat, yang memberikan skema jaminan dan suku bunga bersubsidi untuk usaha kecil untuk membantu mengatasi persyaratan agunan yang tinggi. Produk ini dapat mempermudah perusahaan dalam membangun atau memperluas penawaran energi bersih. • Melakukan penilaian pasar terperinci terkait kebutuhan dan tantangan pembiayaan serta mengidentifikasi dan meningkatkan instrumen pembiayaan yang sesuai kebutuhan pasar. Selain itu, mempertimbangkan penggunaan Dana SDG Indonesia One untuk mendukung skema garansi dengan tujuan memitigasi risiko *(de-risking)* proyek untuk membantu para pengembang proyek memenuhi persyaratan agunan sambil tetap membangun pengalaman dan kepercayaan di antara lembaga jasa keuangan dengan proyek energi bersih. • Memperluas program pelatihan untuk mengintegrasikan aspek keuangan dan pengembangan bisnis untuk proyek energi bersih, termasuk desain PJBTL yang layak mendapatkan pembiayaan perbankan dan diakui secara internasional serta pengembangan dan pelaksanaan model kerja sama pemerintah dengan badan usaha untuk mendorong pertumbuhan pasar.
Jangka menengah hingga jangka panjang
• Mengembangkan peraturan pelaksana dan pedoman yang jelas bagi PLN untuk menjamin proses pengadaan yang berfungsi dengan baik dan persaingan yang sehat di pasar. • Merencanakan perubahan secara transparan, melakukan tender proyek energi bersih yang kompetitif, dan menyediakan proses yang adil dan dapat diprediksi sehingga menarik investor. Hal ini terbukti secara global dapat menurunkan biaya energi terbarukan. • Menyediakan kerangka regulasi dan pasar yang lebih jelas sehingga mendorong terbentuknya mekanisme pasar dan pembiayaan inovatif seperti kontrak kinerja penghematan energi, sertifikat energi yang dapat diperdagangkan, dan model energi *as-a-service*.

- Meningkatkan ketersediaan data pembiayaan dan investasi energi bersih untuk meningkatkan transparansi dan membangun kepercayaan investor di pasar dengan menetapkan protokol pemantauan dan pelaporan serta mendukung pembangunan kapasitas SDM lembaga keuangan.
- Membangun struktur pembiayaan proyek energi bersih melalui kolaborasi antara OJK dan perbankan umum dan menstandarisasi ketentuan kontrak yang dapat direplikasi secara luas.

Tabel 2. Peluang untuk meningkatkan bantuan pengembangan

LANGKAH-LANGKAH PENTING
• Bantuan dari komunitas internasional sangat penting untuk mendukung mempercepat transisi energi bersih di Indonesia dan mencapai tujuan pembangunan berkelanjutan. Komunitas pembangunan telah memberikan bantuan teknis dan pembiayaan proyek energi bersih secara aktif, akan tetapi dukungan dalam berbagai bidang yang dapat menciptakan efek pengganda akan melahirkan lebih banyak pengusaha energi bersih dan dapat memobilisasi modal swasta. • Hasil konsultasi yang dilakukan dengan pengembang proyek, lembaga jasa keuangan dan pemangku kepentingan menunjukkan bahwa penguatan kerangka regulasi untuk membuka potensi energi terbarukan dan efisiensi energi adalah prioritas penting yang harus dilakukan di Indonesia. Kerja sama pengembangan dapat mendukung pembuat kebijakan untuk merancang dan menerapkan kebijakan terkait fasilitasi akses ke lahan, penyederhanaan perjanjian jual beli tenaga listrik, perencanaan lelang energi terbarukan, dan memperluas regulasi terkait efisiensi energi. • Bidang prioritas lain yang memerlukan perhatian adalah pelatihan dan pengembangan kapasitas serta dukungan pengembangan sehingga dapat menambah sumber daya untuk memberikan bantuan teknis dalam mengembangkan program yang telah ada, seperti sertifikasi auditor energi berstandar investasi dan mengembangkan program baru untuk meningkatkan pengetahuan keuangan di sektor energi bersih dan sebaliknya, pengetahuan energi bersih di lingkungan lembaga jasa keuangan. Pelatihan dan peningkatan kapasitas harus mencakup solusi pengembangan yang dapat direplikasi atau distandarisasi untuk memfasilitasi penyiapan proyek dan uji tuntas investor serta program alih pengetahuan melalui kemitraan dengan mitra pembangunan dan investor asing. • Dana pengembangan juga dapat digunakan untuk mendukung mekanisme pembiayaan campuran *(blended finance mechanisms)* (seperti Dana SDG Indonesia One) yang dapat memobilisasi modal investor dalam negeri dan internasional serta pinjaman komersial untuk proyek energi bersih. Untuk itu diperlukan mitigasi risiko proyek dalam rangka memobilisasi investasi langsung dan memberikan bantuan teknis dalam penyiapan proyek serta mengatur investasi yang sesuai sehingga lebih banyak investor yang bersedia menanamkan modal (misalnya, melalui agregasi dan sekuritisasi proyek untuk memenuhi persyaratan skala, khususnya untuk investor internasional berskala besar). • Pada akhirnya, bantuan diberikan untuk mendukung Indonesia dalam meningkatkan ketersediaan data pembiayaan dan investasi energi bersih serta mengembangkan perangkat pemantauan dan evaluasi. Masih ditemukan kesenjangan dalam ketersediaan data kinerja dan sumber daya proyek energi terbarukan yang konsisten dan andal, yang diperlukan lembaga keuangan untuk melakukan uji tuntas dan menilai risiko proyek. Selain itu, diperlukan perangkat untuk memantau dan mengevaluasi kinerja penghematan energi untuk mengembangkan pasar efisiensi energi.

1 Pendahuluan dan tren terkini dalam pembiayaan dan investasi energi bersih

Bab ini membahas tren-tren utama terkait pembiayaan dan investasi energi bersih di Indonesia. Gambaran umum pembangunan makroekonomi, investasi, dan sosial di Indonesia selama beberapa dekade terakhir diuraikan secara singkat dan tren-tren utama dalam permintaan energi dan efisiensi energi, serta sektor ketenagalistrikan dianalisis pada bagian ini dengan memberikan penekanan pada kemajuan dalam target energi bersih dan perubahan iklim. Bab ini juga berisi *snapshot* pasar energi bersih Indonesia, tren terkini dalam biaya teknologi energi bersih serta arus pembiayaan dan investasi.

Pendahuluan

Tinjauan OECD terhadap Kebijakan Pembiayaan dan Investasi Energi Bersih Indonesia ini berisi penilaian komprehensif terhadap regulasi dan kebijakan, perkembangan dan peluang peningkatan pembiayaan dan investasi energi bersih Indonesia dalam berbagai bidang kebijakan penting yang dibahas dalam tujuh bab. Analisis dalam Tinjauan ini disusun berdasarkan pengalaman ekstensif OECD dalam membuat tinjauan serupa seperti *Tinjauan Kebijakan Pertumbuhan Hijau di Indonesia 2019* (OECD, 2019[1]), *Tinjauan Kebijakan Investasi Indonesia 2020* (OECD, 2020[2]) *dan Survei Ekonomi 2021* (OECD, 2021[3]), serta kerangka lengkap kerja sama OECD tentang keuangan berkelanjutan dan investasi (lihat Kotak 1.1). Laporan ini mencerminkan perkembangan terbaru yang terjadi sebelum 16 April 2021.

Dengan melibatkan pemangku kepentingan secara intensif, OECD mengadakan konsultasi dan wawancara dengan berbagai pemangku kepentingan (misalnya, lembaga pemerintah, perbankan, pelaku usaha sektor energi bersih, dan organisasi internasional) pada 2019-20 untuk menyampaikan perkembangan tentang Penilaian dan Rekomendasi Tinjauan ini. *Virtual review mission* diselenggarakan sepanjang Oktober-November 2020, terdiri atas lima diskusi kelompok terarah *(focused group discussion)* dalam berbagai bidang penting (Pengusahaan Tenaga Listrik oleh Perusahaan; Pengembangan Keterampilan dan Kapasitas; Investasi Energi Terbarukan di Wilayah Timur Indonesia; Pembiayaan Efisiensi Energi; dan Fasilitas Keuangan Berkelanjutan) dan tiga pertemuan konsultasi dengan perwakilan negara OECD di Indonesia, lembaga keuangan dan pelaku usaha sektor energi bersih.

Sekitar 20 pakar internasional memberikan masukan dalam format *virtual* serta melibatkan juga sekitar 650 orang yang terdiri dari pejabat pemerintah, pengembang proyek, lembaga keuangan, duta besar, dan perwakilan negara OECD di Indonesia. Selain konsultasi, Kuesioner Kebijakan *(Policy Questionnaire)* komprehensif telah diselesaikan dan dikembalikan oleh 10 instansi pemerintah dan PLN untuk melengkapi informasi dalam dokumen Tinjauan ini.

Kotak 1.1. Kerangka analisis Tinjauan terhadap Kebijakan Pembiayaan dan Investasi Energi Bersih

Tinjauan Indonesia ini disusun berdasarkan kerangka kerja sama OECD yang ekstensif terkait dengan pembiayaan berkelanjutan dan investasi yang merupakan kerangka analitss utama dari Tinjauan ini. Secara khusus, "Pedoman Kebijakan Investasi dalam Infrastruktur Energi Bersih" 2015 menjadi titik awal struktur tinjauan yang dilengkapi dengan pertimbangan pembiayaan efisiensi energi serta aspek-aspek kebijakan energi bersih, pembiayaan berkelanjutan, pengembangan keterampilan dan inovasi.

Tabel 1.1. Kerangka Analisis Kajian

	Contoh-contoh pertanyaan/isu sebagai pertimbangan pembuat kebijakan	Tujuan keseluruhan
1. Tren baru dalam pembiayaan dan investasi energi bersih	• Tren-tren utama dalam pengembangan energi terbarukan dan efisiensi energi serta investasi;	Memberikan gambaran umum tentang situasi pembiayaan dan investasi energi bersih saat ini.
2. Perencanaan dan tata kelola pemerintahan	• Tata kelola bertingkat dan koordinasi kebijakan • Pengaturan target energi bersih yang komprehensif • Peran pemerintah daerah	Target energi bersih jangka pendek dan jangka panjang yang jelas merupakan fokus dalam transisi energi bersih. Lembaga yang kuat dan terkoordinasi dengan baik menciptakan lingkungan yang mendukung perkembangan pasar energi bersih.
3. Kerangka regulasi	• Regulasi efisiensi energi • Regulasi energi terbarukan • Desain pasar ketenagalistrikan	Koherensi kualitas dan kebijakan peraturan merupakan dua dimensi penting dalam membangun kepercayaan investor dan kerangka yang tepat.
4. Kebijakan investasi dan persaingan	• Larangan diskriminasi antara investor asing *versus* investor dalam negeri • Pelaksanaan kontrak • Otoritas persaingan • Kerja sama pemerintah denganbadan usaha (tata kelola perusahaan)	Kualitas kebijakan investasi secara langsung memengaruhi keputusan semua investor. Transparansi, perlindungan properti dan praktik larangan diskriminasi mendukung upaya untuk menciptakan lingkungan investasi yang sehat. Kebijakan persaingan yang efektif dapat membantu meningkatkan efisiensi ekonomi, berkontribusi terhadap kondisi yang kondusif terhadap investasi baru dan menyebarkan manfaat investasi secara lebih luas kepada masyarakat.
5. Promosi dan fasilitasi investasi	• Penetapan harga karbon dan penghapusan subsidi bahan bakar fosil • Insentif kebijakan untuk investasi • Perizinan	Upaya promosi dan fasilitasi investasi, termasuk insentif, dapat menjadi instrumen yang efektif untuk menarik investasi dengan ketentuan upaya tersebut bertujuan untuk memperbaiki kegagalan pasar dan dikembangkan dengan cara yang dapat memanfaatkan keunggulan lingkungan investasi suatu negara.
6. Kebijakan Pasar Keuangan	• Penguatan pasar keuangan lokal • Akses terhadap pembiayaan energi bersih • Peraturan keuangan berkelanjutan • Instrumen keuangan berkelanjutan • Peran pembiayaan pembangunan • Inovasi kelembagaan	Pasar keuangan yang berfungsi dengan baik dapat berkontribusi secara signifikan dalam meningkatkan peluang investasi baik bagi investor dalam negeri maupun luar negeri. Kerangka keuangan berkelanjutan diperlukan dalam transisi pasar keuangan menuju produk keuangan dan praktik-praktik investasi berkelanjutan. Pembiayaan pembangunan yang koheren merupakan kunci untuk memperbaiki kegagalan pasar, mendorong investasi sektor swasta dan mendukung pengembangan pasar energi bersih.

7. Isu-isu lintas sektoral	• Integrasi regional • Litbang dan inovasi • Pelatihan dan pengembangan keterampilan • Keragaman gender	Untuk mencapai transisi energi bersih diperlukan kolaborasi regional, dukungan untuk mengembangkan kemampuan riset, pengembangan inovasi dan keterampilan serta program terarah untuk memberdayakan perempuan dan meningkatkan keragaman gender.

Tren ekonomi utama

Perekonomian Indonesia mengalami pertumbuhan stabil selama beberapa dekade terakhir

Selama satu setengah dekade terakhir, kondisi makroekonomi Indonesia menunjukkan kekuatannya. Walaupun mengalami perlambatan sejak akhir siklus komoditas 2003-11, Produk Domestik Bruto (PDB) riil terus mengalami pertumbuhan rata-rata 5,5% per tahun selama 2005-19 – angka pertumbuhan yang setara dengan Filipina dan lebih tinggi dibandingkan Malaysia dan Thailand. Pertumbuhan ini meningkatkan PDB per kapita Indonesia hampir dua kali lipat selama periode tersebut dan menempatkannya di posisi tengah di antara negara-negara lain di kawasan (misalnya, Malaysia, Filipina, Thailand, dan Vietnam). Dengan capaian 33% dari PDB, tingkat investasi telah mendorong pertumbuhan PDB selama beberapa dekade terakhir dan cukup tinggi dibandingkan dengan negara-negara lain di kawasan (lihat Gambar 1.1).

Rencana infrastruktur pemerintahan yang ambisius, upaya untuk memperbaiki lingkungan usaha dan peningkatan harga komoditas global (walaupun berfluktuasi) menjadi pendorong utama pertumbuhan investasi dalam negeri.

Gambar 1.1. Investasi dan PDB per kapita, 2019

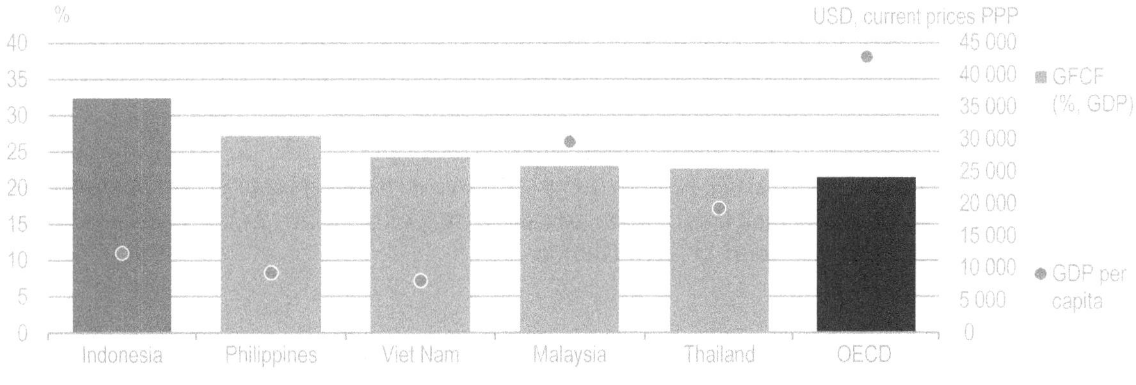

Catatan: a) Investasi diukur berdasarkan Pembentukan Modal Tetap Bruto (*Gross Fixed Capital Formation*/GFCF).
Sumber: OECD (2020), Badan Pusat Statistik (basis data); *World Bank* (2018), Indikator Pembangunan Dunia (*World Development Indicators)* (basis data).

StatLink https://stat.link/n8pxys

Namun demikian, perekonomian Indonesia mengalami pukulan berat akibat pandemi global COVID-19 sehingga menyebabkan perekonomian mengalami resesi pada 2020 (-2,43% per tahun berdasarkan data OECD), untuk pertama kalinya sejak krisis keuangan Asia. Pandemi ini menimbulkan dampak yang dalam, menyebabkan lonjakan angka pengangguran dan kemiskinan serta menekan investasi dan konsumsi dalam negeri di tengah meningkatnya ketidakpastian. Walaupun perekonomian perlahan-lahan mengalami pemulihan, seiring dengan dibukanya kembali perekonomian dalam negeri dan global secara bertahap dan peluncuran paket stimulus COVID oleh pemerintah Indonesia, konsekuensi sosial-ekonomi dari pandemi kemungkinan akan bertahan lama. Pada akhir tahun 2021, OECD memproyeksikan angka PDB 10% lebih rendah dari yang seharusnya berdasarkan skenario bisnis seperti biasa *(business-as-usual)* (OECD, 2021[3]).

Arus masuk penanaman modal asing (PMA) langsung (*foreign direct investment*/FDI) kurang berkontribusi pada keseluruhan angka investasi di Indonesia, tetapi berpotensi mendukung pemulihan perekonomian Indonesia. Sebagian besar PMA dapat mendatangkan pembiayaan yang sangat dibutuhkan, teknologi modern dan praktik-praktik organisasi, akses ke pasar global, dan peningkatan kondisi kerja dan lingkungan (OECD, 2021[3]). Meskipun terjadi peningkatan selama dua dekade terakhir, arus masuk PMA mengalami penurunan sejak tahun 2016 (baik secara absolut maupun relatif) akibat meningkatnya ketegangan perdagangan dan proteksionisme, perlambatan ekonomi di Cina, serta pengetatan kebijakan moneter AS yang menyebabkan arus keluar modal dalam jumlah signifikan selama tahun 2018. Kunci utama untuk meningkatkan PMA adalah dengan memperkuat kondisi yang mendukung (lihat (OECD, 2020[2]) untuk informasi lebih lanjut tentang tren-tren PMA; **lihat Bab 4**).

Indonesia telah menetapkan target ambisius untuk perkembangan ekonominya. Setelah gagal memenuhi target pertumbuhan tahunan PDB sebesar 7% selama tahun 2015-19, Indonesia memperbarui sasaran pembangunan ekonominya dengan menetapkan target pertumbuhan PDB baru yang berkisar antara 5,2-6,2% per tahun selama 2020-24. Walaupun angka ini lebih realistis, pandemi COVID yang saat ini melanda dunia mungkin menyebabkan target ini sulit dicapai. Indonesia telah menetapkan "Visi Indonesia 2045" dengan sasaran menempatkan Indonesia di antara lima perekonomian terbesar di dunia pada tahun 2045 (dari posisi ke-16 pada tahun 2019).

Pertumbuhan meningkatkan penghidupan tetapi masih belum merata

Indonesia telah mengalami kemajuan luar biasa dalam upaya meningkatkan penghidupan dan akses ke tenaga listrik untuk penduduknya. Berkat PDB per kapita yang meningkat nyaris dua kali lipat, Indonesia berhasil memangkas angka kemiskinan dua kali lipat sejak awal milenium dan menyaksikan munculnya kelas menengah yang dinamis yang saat ini berjumlah sekitar 50 juta orang (dari total 264 juta penduduk). Peningkatan ini diikuti oleh kenaikan akses ke tenaga listrik yang cukup besar, dengan angka elektrifikasi yang melonjak tajam dari hanya 53% pada tahun 2000 menjadi 99,20% pada tahun 2020, berkat tersedianya panel surya atap, program elektrifikasi serta program percepatan pembangunan infrastruktur ketenagalistrikan nasional (**lihat Bab 2**). Namun demikian, rasio ini tidak tersebar secara merata di seluruh wilayah dan sekitar 10 juta penduduk belum memiliki akses listrik (OECD, 2019[11]). Pemadaman listrik juga masih sering terjadi di wilayah Indonesia (lihat Gambar 1.2).

Gambar 1.2. Indeks durasi dan frekuensi gangguan rata-rata terhadap sistem, 2020

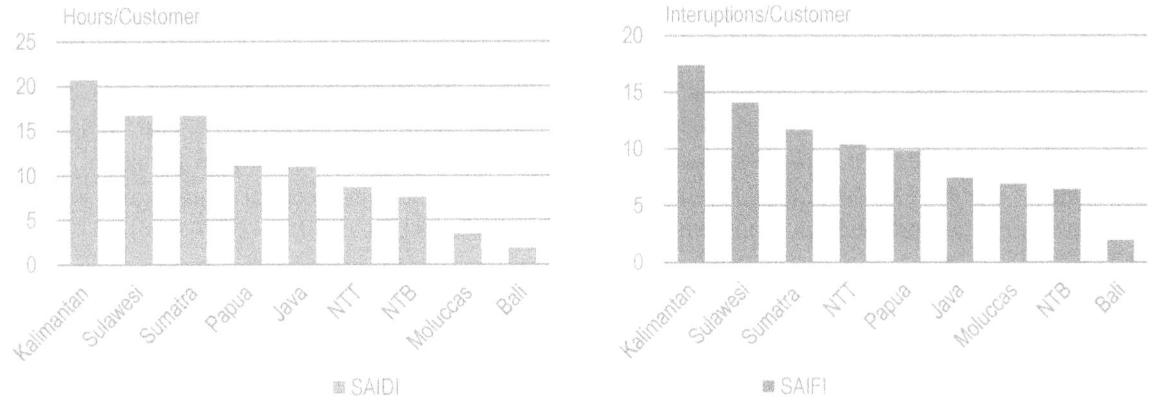

Catatan: Kepulauan timur termasuk Maluku, NTT (Nusa Tenggara Timur), Papua dan Sulawesi; Indeks Durasi Gangguan Rata-Rata terhadap Sistem (*System Average Interruption Duration Index*/SAIDI) adalah durasi pemadaman listrik untuk setiap konsumen dalam satu tahun; Indeks Frekuensi Gangguan Rata-Rata terhadap Sistem *(System Average Interruption Frequency Index)* merupakan jumlah gangguan untuk setiap konsumen dalam satu tahun. NTB = Nusa Tenggara Barat.
Sumber: Data statistik Kementerian ESDM dan PLN.

StatLink https://stat.link/m5vtkn

Terlepas dari kemajuan ini, masih terdapat kesenjangan yang signifikan di seluruh wilayah kepulauan Indonesia. Pulau Jawa yang dihuni sekitar separuh dari penduduk Indonesia, 70% dari basis manufaktur Indonesia, dan menghasilkan hampir 60% dari PDB nasional. Selain itu, tingkat akses listrik serta pembangunan infrastruktur di pulau Jawa merupakan satu di antara yang tertinggi di Indonesia. Sebaliknya, kepulauan di sebelah timur Indonesia (misalnya, Nusa Tenggara Timur, Maluku atau Papua) dihuni oleh penduduk yang jauh lebih sedikit dan secara ekonomi kurang berkembang. Kondisi ini menyebabkan tingkat akses listrik yang jauh lebih rendah dibandingkan dengan pulau-pulau lain dengan kebutuhan infrastruktur yang luar biasa tinggi, yang pada gilirannya, meningkatkan biaya logistik (Oxford Business Group, 2018[4]).

Tren permintaan dan efisiensi energi

Efisiensi energi merupakan kunci untuk merasionalisasikan konsumsi energi dan menurunkan emisi

Secara keseluruhan, perekonomian Indonesia didominasi oleh sektor-sektor dengan intensitas energi yang rendah. Sektor jasa dengan intensitas energi rendah menyumbang sekitar dua pertiga nilai tambah dan mengalami pertumbuhan yang stabil (BPS, 2021[5]). Pada tahun 2017, sektor pariwisata menyumbang sekitar 4% dari PDB dan, walaupun mengalami dampak terparah akibat krisis COVID-19, sektor ini diharapkan akan berekspansi dalam jangka panjang mengingat Indonesia berencana menciptakan "10 Bali baru[1]". Upaya ini akan membuka peluang pasar energi bersih, khususnya di sektor perhotelan dan pariwisata (OECD, 2020[6]). Demikian pula sektor manufaktur dalam negeri, yang menyumbang kurang lebih 20% dari PDB (turun dari sekitar 30% pada awal tahun 2000an), secara keseluruhan tetap didominasi oleh subsektor dengan intensitas energi yang rendah – misalnya, mesin dan peralatan transportasi; makanan, minuman dan tembakau (BPS, 2021[5]). Akibatnya, intensitas energi di Indonesia (dalam hal konsumsi dan pasokan energi berdasarkan PDB dan per-kapita) jauh lebih rendah dibandingkan dengan Thailand dan Vietnam, serta negara-negara ASEAN secara keseluruhan.

Meskipun demikian, permintaan energi Indonesia (dalam hal total konsumsi final/*total final consumption*, TFC) masih mewakili sepertiga dari TFC kawasan (ASEAN) dan mengalami pertumbuhan yang pesat selama dua dekade terakhir, dipicu oleh lonjakan urbanisasi dan pertumbuhan populasi dan perekonomian. Permintaan tenaga listrik merupakan pemicu utama dalam pertumbuhan permintaan energi. Selama tahun 2005-18, permintaan tenaga listrik mencapai dua kali lipat dan dapat meningkat dua kali lipat lagi pada tahun 2030 berdasarkan skenario bisnis seperti biasa (*business-as-usual*/BaU). Dalam skenario tersebut, tenaga listrik bahkan akan menggeser kedudukan minyak sebagai sumber TFC terbesar pada tahun 2050 (DEN, 2019[7]). Untuk memenuhi permintaan listrik yang terus meningkat hingga tahun 2030, perlu dilakukan penambahan kapasitas dari proyek Rencana Umum Energi Nasional (RUEN) sebesar sekitar 7,5 GW setiap tahunnya (sepertiganya akan bersumber dari energi terbarukan), walaupun angka ini bisa jadi merupakan perkiraan yang terlalu tinggi (**lihat Bab 2**) (MEMR, 2017[8]).

Peningkatan efisiensi energi menjadi sangat penting untuk merasionalisasi konsumsi energi yang meningkat pesat, demikian pula rencana perluasan kapasitas pembangkit listrik. Langkah-langkah efisiensi energi di sektor bangunan (meliputi peralatan elektronik sektor rumah tangga dan komersial) menjadi sangat penting mengingat sektor ini menyumbang dua pertiga dari konsumsi listrik (**lihat Bab 3**). Efisiensi energi juga penting untuk mengurangi emisi gas rumah kaca, yang mengalami peningkatan selama sepuluh tahun terakhir dan menjadi semakin penting mengingat konsumsi energi telah menghasilkan emisi terbesar pada tahun 2017 (sebagian besar berasal dari pembangkit listrik dan industri yang didominasi bahan bakar fosil) dan telah mengalami peningkatan dua kali lipat sejak tahun 2000 (OECD, 2019[1]; Ministry of Environment and Forestry, 2019[9]).

Sektor rumah tangga dan industri sebagai konsumen energi terbesar

Pada tahun 2018, penggunaan energi sektor rumah tangga merupakan sumber TFC terbesar, walaupun di dalamnya menyertakan penggunaan energi biomassa tradisional (terutama biomassa untuk memasak) (lihat Gambar 1.3 & Gambar 1.4). Antara tahun 2005-18, konsumsi energi rumah tangga mengalami penurunan sebesar kurang lebih 37%, sebagian berkat efisiensi energi yang signifikan sebagai dampak dari program pemerintah menuju transisi dari biomassa dan minyak tanah menjadi LPG untuk memasak – karena 77% dari konsumsi energi rumah tangga digunakan untuk keperluan memasak (IEA, 2017[10]; DEN, 2019[7]). Selain itu, peralihan dari penggunaan bahan bakar lain menjadi listrik (yang dipicu oleh peningkatan laju elektrifikasi) telah berkontribusi terhadap peningkatan efisiensi, sesuai dengan inisiatif pemerintah agar masyarakat beralih ke peralatan yang lebih efisien, seperti lampu *compact fluorescent* dan LED.

Permintaan listrik dari sektor rumah tangga mengalami peningkatan akibat pertumbuhan jumlah penduduk, pertambahan jumlah hunian, dan peningkatan kepemilikan peralatan elektronik rumah tangga. Sementara itu, elektrifikasi dan meningkatnya permintaan akan perkakas dan peralatan elektronik, seperti pendingin udara, akan semakin memengaruhi kurva beban listrik (misalnya, pada malam hari), sebagaimana halnya di negara-negara lain. Hal ini sangat mungkin terjadi di pusat perkotaan yang berkembang pesat di Indonesia, di mana daya beli rumah tangga dan konsumsi energi biasanya tinggi tetapi tidak diikuti dengan keberadaan pembangkit listrik di lokasi atau di area tersebut.

Gambar 1.3. TFC berdasarkan sektor dan subsektor industri, 2018

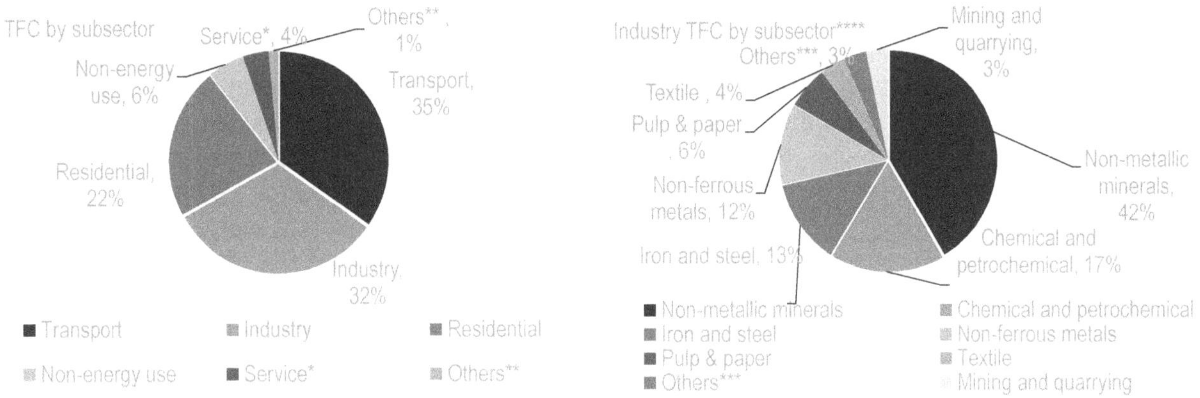

Catatan: * "Jasa" mencakup jasa komersial dan publik; ** "Lain-lain" mencakup TFC yang tidak ditentukan serta sektor pertanian; *** "Lain-lain" meliputi makanan dan tembakau (2%) sementara mesin dan konstruksi mencakup sisanya; **** TFC industri yang tidak ditentukan mewakili lebih dari separuh totalnya dan tidak ditampilkan dalam gambar tersebut.
Sumber: IEA (2020), *World Energy Balances* (basis data).

StatLink https://stat.link/joab59

Gambar 1.4. TFC berdasarkan sektor tertentu dan jenis bahan bakar, 2005-18

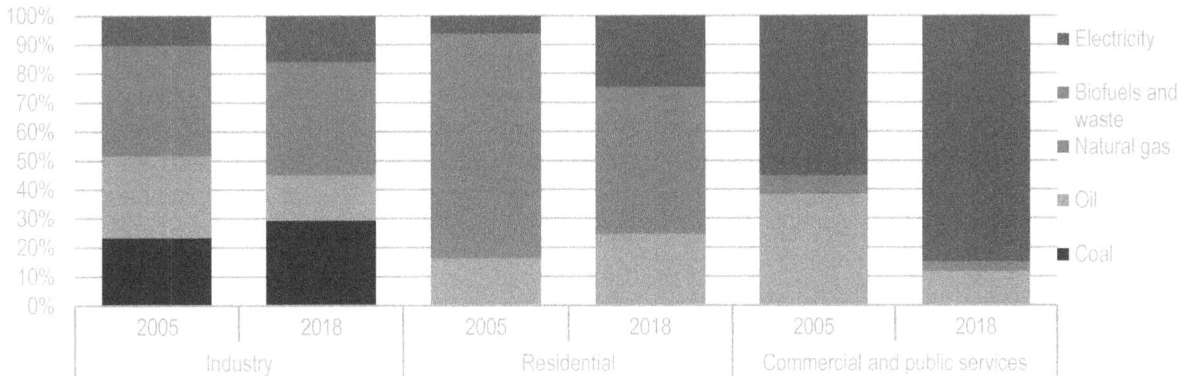

Catatan: "Bahan bakar nabati dan limbah" di sektor rumah tangga sebagian besar mencakup biomassa tradisional (yang sebagian besar digunakan untuk memasak).
Sumber: IEA (2020), *World Energy Balances* (basis data).

StatLink https://stat.link/9gfd3c

Penggunaan energi di sektor industri mengalami pertumbuhan lebih rendah dibandingkan PDB sehingga mengakibatkan perbaikan intensitas energi (berkurang) di sektor tersebut. Pertumbuhan permintaan energi dari sektor industri dipicu oleh subsektor logam nonbesi, bubur kertas dan kertas, bahan kimia dan petrokimia, besi dan baja dan semen (mineral nonlogam). Walaupun kontribusinya relatif rendah terhadap nilai tambah sektor manufaktur, subsektor ini menyumbang tiga perempat dari total penggunaan energi industri (lihat Gambar 1.3). Mengingat rencana untuk menghidupkan kembali basis manufaktur Indonesia, konsumsi energi sektor industri diproyeksikan akan terus meningkat bahkan melebihi sektor transportasi pada tahun 2030 (DEN, 2019[7]).

Meskipun awalnya baik, perkembangan pencapaian target efisiensi energi melambat

Data nasional menunjukkan penurunan intensitas energi (membaik) selama tahun 2015-17, melampaui target penurunan tahunan Indonesia sebesar 1% hingga tahun 2025 (dengan 2015 sebagai tahun dasar). Namun demikian, selama tahun 2017-19, tren tersebut bergerak ke arah sebaliknya, sebagian akibat peningkatan intensitas di sektor transportasi, yang sebagian besar gagal mencapai target penurunannya (IESR, 2021[11]). Dengan demikian, Indonesia harus tetap memperkuat upaya efisiensi energi di semua sektor agar tetap berada di jalur yang tepat untuk mencapai target efisiensi energi. Pemanfaatan potensi penurunan intensitas energi perkotaan akan menentukan keberhasilan pencapaian target efisiensi energi, karena lebih dari separuh penduduk dan sebagian besar kegiatan ekonomi terpusat di perkotaan, dengan 20 kota terbesar di Indonesia menghasilkan hampir separuh dari PDB nasional (IEA, 2016[12]). Beberapa kota menjadi yang terdepan—dengan kota Jakarta sebagai contoh—karena komitmennya untuk mengurangi konsumsi energi sampai dengan 30% pada tahun 2030 dibandingkan dengan BaU (OECD, 2019[1]).

Tren sektor ketenagalistrikan

Bahan bakar fosil tetap berperan penting dalam sektor ketenagalistrikan di Indonesia

Sistem ketenagalistrikan di Indonesia masih tetap didominasi oleh bahan bakar fosil, terutama batu bara. Tidak mengherankan, karena Indonesia memiliki cadangan batu bara terbesar di dunia (lihat Gambar 1.5). Pada tahun 2019, sebagian besar kapasitas pembangkit listrik Indonesia (sekitar 67 GW) berasal dari batu bara (50%), gas (sekitar 30%) dan diesel (sekitar 7%). Penambahan kapasitas listrik berbahan bakar fosil meningkat pesat tahun 2005-19, dengan kapasitas pembangkit listrik berbahan bakar batu bara lebih dari tiga kali lipat dibandingkan dengan gas yang hanya mencapai dua kali lipat, sementara BBM (Bahan Bakar Minyak) meningkat kurang lebih 50%. Jika batu bara dan gas mewakili porsi terbesar kapasitas terpasang nasional (dan sebagian besar wilayah barat Indonesia), maka BBM mewakili porsi terbesar kapasitas listrik di Indonesia bagian timur serta pulau Kalimantan (lihat Gambar 1.6). Hal ini disebabkan tingginya penggunaan genset listrik di kawasan timur Indonesia untuk mengatasi keterbatasan akses ke jaringan listrik.

Pembangkit listrik berbahan bakar fosil dalam jumlah lebih besar kemungkinan akan beroperasi beberapa tahun ke depan, untuk memenuhi permintaan listrik yang terus meningkat. Dari 56,6 GW kapasitas tambahan yang direncanakan untuk pengembangan antara tahun 2019-28, sebagian besar akan bersumber dari batu bara (sekitar setengah) dan gas (22%), sementara hanya sepertiga akan berasal dari pembangkit listrik tenaga hidro berskala besar (17%) atau energi terbarukan tenaga hidro berskala kecil (13%) (PLN, 2019[13]). Jika semua pembangkit listrik tenaga batu bara yang telah direncanakan tersebut beroperasi pada tahun 2028, maka proyeksi emisinya akan menyimpang dari jalur di bawah 2°C semenjak awal tahun 2022 dan tingkat emisinya akan menjadi dua kali lipat pada tahun 2028 (IESR, 2021[11]).

Gambar 1.5. Kapasitas pembangkit listrik berdasarkan jenis bahan bakar, 2005 & 19

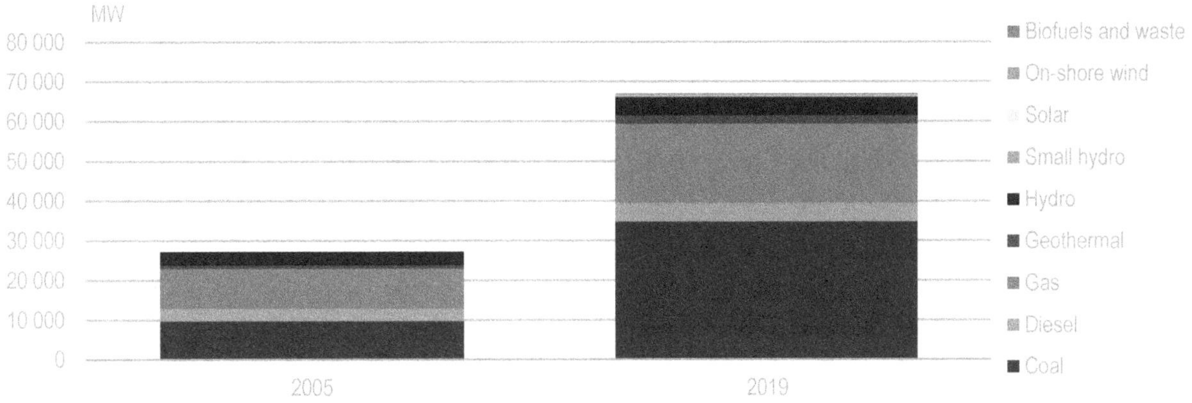

Sumber: OECD berdasarkan Data Statistik Kementerian ESDM dan PLN.

StatLink https://stat.link/caqytp

Gambar 1.6. Kapasitas pembangkit listrik berdasarkan jenis bahan bakar dan pulau, 2019

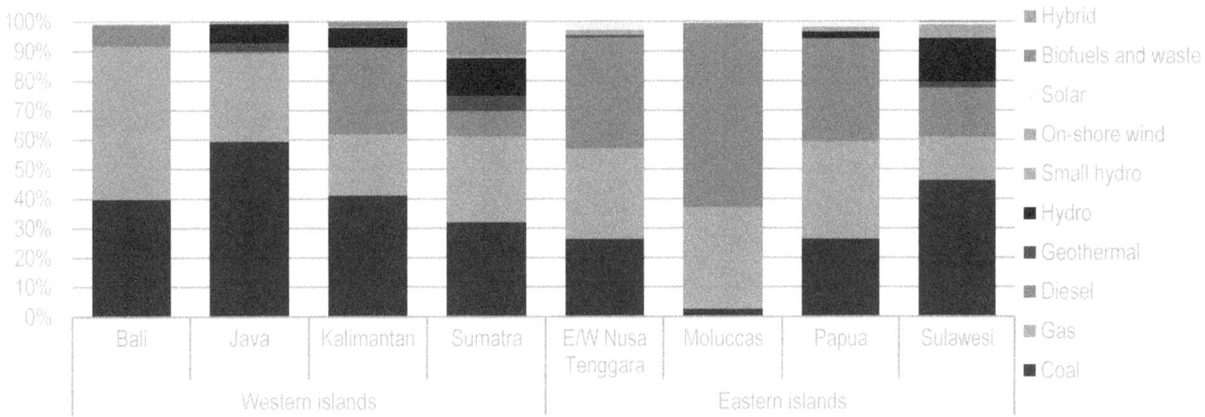

Catatan: E/W=*East & West* (Timur & Barat). Jawa dan Bali memiliki jaringan terintegrasi, sehingga data untuk Bali tidak selalu mengacu pada kapasitas tenaga listrik yang secara fisik terletak di Bali (misalnya, Bali tidak memiliki pembangkit listrik bertenaga batu bara atau gas tetapi menggunakan kapasitas tenaga listrik terpasang dari pembangkit bertenaga batu bara dan gas di Pulau Jawa).
Sumber: OECD berdasarkan data statistik Kementerian ESDM dan PLN.

StatLink https://stat.link/sifvk1

Mengingat rencana untuk terus meningkatkan kapasitas pembangkit listrik berbahan bakar fosil, Indonesia menghadapi risiko tinggi berupa terkuncinya emisi dan terlantarnya aset. Terlepas dari upaya memodernisasi pembangkit yang ada (walaupun relatif masih muda), sebagian besar pembangkit listrik batu bara tetap menggunakan dan berinvestasi dalam teknologi *sub-critical* yang tidak efisien. Penangkapan, penggunaan dan penyimpanan karbon (*carbon capture, use and storage*/CCUS) masih berada di tahap awal tanpa adanya pengembangan proyek CCUS komersial hingga saat ini (Oxford Business Group, 2018[4]; IEA, 2020[14]). Akibatnya, sistem pembangkitan listrik di Indonesia menjadi salah satu sistem yang paling intensif karbon di dunia dan menyumbang emisi GRK yang besar. Pembangkit listrik batu bara juga menjadi sumber utama polusi udara di Indonesia dan dianggap penyebab langsung sejumlah penyakit tidak menular (Sanchez and Luan, 2018[15]; OECD, 2019[1]). Untuk menghadapi isu-isu tersebut, Indonesia perlu segera membatasi kapasitas pembangkit listrik batu baranya hingga jumlah minimum, meningkatkan standar pembangkit listrik batu bara yang ada dan mempercepat penonaktifan pembangkit-pembangkit tersebut (tepat sebelum berakhirnya masa pakai 30 tahun) untuk mencapai target penurunan emisi berdasarkan Perjanjian Paris dan meningkatkan kualitas udara (IESR, 2021[11]). Revisi rencana peningkatan kapasitas pembangkit listrik batu bara juga penting untuk mengurangi risiko terlantarnya aset di mana berdasarkan skenario kepatuhan terhadap Perjanjian Paris, pemilik pembangkit listrik batu bara di Indonesia berisiko kehilangan hampir USD 35 miliar yang berpotensi terlantar (Carbon Tracker, 2018[16]).

Pemanfaatan energi terbarukan tetap mengalami ketertinggalan

Terlepas dari peningkatannya yang meyakinkan selama satu setengah dekade terakhir, sebagian besar potensi energi terbarukan di Indonesia belum dimanfaatkan dengan baik (lihat Gambar 1.7). Indonesia memiliki potensi energi terbarukan yang luar biasa – mulai dari 18 GW energi laut hingga 208 GW energi surya. Potensi panas bumi dan tenaga hidro Indonesia tertinggi dunia. Sementara potensi ini bersifat teknis dan tidak seluruhnya layak secara ekonomi, hingga saat ini Indonesia baru mengeksploitasi sebagian kecil saja dari potensi tersebut. Sejak 2019, Indonesia telah memanfaatkan kurang dari 2% dari total potensi energi terbarukan, yang mampu menghasilkan pembangkit listrik tenaga hidro berskala kecil yang menyumbang 3,5% dari total kapasitas terpasang dan kurang dari 5% dari total pembangkitan listrik tahun 2018 (lihat Gambar 1.7). Walaupun penyimpanan daya listrik dapat berperan dalam mendukung peningkatan integrasi energi terbarukan dan potensinya yang cukup besar di Indonesia (misalnya melalui pompa penyimpanan hidro atau hidrogen hijau), namun saat ini statusnya masih dalam tahap awal pengembangan.

Gambar 1.7. Angka potensi energi terbarukan dan realisasi pemanfaatan, 2019

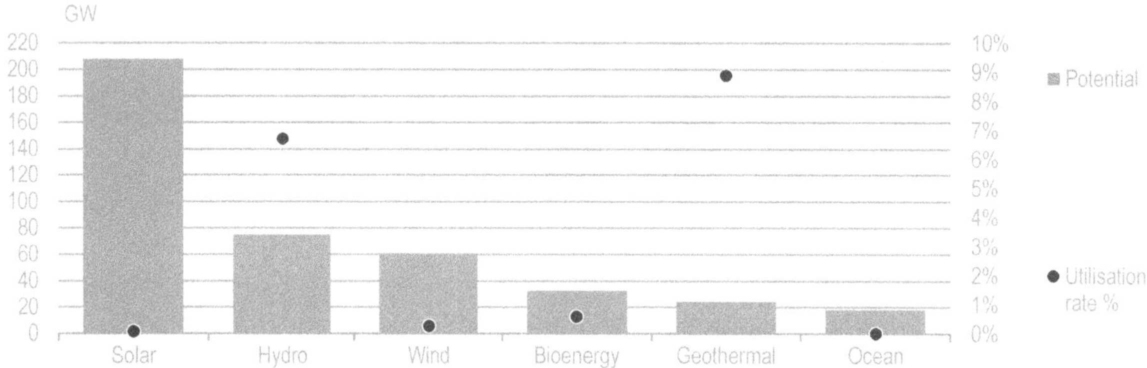

Catatan: GW=*Giga watts*.
Sumber: OECD berdasarkan data statistik Kementerian ESDM dan PLN.

StatLink https://stat.link/2ye5rq

Gambar 1.8. Target dan kapasitas terpasang pembangkit listrik energi terbarukan, 2019 & 25

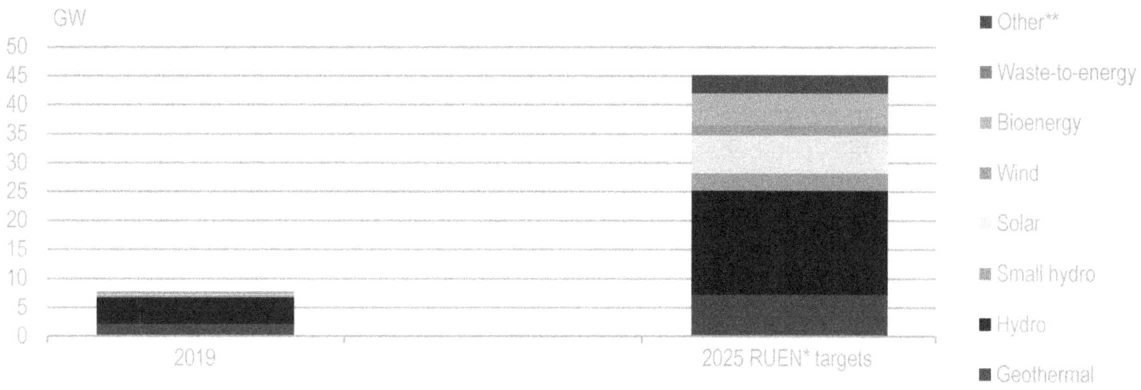

Catatan: *RUEN (Rencana Umum Energi Nasional atau *General Plan for National Energy*) menentukan tujuan pembangunan energi Indonesia tahun 2025-50, termasuk energi terbarukan; ** "Lain-lain" mencakup diesel serta bahan bakar nabati *(biofuel)* dan energi laut (energi pasang surut dan panas).

Sumber: OECD berdasarkan data statistik Kementerian ESDM dan PLN serta Peraturan Presiden No. 22/2017 tentang Rencana Umum Energi Nasional.

StatLink https://stat.link/owqplx

Seperti disebutkan sebelumnya, sejak 2005, kapasitas pembangkit listrik energi terbarukan Indonesia mengalami peningkatan, tetapi dengan kecepatan yang relatif lambat. Terdapat penambahan kapasitas pembangkit listrik energi terbarukan (nonhidro) sekitar 2 GW selama tahun 2005-19 (lihat Gambar 1.5), (lihat Gambar 1.5), dibandingkan dengan penambahan sebesar 8 GW di Thailand atau 5.5 GW di Vietnam selama jangka waktu yang sama (IRENA, 2021[17]). Peningkatan ini sebagian besar berasal dari panas bumi (hampir 1 GW), yang dipicu oleh pembangunan (atau perluasan) proyek-proyek berskala besar dan terbesar di dunia, yang sebagian besar terletak di pulau Sumatera dan Jawa. Kapasitas terpasang pembangkit mini hidro dan mikro hidro (yaitu, kurang dari 10 MW) tetap relatif kecil (sekitar 326 MW), tetapi meningkat secara eksponensial (walaupun dari tingkat rendah) sejak tahun 2005, dengan banyaknya proyek yang bermunculan di seluruh Indonesia (terutama di Jawa, Sumatera dan Sulawesi). Baru-baru ini, mulai terjadi peningkatan dalam penggunaan jenis energi terbarukan lainnya, walaupun dalam jumlah yang kurang signifikan. Pada tahun 2018, dua proyek pembangkit bertenaga bayu daratan berskala besar mulai beroperasi (pembangkit Tolo 72 MW dan ladang angin Sidrap 75 MW di provinsi Sulawesi Selatan). Selain itu, empat proyek pembangkit bertenaga surya berskala (cukup) besar 7 MW di Lombok dan Sulawesi mulai beroperasi pada tahun 2018. Indonesia sedang membangun proyek pembangkit listrik tenaga surya terapung dengan kapasitas 145 MW (terbesar di Asia Tenggara) di Jawa Barat, yang tahap konstruksinya dimulai pada awal tahun 2021 (IEEFA, 2020[18]). Walaupun pembangunan ini cukup menggembirakan, diperlukan upaya lebih besar lagi untuk mencapai target yang ditentukan dalam RUEN pada tahun 2025 (**lihat Bab 2**; Gambar 1.8).

Tren investasi energi bersih

Batu bara mewakili sebagian besar investasi tenaga listrik

Bahan bakar fosil mendominasi investasi tenaga listrik di Indonesia yang semakin meningkat selama beberapa tahun terakhir. Pembangkit listrik telah mendorong peningkatan investasi tenaga listrik, walaupun pada tahun 2019, 80% dari pengeluaran pembangkit listrik dialokasikan untuk pembangkit listrik bertenaga batu bara. Dengan kata lain, untuk setiap dolar yang dibelanjakan untuk energi terbarukan, lebih dari tiga dolar dihabiskan untuk batu bara. Pembiayaan Pemerintah dan Badan Usaha Milik Negara

(BUMN) merupakan sumber pendanaan yang besar untuk bahan bakar fosil, jauh lebih besar daripada yang dialokasikan untuk energi terbarukan selama 2016-19. Sebaliknya, pembiayaan swasta menyediakan sekitar separuh dari pendanaan pembangkit listrik energi terbarukan selama periode yang sama (**lihat Bab 6**). Tren ini tidak sejalan dengan target ambisius Indonesia yang ditentukan berdasarkan Perjanjian Paris dan bertentangan dengan tren global dalam investasi pembangkit listrik energi terbarukan yang sebagian besar telah melampaui tren bahan bakar fosil di banyak negara selama beberapa tahun terakhir (IEA, 2020[19]). Walaupun beberapa perusahaan produsen bahan bakar fosil tradisional semakin menunjukkan minatnya untuk mengembangkan proyek energi terbarukan (beberapa telah memulainya), sebagian besar belum memberikan komitmennya terhadap netralitas karbon, yang berbeda dengan tren global (Financial Times, 2020[20]; IESR, 2021[11]).

Selama dekade terakhir, investasi jaringan listrik mengalami peningkatan walaupun lebih lambat daripada pembangkit listrik. Pembiayaan BUMN merupakan sumber utama pendanaan untuk investasi jaringan listrik karena pelaku swasta dibatasi untuk berinvestasi di segmen pasar ketenagalistrikan tersebut. Terlepas dari peningkatan tersebut, sekitar 50% tambahan pengeluaran diperlukan untuk mengembangkan jaringan listrik dalam jangka menengah berdasarkan Skenario Pembangunan Berkelanjutan dari Badan Energi Internasional (IEA) untuk menghubungkan sistem ketenagalistrikan yang berkembang, terutama energi terbarukan karena biasanya pembangunannya lebih cepat dibandingkan infrastruktur jaringan (IEA, 2020[19]). Dengan membuka peluang lebih besar bagi masuknya investasi swasta ke dalam sektor ini, infrastruktur jaringan listrik di Indonesia akan semakin berkembang (**lihat Bab 7**).

Diperlukan investasi energi terbarukan lebih besar untuk membantu memenuhi pertumbuhan permintaan dan mencapai target

Berdasarkan data resmi, investasi di sektor energi terbarukan mengalami kelesuan selama satu dekade terakhir. Untuk mencapai target pembangkit listrik energi terbarukan pada tahun 2025 (kecuali pembangkit hidro berskala besar), diperlukan sekitar USD 44,2 miliar[2] investasi untuk seluruh pembangkit listrik terbarukan (IESR, 2019[21]). Akan tetapi, nilai investasi dalam bidang energi terbarukan (tidak termasuk pembangkit hidro berskala besar) yang dicapai selama lebih dari beberapa tahun terakhir, jauh lebih rendah dari angka tersebut (lihat Gambar 1.9), akibat kerangka regulasi terkait investasi energi terbarukan yang kurang kondusif dan kerap berubah (**lihat Bab 3 dan Bab 5**).

Panas bumi mendominasi pasar teknologi pembangkit listrik energi terbarukan, dengan estimasi potensi pasar mencapai USD 21 miliar selama tahun 2020-25 (UK Foreign & Commonwealth Office, 2018[22]). Selama dua dekade terakhir, sektor ini berhasil menarik pengembang asing berskala besar dalam jumlah yang signifikan serta kontraktor rekayasa, pengadaan dan konstruksi (sebagian besar berasal dari Jepang dan Asia Tenggara) berkat adanya beberapa perubahan regulasi (CPI, 2015[23]). Bersama dengan produsen listrik independen (IPP) lokal yang mapan dan besar, investor asing tersebut berpartisipasi dalam pengembangan dan akuisisi beberapa proyek panas bumi terbesar di dunia (misalnya, proyek Sarulla 330 MW di Sumatera Selatan dan proyek Wayang Windu 227 MW di Jawa Barat). Sebaliknya, investasi di proyek mini-hidro dan biomassa dikuasai oleh IPP lokal berskala kecil, yang sering memiliki masalah terkait kemampuan dan kelayakan finansial. (**lihat Bab 4**).

Gambar 1.9. Nilai investasi energi bersih per tahun, 2011-19

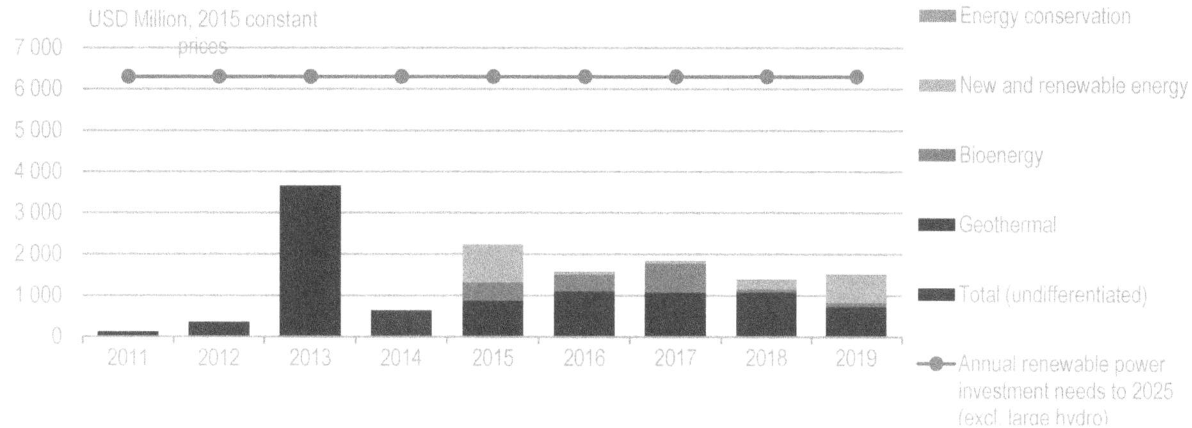

Catatan: "Energi baru dan terbarukan" mencakup semua energi terbarukan (selain panas bumi, bioenergi dan hidro berskala besar); pada dasarnya, item ini juga meliputi nuklir, walaupun hingga saat ini tidak ada investasi dalam proyek nuklir. Estimasi kebutuhan investasi untuk periode 2015-25 dibuat berdasarkan (IESR, 2019[21]). Hanya data untuk tahun 2017-19 yang mencakup investasi di sektor konservasi energi (tidak termasuk penerangan jalan umum).
Sumber: Laporan kinerja tahunan Kementerian ESDM 2011-19.

StatLink https://stat.link/dfkvq6

Sebagai perbandingan, pembangkit listrik tenaga surya dan bayu berskala besar di Indonesia masih tetap berada di tahap awal pengembangan. Saat ini, pasar untuk tenaga surya dan bayu berskala besar masih relatif kecil dan didominasi oleh beberapa IPP asing besar (sebagian besar dari Asia Tenggara dan Australia). Sepanjang 2020-25, kedua teknologi tersebut diperkirakan memiliki potensi pasar sebesar USD 769,3 juta untuk panel surya (di mana USD 675,5 juta adalah untuk sektor panel surya berskala besar) dan USD 1,5 miliar untuk sektor tenaga bayu daratan (UK Foreign & Commonwealth Office, 2018[22]). Untuk melayani pasar energi terbarukan yang kecil, tapi berkembang, Indonesia mulai mengembangkan basis manufaktur lokal kecil yang terutama berfokus pada perakitan komponen impor untuk teknologi surya dan bayu. Namun demikian, dalam hal tenaga surya, panel-panel yang dirakit di dalam negeri relatif lebih mahal dibandingkan dengan panel yang dijual oleh produsen terkemuka di Cina, sebagian karena aturan tingkat kandungan dalam negeri (**lihat Bab 4**; (IEEFA, 2019[24]; IESR, 2019[25])).

Terlepas dari besarnya kesenjangan dalam investasi, energi terbarukan semakin hemat biaya

Sebagian besar teknologi energi terbarukan telah dikembangkan dan dioperasikan dengan biaya lebih rendah daripada teknologi gas, BBM, dan bahkan batu bara, sebagaimana ditunjukkan di dalam (IESR, 2019[26]). Rendahnya biaya ini juga disebabkan oleh tarif dalam kontrak perjanjian jual beli tenaga listrik yang ditandatangani pada 2018-21 sebagaimana ditampilkan pada Tabel 1.2. Walaupun fakta ini menggembirakan, biaya investasi[3] beberapa teknologi tersebut tetap tinggi jika dibandingkan dengan biaya produsen internasional. Misalnya, biaya investasi untuk teknologi surya berskala besar (1158 USD/kW pada 2019) dan tenaga bayu daratan (1400-2000 USD/kW pada 2018), lebih tinggi dibandingkan dengan biaya di pasar besar Asia seperti India (618 USD/kW untuk panel surya pada 2019) atau Cina (1170 USD/kW untuk tenaga bayu daratan pada 2018). Hambatan regulasi menghalangi Indonesia untuk mencapai penurunan biaya investasi untuk panel surya (antara 66-85% di pasar besar selama 2010-19) dan tenaga bayu daratan (antara 25-66% di pasar besar selama tiga dekade terakhir) (IRENA, 2019[27]; IRENA, 2020[28]). Pada gilirannya, tingginya biaya investasi ini membatasi daya saing teknologi energi terbarukan dibandingkan dengan teknologi bahan bakar fosil. Menurut IESR, penurunan biaya investasi sebesar 20% dalam teknologi tenaga surya, tenaga bayu daratan, dan panas bumi berskala besar dapat menurunkan biaya Listrik Teraras (*Levelised Cost of Electricity*/LCOE) sebesar masing-masing 15,3%, 16,5% dan 19,2% (IESR, 2019[25]).

Tabel 1.2. Tarif PJBTL untuk beberapa teknologi pilihan, 2018-21

	Kisaran kapasitas (MW)	Kisaran harga (USD sen/kW)	
		Min.	Maks.
Mulut tambang batu bara	>100-150	5.17	5.54
	>150-300	-	4.86
Batu bara	>10-50	6.92	9.05
	>50-100	7.02	7.10
	>100-300	-	4.09
Gas	>10	6.15	6.19
Panas bumi	>10-50	9.4	11.35
	>50-100	8.1	13
	>100	4.94	9.47
Biomassa	<10	6.68	11.61
Mini hidro	<10	6.51	10.52
Surya	>10	5.71	10
Bayu	>10-50	-	12.51
	>50-100	-	10.48

Catatan: Tarif yang ditetapkan dalam PJBTL dapat lebih tinggi dibandingkan biaya listrik teraras *(levelised cost of electricity)* aktual dari proyek. kW=*Kilo Watt*.
Sumber: Kementerian ESDM dan PLN.

Pasar dalam negeri untuk efisiensi energi memiliki peluang ekspansi yang cukup luas

Investasi dalam proyek efisiensi energi belum berkembang dan masih jauh lebih rendah dibandingkan dengan investasi dalam energi terbarukan. Audit berstandar investasi (*investment grade audits*/IGA) yang dilakukan terhadap beberapa industri manufaktur dan bangunan pada tahun 2016-18, menunjukkan potensi investasi efisiensi energi untuk pengguna akhir sekitar IDR 290 miliar (USD 20 juta). Namun demikian, hanya sepersepuluh dari jumlah tersebut yang benar-benar diinvestasikan selama periode yang sama (MEMR, 2020[29]). Sektor bangunan industri dan komersial merupakan penerima belanja efisiensi energi terbesar; pada tahun 2020, menurut data resmi, angkanya mencapai masing-masing 80% dan 19,5% dari total belanja efisiensi energi, sementara sisanya diterima oleh sektor bangunan publik.

Bisnis efisiensi energi di Indonesia masih dihadapkan pada tantangan yang signifikan. Mayoritas pengembang proyek efisiensi energi (termasuk perusahaan jasa energi atau *energy services companies*/ESCO) di Indonesia adalah perusahaan teknik berskala kecil yang memberikan layanan audit energi dan layanan lainnya (APEC, 2017[30]). Hanya sedikit diantaranya yang memiliki kapasitas untuk menjalankan IGA, sehingga mengakibatkan terbatasnya jumlah IGA setiap tahun, dengan beberapa diantaranya nyaris tidak layak mendapatkan pendanaan perbankan karena isu-isu penting terkait kualitas (misalnya, dalam memproyeksikan arus kas dari penghematan energi) (MEMR, 2020[29]). Beberapa ESCO yang ada juga menghadapi kesulitan dalam mengakses pembiayaan utang, dengan persyaratan agunan yang sangat ketat dari bank komersial (yang tidak menerima arus kas dari hasil penghematan energi sebagai agunan) menjadi hambatan utama (**lihat Bab 6**). Secara keseluruhan, tarif listrik bersubsidi dan rendahnya tingkat kepatuhan terhadap peraturan pengelolaan energi (**lihat Bab 3**) cenderung menghambat efisiensi energi dan membatasi peluang perluasan pasar. Di sektor bangunan komersial, biaya listrik berkontribusi 15% dari biaya operasional dan hal ini menjelaskan mengapa penghematan sebesar 10-35% pada umumnya dianggap tidak signifikan dalam pelaksanaan proyek (APEC, 2017[30]).

Referensi

APEC (2017), *Energy Efficiency Finance in Indonesia Current State Barriers and Potential Next Steps*, https://apec.org/Publications/2017/10/Energy-Efficiency-Finance-in-Indonesia-Current-State-Barriers-and-Potential-Next-Steps (accessed on 8 April 2020). [30]

BPS (2021), *Economic and trade*, Badan Pusat Statistik (National Statistics Agency), https://www.bps.go.id/ (accessed on 2 March 2021). [5]

Carbon Tracker (2018), *Economic and financial risks of coal power in Indonesia*, https://carbontracker.org/reports/economic-and-financial-risks-of-coal-power-in-indonesia-vietnam-and-the-philippines/ (accessed on 15 April 2020). [16]

CPI (2015), *Using Private Finance to Accelerate Geothermal Deployment: Sarulla Geothermal Power Plant, Indonesia*, http://www.climatepolicyinitiative.org (accessed on 16 April 2020). [23]

DEN (2019), *Indonesia Energy Outlook 2019*. [7]

Financial Times (2020), *US oil producers begin to follow Europe with emissions pledges*, https://www.ft.com/content/612e7440-2cc9-425f-8759-631a8194e2d1 (accessed on 3 March 2021). [20]

IEA (2020), *Attracting private investment to fund sustainable recoveries: The case of Indonesia's power sector*, IEA, Paris, https://www.iea.org/reports/attracting-private-investment-to-fund-sustainable-recoveries-the-case-of-indonesias-power-sector (accessed on 19 January 2021). [19]

IEA (2020), *World Energy Investment 2020*, International Energy Agency, Paris, https://dx.doi.org/10.1787/6f552938-en. [14]

IEA (2017), *Energy Efficiency 2017*, International Energy Agency, Paris, https://dx.doi.org/10.1787/9789264284234-en. [10]

IEA (2016), *Energy Technology Perspectives 2016*, OECD Publishing, Paris, https://dx.doi.org/10.1787/energy_tech-2016-en. [12]

IEEFA (2020), *Indonesia begins construction of 145MW Cirata floating solar project*, Institute for Energy Economics & Financial Analysis, https://ieefa.org/indonesia-begins-construction-of-145mw-cirata-floating-solar-project/ (accessed on 16 April 2021). [18]

IEEFA (2019), *Indonesia's solar policies – designed to fail?*, http://ieefa.org/ieefa-report-indonesias-solar-policies-designed-to-fail/ (accessed on 6 March 2019). [24]

IEEFA (n.d.), *Indonesia moves forward with plans for 145MW floating solar project*, https://ieefa.org/indonesia-moves-forward-with-plans-for-145mw-floating-solar-project/ (accessed on 20 March 2020). [31]

IESR (2021), *Indonesia Energy Transition Outlook 2021 - Tracking Progress of Energy Transition in Indonesia*, https://iesr.or.id/pustaka/indonesia-energy-transition-outlook-2021 (accessed on 2 March 2021). [11]

IESR (2019), *Kebutuhan Investasi Energi di Indonesia (English translation: Energy investment needs in Indonesia)*, http://iesr.or.id/pustaka/kebutuhan-investasi-energi-indonesia/ (accessed on 3 April 2020). [21]

IESR (2019), *Levelized Cost of Electricity in Indonesia - Understanding The Levelized Cost of Electricity Generation*, http://www.iesr.or.id (accessed on 6 April 2020). [25]

IESR (2019), *Levelized Cost of Electricity in Indonesia - Understanding The Levelized Cost of Electricity Generation*, http://www.iesr.or.id (accessed on 6 April 2020). [26]

IRENA (2021), *Data & Statistics*, https://www.irena.org/Statistics (accessed on 15 April 2021). [17]

IRENA (2020), "Renewable Power Generation Costs in 2019", */publications/2020/Jun/Renewable-Power-Costs-in-2019*, http:///publications/2020/Jun/Renewable-Power-Costs-in-2019 (accessed on 2 March 2021). [28]

IRENA (2019), *Renewable Power Generation Costs in 2018*, http:///publications/2019/May/Renewable-power-generation-costs-in-2018 (accessed on 16 December 2020). [27]

MEMR (2020), *Data & Information of Energy Conservation 2019, 3rd Edition*, Directorate of Energy Conservation, Ministry of Energy and Mineral Resources, http://www.ebtke.esdm.go.id (accessed on 15 December 2020). [29]

MEMR (2017), "Rencana Umum Energi Nasional (RUEN, General National Energy Plan)". [8]

Ministry of Environment and Forestry (2019), *Laporan Inventarisasi Gas Rumah Kaca (GRK) dan Monitoring, Pelaporan, Verifikasi (MPV) Tahun 2018 (Greenhouse Inventory and Monitoring, Reporting, Verification (MRV) report 2018).* [9]

OECD (2021), *Clean Energy Finance and Investment Mobilisation*, http://www.oecd.org/cefim/ (accessed on 5 March 2021). [32]

OECD (2021), *Economic Surveys of Indonesia 2020 - Upcoming.* [34]

OECD (2021), *OECD Economic Surveys: Indonesia 2021*, OECD Publishing, Paris, https://dx.doi.org/10.1787/fd7e6249-en. [3]

OECD (2020), *OECD Investment Policy Reviews: Indonesia 2020*, OECD Investment Policy Reviews, OECD Publishing, Paris, https://dx.doi.org/10.1787/b56512da-en. [2]

OECD (2020), *OECD Tourism Trends and Policies 2020*, OECD Publishing, Paris, https://dx.doi.org/10.1787/6b47b985-en. [6]

OECD (2019), *OECD Green Growth Policy Review of Indonesia 2019*, OECD Environmental Performance Reviews, OECD Publishing, Paris, https://dx.doi.org/10.1787/1eee39bc-en. [1]

OECD (2015), *Policy Guidance for Investment in Clean Energy Infrastructure: Expanding Access to Clean Energy for Green Growth and Development*, OECD Publishing, Paris, https://dx.doi.org/10.1787/9789264212664-en. [33]

Oxford Business Group (2018), *The Report: Indonesia 2018*, https://oxfordbusinessgroup.com/indonesia-2018 (accessed on 17 February 2020). [4]

PLN (2019), *Rencana Usaha Penyediaan Tenaga Listrik (RUPTL) PT. PLN 2019 - 2028 (PT PLN Power Supply Business Plan 2019-2028)*, PT Perusahaan Listrik Negara (Persero) , Jakarta, https://gatrik.esdm.go.id//assets/uploads/download_index/files/5b16d-kepmen-esdm-no.-39-k-20-mem-2019-tentang-pengesahan-ruptl-pt-pln-2019-2028.pdf (accessed on 16 December 2020). [13]

Sanchez, L. and B. Luan (2018), *The Health Cost of Coal in Indonesia*, IISD, http://www.iisd.org/gsi (accessed on 11 February 2021). [15]

UK Foreign & Commonwealth Office (2018), "Indonesia Renewable Energy Business Opportunities". [22]

Catatan

[1] "10 Bali Baru" mengacu pada rencana pemerintah untuk mempromosikan 10 destinasi wisata baru di Indonesia termasuk: Candi Borobudur (Jawa Tengah); Belitung (Sumatera); Gunung Bromo (Jawa Timur); Labuan Bajo (Nusa Tenggara Timur); Danau Toba (Sumatera Utara); Kepulauan Seribu (Jakarta); Mandalika (Nusa Tenggara Barat); Wakatobi (Sulawesi Tenggara); Tanjung Lesung (Banten); dan Morotai (Maluku Utara).

[2] Termasuk pembangkit listrik tenaga hidro berskala besar, total kebutuhan investasi mencapai USD 72,5 miliar (atau USD 7,25 miliar per tahun).

[3] Biaya investasi biasanya terdiri atas biaya peralatan (biasanya di atas 50%), biaya instalasi dan logistik serta biaya prapengembangan (misalnya, biaya terkait dengan proses perizinan, pembebasan lahan).

2 Perencanaan dan tata kelola pemerintahan

Bab ini membahas tata kelola pemerintahan terkait pembiayaan dan investasi energi bersih serta perencanaan ketenagalistrikan di Indonesia. Disajikan pula gambaran umum tentang kerangka kelembagaan di Indonesia untuk energi bersih dan struktur pasar ketenagalistrikan, serta identifikasi area-area untuk meningkatkan koordinasi antar lembaga, di semua tingkat pemerintahan untuk memastikan tujuan dan kebijakan yang efektif dan konsisten. Pada bab ini, disoroti pula kemajuan dan peluang untuk meningkatkan target terkait pembiayaan dan investasi energi bersih, strategi dan mekanisme perencanaan ketenagalistrikan di Indonesia untuk mengirimkan sinyal yang kredibel, ambisius dan berjangka panjang kepada investor.

Indonesia berkomitmen untuk mencapai target yang cukup ambisius dalam penerapan energi bersih dan pengurangan emisi di mana hal ini memerlukan aksi kebijakan yang kuat untuk memobilisasi sejumlah besar pembiayaan dan investasi untuk mewujudkan target tersebut. Banyaknya bidang kebijakan dan instansi pemerintah (termasuk di tingkat daerah) yang terlibat dalam upaya pencapaian target, tata kelola pemerintahan yang baik serta mekanisme koordinasi yang efektif, merupakan faktor pendukung yang penting. Selain itu, penentuan jalur jangka panjang untuk mewujudkan transisi energi bersih, dengan target dan tonggak yang jelas, didukung oleh komitmen politik yang kuat serta pemantauan dan evaluasi yang transparan untuk memantau kemajuan, akan sangat penting untuk membangun kepercayaan pasar dan memberikan sinyal awal kepada investor tentang pengembangan pasar di masa yang akan datang.

Penilaian dan rekomendasi

Perlunya memperkuat peran koordinasi Dewan Energi Nasional

Dewan Energi Nasional (DEN) adalah instansi utama yang bertanggung jawab atas isu energi lintas sektoral dan mengawasi pelaksanaan pencapaian target energi nasional yang diuraikan dalam RUEN (Rencana Umum Energi Nasional) di berbagai kementerian. DEN juga berperan penting untuk membimbing dan membantu pemerintah daerah dalam menyusun Rencana Umum Energi Daerah (RUED) dan mendukung provinsi yang berminat mengembangkan energi bersih. Dalam praktiknya, hanya sedikit rekomendasi DEN yang mencapai tahap implementasi karena tantangan dalam koordinasi dan implementasi internal, terlepas dari peran penting DEN di bawah Presiden Indonesia dan Menteri Energi dan Sumber Daya Mineral (ESDM) sebagai ketuanya. Selain itu, sejak tahun 2009 hingga 2020, pertemuan rutin untuk membahas dan menyelesaikan permasalahan energi jarang dan tidak dilakukan dengan konsisten. Selama periode ini, DEN hanya menyelenggarakan empat rapat dari 22 rapat pleno yang seharusnya diadakan dan hanya mengadakan 28 rapat dari 72 rapat anggota minimum yang seharusnya berlangsung. Operasionalisasi DEN sesuai dengan mandat awal sebagaimana tertuang dalam Undang-Undang (UU) Energi 2007 dan Peraturan Presiden 26/2008 akan memperkuat peran DEN dan meningkatkan implementasi rekomendasinya.

Memperkuat koordinasi antara instansi pemerintah sangat penting untuk meningkatkan dan menyederhanakan regulasi

Saat ini, pengembangan energi bersih terkendala oleh banyaknya kementerian yang terlibat dalam kebijakan energi, tanpa adanya koordinasi yang baik. Kementerian tersebut termasuk Kementerian Energi dan Sumber Daya Mineral (ESDM), Kementerian Perindustrian, Kementerian Pekerjaan Umum dan Perumahan Rakyat, Kementerian Keuangan, Kementerian Perdagangan, Kementerian Perhubungan, Badan Perencanaan Pembangunan Nasional, Kementerian Riset dan Teknologi, dan Badan Pengkajian dan Penerapan Teknologi. Pemerintah daerah (provinsi dan kabupaten/kota) juga bertanggung jawab untuk mengembangkan efisiensi energi dan peraturan energi terbarukan. Koordinasi kebijakan dan peningkatan kejelasan peran dan tanggung jawab pemangku kepentingan akan membantu menciptakan lingkungan yang lebih kohesif dan kondusif untuk mempercepat pengembangan energi bersih. Pemerintah pusat harus bekerja sama dengan pemerintah daerah untuk memastikan mereka memiliki keterampilan dan sumber daya yang diperlukan untuk melaksanakan transisi energi bersih.

Dinamika ekonomi berdampak terhadap energi dan harus tercermin secara lebih baik dalam perencanaan energi dan penetapan target

Asumsi pertumbuhan ekonomi yang tinggi dalam Rencana Induk Percepatan dan Perluasan Pembangunan Ekonomi Indonesia (MP3EI) 2011 digunakan dalam model RUEN untuk menetapkan target 23% energi terbarukan tahun 2025. Program percepatan 35 GW yang diumumkan pada tahun 2015 untuk diselesaikan pada tahun 2019 juga menggunakan asumsi tinggi. Akan tetapi, pertumbuhan ekonomi ternyata kurang dari yang diperkirakan dan bahkan pertumbuhan permintaan energi lebih rendah, akibat digitalisasi, pergeseran ke layanan yang kurang intensif energi, dan perubahan perilaku yang seluruhnya telah memperlambat permintaan energi sejak tahun 2015 (MEMR, 2020[1]). Akibatnya, pada tahun 2018 pemerintah mengubah waktu operasi komersial target program percepatan 35 GW menjadi tahun 2024. Baru-baru ini pemerintah mengubah kembali target tersebut menjadi tahun 2028 sebagai refleksi resesi perekonomian global. Perubahan yang berulang ini menunjukkan perlunya memperhitungkan dinamika ekonomi dengan lebih baik dalam perencanaan dan penetapan target energi Indonesia.

Menyelaraskan perencanaan energi dengan kebijakan Satu Peta dapat meningkatkan investasi energi bersih

Rencana Umum Penyediaan Tenaga Listrik (RUPTL) Perusahaan Listrik Negara (PLN) disusun dengan mengacu pada RUEN, namun RUPTL menggunakan asumsi pertumbuhan ekonomi jangka pendek yang lebih rendah, sehingga menciptakan inkonsistensi karena proyeksi PLN yang lebih rendah dibandingkan dengan target RUEN. Estimasi permintaan energi yang terlalu tinggi di dalam RUEN dan RUPTL juga menciptakan ketidakpastian tentang waktu penambahan kapasitas pembangkit baru, yang berdampak negatif terhadap potensi pengembalian investasi proyek dan menghambat investasi. Lokasi proyek energi terbarukan yang tercantum dalam RUPTL juga kerap tidak sesuai dengan preferensi lokasi pengembang proyek untuk memenuhi potensi permintaan pasar, sehingga membatasi integrasi potensi listrik energi terbarukan tanpa perluasan jaringan transmisi. Pemerintah telah mengembangkan program Satu Peta Indonesia yang berisi kumpulan informasi spasial dari berbagai kementerian, termasuk potensi energi terbarukan dan infrastruktur ketenagalistrikan yang dapat dilengkapi dengan unsur lain seperti data kependudukan, infrastruktur transportasi dan komunikasi, serta kawasan kehutanan dan pertambangan. Program Satu Peta adalah peluang untuk menyelaraskan model RUEN dan RUPTL untuk meningkatkan prospek dan informasi tentang potensi energi terbarukan, membuat perencanaan energi lebih konsisten dan kuat untuk meningkatkan kepercayaan investor.

Transparansi dan aksesibilitas data merupakan kunci untuk meningkatkan dukungan terhadap proyek pembiayaan

Proyek energi bersih memiliki karakteristik seperti lokasi geografis, jenis sumber daya energi dan produksi listrik yang *intermiten* (naik-turun), yang tidak dipahami oleh banyak lembaga jasa keuangan. Kenyataan ini menciptakan tantangan untuk menilai dan mengelola risiko terkait dengan proyek. Untuk mengatasi tantangan ini, lembaga jasa keuangan memerlukan data yang transparan yang dapat digunakan untuk membandingkan informasi yang diberikan oleh pengembang proyek dalam studi kelayakannya dan yang idealnya dapat dinilai oleh verifikator independen. Pemerintah diharapkan dapat menyediakan data yang saat ini dikelola oleh berbagai instansi pemerintah, seperti data topografi, tingkat curah hujan, status daerah tangkapan air, dan potensi sumber energi terbarukan. Terlepas dari upaya Otoritas Jasa Keuangan (OJK) untuk melaporkan kebutuhan data lembaga keuangan, masih terdapat data yang belum dapat diakses dengan mudah.

Efisiensi energi dan promosi energi terbarukan dapat mendukung pemulihan ekonomi berkelanjutan

Rencana Pembangunan Jangka Menengah Nasional (RPJMN) 2020-24 mengadopsi inisiatif pembangunan rendah karbon (*low-carbon development initiative*/LCDI), yang memungkinkan kegiatan yang lebih berkelanjutan untuk membantu mencapai target perubahan iklim Indonesia. Walaupun RPJMN 2020-24 mengacu pada RUEN dan memiliki aspek yang lebih ketat yang perlu diterapkan oleh semua kementerian dan lembaga pemerintah, tidak terdapat indikasi investasi yang jelas bagaimana tujuan LCDI dapat dicapai. Dengan sumber daya energi terbarukan yang melimpah dan potensi penghematan energi yang signifikan di seluruh perekonomian, serta LCDI yang dapat memandu langkah-langkah pemulihan berkelanjutan *(green recovery measures)*, Indonesia memiliki peluang besar untuk berinvestasi dalam energi bersih sebagai cara untuk mendukung pemulihan ekonomi sekaligus mengurangi emisi. Untuk merealisasikan potensi ini, perlu dilakukan upaya lebih lanjut, mengingat Indonesia baru mencapai 9,15% pangsa energi terbarukan dalam Total Pasokan Energi Primer (TPES) pada tahun 2019, yang jauh tertinggal dari target 23% yang ditetapkan dalam RUEN tahun 2025 (DEN, 2020[2]). Selain itu, terbukanya akses ke pembiayaan murah menjadi hal penting apabila Indonesia ingin mencapai targetnya.

Pengembangan energi bersih memerlukan sinyal yang jelas dalam jangka panjang dari pemerintah untuk menunjukkan peluang kepada investor

Perubahan dalam perencanaan dan tata kelola energi bersih dapat menimbulkan dampak negatif terhadap kepercayaan investor dan pengembangan proyek. Dalam beberapa tahun terakhir, perubahan mendadak seperti pencabutan peraturan tentang perusahaan jasa energi (ESCO) tahun 2016 pada 2018 telah memperumit pembiayaan dan investasi energi bersih, terutama mengingat sifat jangka panjang dari proyek-proyek tersebut. Langkah-langkah berikutnya seperti revisi peraturan pemerintah tentang konservasi energi dan Undang-Undang Energi Baru dan Terbarukan yang saat ini sedang disiapkan akan membantu menciptakan kerangka kerja yang lebih koheren untuk efisiensi energi dan tata kelola energi terbarukan karena ini akan mendorong model bisnis ESCO dan skema *Feed-in-Tariff* (FiT) untuk meningkatkan investasi energi bersih. Tujuan dari langkah-langkah tersebut harus tercermin dalam seluruh perencanaan energi nasional dan implementasi kebijakan untuk mendorong dan memungkinkan pasar memanfaatkan peluang energi bersih dengan memberikan sinyal jangka panjang kepada investor

Kotak 2.1.Rekomendasi kebijakan utama atas perencanaan dan tata kelola pemerintahan

- Memperkuat peran koordinasi DEN untuk memastikan bahwa rekomendasi kebijakannya dilaksanakan secara efektif secara efektif sehingga dapat mempercepat transisi energi bersih Indonesia. Dengan memastikan bahwa DEN menjalankan fungsinya sesuai dengan tujuan awal pembentukannya sebagaimana dinyatakan dalam UU Energi Tahun 2007 dan Peraturan Presiden No. 26/2008 maka hal ini dapat meningkatkan pelaksanaan rekomendasinya dan dengan demikian membantu mencapai target energi bersih Indonesia.
- Memfasilitasi peningkatan kapasitas dan bantuan teknis agar pemerintah daerah dan universitas setempat dapat melaksanakan program transisi energi serta memberikan insentif untuk pelaksanaan proyek-proyek efisiensi energi dan energi terbarukan yang efektif di tingkat lokal dan regional. Membagikan praktik-praktik yang baik dan kisah keberhasilan berbagai pemerintah provinsi dan kota, dan apabila relevan, memberikan dukungan untuk membantu mereplikasi keberhasilan dari satu provinsi atau kota ke provinsi atau kota lainnya.
- Melakukan penilaian yang transparan dan terintegrasi tentang asumsi ekonomi dan perilaku di balik proyeksi energi yang digunakan untuk menetapkan target kebijakan dan rencana energi. Kegiatan ini termasuk memastikan tersedianya kapasitas perencanaan yang sesuai (misalnya, di Kementerian ESDM) untuk memenuhi perubahan kebutuhan dan peluang dalam sistem energi yang semakin kompleks dan dinamis, terutama karena prakiraan permintaan semakin perlu memperhitungkan hubungan antara perubahan dan penambahan jaringan listrik, produksi energi yang terdesentralisasi dan pelaksanaan efisiensi energi.
- Mempertimbangkan untuk merevisi RUEN agar mencerminkan perubahan situasi perekonomian di Indonesia serta perubahan biaya dan kinerja teknologi energi bersih. Penyesuaian ini kemudian akan menjadi acuan dalam proses revisi RUPTL yang menggunakan

perangkat Satu Peta untuk meningkatkan proyeksi pembangunan energi bersih, permintaan pasar serta infrastruktur listrik dan lainnya.

- Berkonsultasi dengan para pemangku kepentingan, termasuk dari sektor keuangan, untuk membantu membangun konsensus dan kepercayaan investor dalam target energi bersih, meningkatkan daya tarik proyek-proyek tersebut dan memfasilitasi akses ke pembiayaan.
- Memprioritaskan pengembangan basis data yang transparan dan mudah diakses yang menghubungkan data energi bersih dan aspek-aspek keuangan dari proyek-proyek energi bersih untuk meminimalkan risiko yang diperkirakan. Mendorong badan usaha swasta untuk memberikan data proyek dan mendukung seluruh peningkatan studi kelayakan proyek energi bersih, yang akan berkontribusi terhadap rencana bisnis dan keuangan yang lebih layak.
- Mengidentifikasi prioritas teknologi energi bersih dan mengkomunikasikannya sebagai bagian dari proses perencanaan energi. Hal ini akan membantu memberi sinyal peluang investasi dan mengidentifikasi mekanisme dukungan yang diperlukan untuk membantu Indonesia mencapai keterjangkauan, pembangunan ekonomi, dan tujuan kelestarian lingkungan. Penetapan prioritas pembangunan teknologi energi bersih juga dapat digunakan sebagai tolok ukur untuk memantau perkembangan dan melakukan penyesuaian yang diperlukan dalam perencanaan dan tata kelola energi untuk menjamin keberhasilan jangka panjang target-target tersebut.

Koherensi, koordinasi dan pemantauan kebijakan

Kebijakan energi bersih, tata kelola pembiayaan dan investasi dilakukan oleh beberapa instansi

Kerangka kelembagaan Indonesia untuk kebijakan energi bersih, pembiayaan dan investasi terfragmentasi di antara berbagai instansi, lihat Gambar 2.1). Kementerian Energi dan Sumber Daya Mineral (KESDM) merupakan lembaga utama yang bertanggung jawab untuk mengembangkan dan melaksanakan kebijakan energi di Indonesia, termasuk energi terbarukan dan konservasi energi, serta memantau penggunaan energi melalui sistem pelaporan *online* manajemen energi. Sektor energi bersih berada di Direktorat Jenderal (Dirjen) Energi Baru dan Terbarukan dan Konservasi Energi. KESDM juga bertanggung jawab atas pengaturan sektor ketenagalistrikan melalui Dirjen Ketenagalistrikan. Selain itu, KESDM memiliki sejumlah badan dengan tanggung jawab penting, misalnya, Badan Penelitian dan Pengembangan energi bersih dan inovasi (Badan Litbang); pemetaan sumber daya geologi, vulkanologi dan mitigasi bencana (Badan Geologi); dan pengembangan staf dan sumber daya manusia ESDM secara berkelanjutan dalam bidang energi (melalui Badan Pengembangan SDM) (**lihat Bab 7** untuk keterangan lebih terperinci tentang Litbang dan pelatihan dan peningkatan kapasitas).

Selain KESDM, Kementerian Keuangan (Kemenkeu) dan Otoritas Jasa Keuangan (OJK) memiliki tanggung jawab penting atas pembiayaan dan investasi energi bersih. Kemenkeu menyetujui insentif pajak dan harga serta jaminan yang mungkin diberikan untuk mendukung proyek-proyek ketenagalistrikan (**lihat Bab 5** untuk pembahasan terperinci tentang skema insentif energi bersih Indonesia). Direktorat Pengelolaan Dukungan Pemerintah dan Pembiayaan Infrastruktur Kementerian Keuangan bertanggung jawab untuk mengkaji dan menyetujui permohonan jaminan. Kemenkeu juga merekomendasikan besarnya subsidi tenaga listrik kepada PLN dalam anggaran nasional dan mengkaji pengaturan pinjaman yang diadakan oleh PLN (termasuk jaminan akhir pemerintah terhadap pinjaman PLN) (PwC, 2017[3]). Sebagai pengawas dan pengatur pasar keuangan, OJK memainkan peran penting dalam mengarusutamakan pembiayaan berkelanjutan dalam negeri melalui sejumlah kebijakan dan langkah-langkah, termasuk dalam bidang energi bersih (**lihat Bab 6**).

Seluruh kegiatan promosi, fasilitasi dan peraturan investasi dipusatkan pada Badan Koordinasi Penanaman Modal atau BKPM, yang berperan penting dalam membangun lingkungan yang ramah pelaku usaha di negara ini selama beberapa dekade terakhir, melakukan koordinasi di antara instansi terkait kebijakan dan pelaksanaan investasi (OECD, 2020[4]). Dalam beberapa tahun terakhir, instansi ini berfokus pada penyederhanaan perizinan, fasilitasi proyek-proyek investasi dan peningkatan kondisi untuk menarik investasi (**lihat Bab 5**). Tugas ini cukup menantang, namun demikian, sejumlah kementerian dan lembaga– termasuk Kementerian Koordinator Bidang Kemaritiman dan Investasi, Kementerian Koordinator Bidang Perekonomian dan Kantor Staf Kepresidenan – terlibat dalam promosi dan fasilitasi energi bersih, belum termasuk pemerintah provinsi, kabupaten dan kota yang memainkan perannya masing-masing.

Gambar 2.1. Hubungan kelembagaan pembiayaan dan investasi energi bersih Indonesia

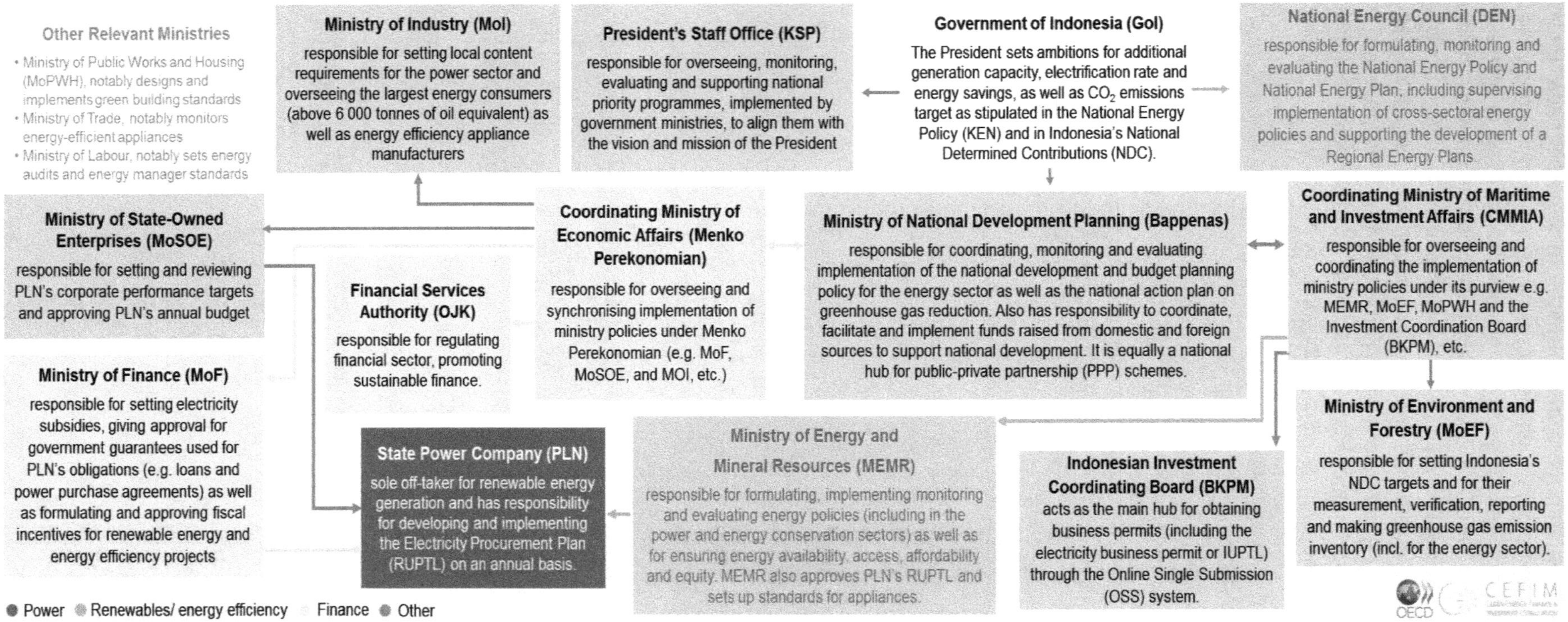

Sumber: OECD, 2020.

Instansi-instansi lain juga memiliki tanggung jawab penting atas berbagai masalah terkait dengan pembiayaan dan investasi energi bersih (lihat Tabel 2.1), termasuk:

- **Instansi-instansi koordinasi:**
  - Kementerian Koordinator Bidang Kemaritiman dan Investasi mengoordinasi kementerian lembaga yang bertanggung jawab atas isu-isu energi, transportasi, lingkungan hidup, dan investasi dan memberikan dukungan pelaksanaan kebijakan.
  - Kementerian Koordinator Bidang Perekonomian mengoordinasi kementerian lembaga yang bertanggung jawab atas isu-isu keuangan, industri, badan usaha milik negara, riset dan teknologi, dan perencanaan tata ruang serta memberikan dukungan pelaksanaan kebijakan.
  - Dewan Energi Nasional (DEN) adalah instansi koordinasi yang bertanggung jawab untuk mengoordinasi berbagai masalah lintas sektoral terkait energi dan memantau perkembangan pencapaian target energi bersih. DEN menyatukan secara tidak langsung kementerian yang terlibat dalam sektor energi, yaitu Kementerian ESDM, Kementerian Keuangan (Kemenkeu), Kementerian Lingkungan Hidup dan Kehutanan (KLHK), Kementerian Perencanaan Pembangunan Nasional (Bappenas), Kementerian Perhubungan (Kemenhub), dan Kementerian Perindustrian (Kemenperin). DEN dipimpin oleh Presiden dan Wakil Presiden. Menteri ESDM bertindak sebagai Ketua Pelaksana/Harian*(Executive Chairperson)*.
  - Kantor Staf Kepresidenan adalah sebuah lembaga *ad-hoc* yang bertanggung jawab untuk memantau pelaksanaan semua program prioritas Presiden oleh kementerian dan lembaga; seperti (dalam bidang energi bersih) meningkatkan kapasitas terpasang energi terbarukan dalam bauran energi nasional; pelaksanaan standar kinerja energi minimum/SKEM (*minimum energy performance standards*/MEPS); dan kewajiban pencantuman label pada peralatan elektronik.
  - Kementerian Perencanaan Pembangunan Nasional atau Bappenas (Badan Perencanaan Pembangunan Nasional) menetapkan rencana pembangunan nasional jangka menengah dan jangka panjang, mengelola sumber pendanaan pembangunan internasional serta memantau kemajuan terhadap target-target yang ditetapkan dalam Kontribusi Indonesia yang Ditetapkan secara Nasional (*National Determined Contribution*/NDC) berdasarkan Perjanjian Paris. Bappenas juga bertanggung jawab untuk memfasilitasi kerja sama dalam proyek-proyek infrastruktur antara pemerintah dan para investor swasta.
- **Kementerian terkait dan institusi lainnya:**
  - Kementerian Keuangan (Kemenkeu) bertanggung jawab untuk mengatur subsidi listrik, memberikan persetujuan atas jaminan pemerintah untuk kewajiban PLN dalam pinjaman dan perjanjian jual beli tenaga listrik (*power purchase agreements*/PPA) serta merumuskan dan menyetujui insentif fiskal untuk energi terbarukan dan proyek-proyek efisiensi energi.
  - Kementerian Perindustrian (Kemenperin) menetapkan persyaratan tingkat kandungan dalam negeri (TKDN) untuk berbagai teknologi energi terbarukan.
  - Kementerian Pekerjaan Umum dan Perumahan Rakyat (KemenPUPR) bertanggung jawab untuk menetapkan kode-kode bangunan hijau dan menetapkan standar bangunan hijau.
  - Kementerian Perdagangan (Kemendag) memantau perdagangan peralatan yang hemat energi.
  - Kementerian Badan Usaha Milik Negara (KemenBUMN) mengawasi kinerja bisnis dan pengelolaan PLN.
  - Kementerian Lingkungan Hidup dan Kehutanan (KLHK) bertanggung jawab atas pengaturan isu-isu lingkungan hidup yang terkait dengan sektor energi.
  - Badan Koordinasi Penanaman Modal (BKPM) adalah badan promosi investasi Indonesia, yang terutama bertanggung jawab atas pemberian izin usaha untuk proyek-proyek energi bersih (**lihat Bab 4 dan 5**).

- Otoritas Jasa Keuangan (OJK) bertanggung jawab untuk merumuskan peraturan terkait industri keuangan dan kebijakan keuangan berkelanjutan serta memantau dan mengevaluasi pelaksanaannya.

Kurangnya instansi koordinasi yang efektif merupakan sebuah tantangan

Berdasarkan UU Energi Tahun 2007, DEN memiliki posisi terkuat untuk mengawasi pelaksanaan Kebijakan Energi Nasional atau KEN yang merupakan pedoman bagi negara untuk mencapai beberapa target energi termasuk untuk mencapai 23% pangsa energi terbarukan pada 2025 dalam TPES. DEN merupakan wadah koordinasi tunggal untuk isu-isu energi lintas sektoral dan dipimpin oleh Presiden dengan kegiatan harian diketuai oleh Menteri ESDM. Pemerintah diwakili oleh delapan kementerian (AUP-Anggota Unsur Pemerintah) (lihat Tabel 2.1) dan delapan anggota yang mewakili pemangku kepentingan lainnya (AUPK-Anggota Unsur Pemangku Kepentingan) dipilih oleh DPR.

DEN membahas isu-isu energi dalam rapat-rapat plenonya yang seharusnya diselenggarakan sekurang-kurangnya dua kali setahun dan dipimpin oleh Presiden, serta rapat-rapat anggota yang dipimpin oleh Menteri ESDM setiap dua bulan. Rapat-rapat tersebut diharapkan dapat menetapkan rekomendasi kebijakan yang perlu dilaksanakan oleh kementerian dan para pemangku kepentingan yang selanjutnya dipantau dan dievaluasi oleh DEN. Selain harus melapor kepada DEN tentang perkembangan pelaksanaan rekomendasi kebijakan tersebut, kementerian juga harus melapor kepada instansi koordinasi lain seperti Kemenko Marves, Kemenko Ekonomi, Bappenas, dan Kantor Staf Presiden.

Banyaknya instansi koordinasi ini telah menimbulkan konsekuensi yang tidak diharapkan, bahkan kadang-kadang mengakibatkan tumpang tindih dalam pelaksanaan langkah kebijakan. Misalnya, Kemenko Marves, Kantor Staf Presiden, dan Bappenas semuanya mencantumkan program elektrifikasi daerah pedesaan (seperti pembangunan pembangkit listrik energi terbarukan di daerah-daerah terpencil dan kepulauan kecil) dalam program kebijakan mereka yang lebih luas, tetapi semuanya dengan tingkat perincian yang berbeda serta tidak konsisten dalam jenis teknologi dan ukuran proyek yang akan dikembangkan berdasarkan program tersebut. Dengan demikian, penetapan mekanisme pelaporan daring *(online)* tunggal dapat membantu mengatasi isu ini, melalui peningkatan koordinasi lintas program dan fasilitasi pemantauan pelaksanaannya.

Secara keseluruhan, kurangnya instansi koordinasi yang efektif untuk menangani isu-isu terkait energi bersih telah menyulitkan proses koordinasi. Walaupun memiliki peran koordinasi, DEN dianggap kurang efektif dan tidak memiliki kewenangan untuk menjamin persetujuan dan penerapan rekomendasinya oleh kementerian dan lembaga lainnya. Misalnya, DEN menghadapi tantangan yang tidak ringan untuk memperoleh persetujuan dari kementerian dan lembaga yang berbeda tentang program mobil listrik Indonesia terkait berbagai isu di bawah koordinasinya, misalnya persyaratan tingkat kandungan dalam negeri, insentif, aspek keselamatan, dan lingkungan[1], sebelum akhirnya program ini disetujui oleh Presiden pada tahun 2019. Sebagai reaksi atas isu ini, baru-baru ini DPR merekomendasikan kepada pemerintah untuk mengubah peraturan yang berlaku saat ini guna memperkuat peran dan fungsi DEN, meskipun masih tetap harus dilihat bagaimana hal ini nanti akan ditindaklanjuti[2]

Tabel 2.1. Struktur koordinasi kementerian lembaga

Anggota Kementerian dalam DEN	Kementerian di bawah Kemenko Maritim dan Investasi	Kementerian di bawah Kemenko Perekonomian
Kementerian Perencanaan Pembangunan Nasional (Bappenas)	Kementerian Energi dan Sumber Daya Mineral	Kementerian Keuangan
Kementerian Energi dan Sumber Daya Mineral	Kementerian Perhubungan	Kementerian Perindustrian
Kementerian Keuangan	Kementerian Lingkungan Hidup dan Kehutanan	Kementerian Pertanian
Kementerian Lingkungan Hidup dan Kehutanan	Kementerian Pekerjaan Umum dan Perumahan Rakyat	Kementerian Perdagangan
Kementerian Perindustrian	Kementerian Pariwisata dan Ekonomi Kreatif	Kementerian Tenaga Kerja
Kementerian Perhubungan	Kementerian Kelautan dan Perikanan	Kementerian Badan Usaha Milik Negara
Kementerian Pertanian	Badan Koordinasi Penanaman Modal Indonesia	Kementerian Agraria dan Rencana Tata Ruang
Kementerian Riset dan Teknologi		Kementerian Riset dan Teknologi

Sumber: Peraturan DEN, peraturan Kemenko Marves, peraturan Kemenko Ekonomi.

Indonesia telah memiliki tujuan jangka panjang untuk meningkatkan investasi energi bersih

Penetapan strategi jangka panjang untuk mencapai transisi energi bersih diperlukan untuk mengirimkan sinyal yang tepat ke pasar dan membantu mendongkrak investasi. Target energi bersih yang kredibel harus ambisius tetapi juga realistis, dianggarkan dengan baik dan dibatasi oleh waktu. Tujuan yang ambisius harus dibarengi dengan pencapaian yang terukur sehingga dapat membantu investor memahami seberapa cepat pasar energi bersih diperkirakan akan berkembang (OECD, 2015[5]).

Mekanisme perencanaan kebijakan Indonesia tentang pembiayaan dan investasi energi bersih cukup kompleks dan diterjemahkan dalam kerangka waktu yang berbeda. Kementerian ESDM merupakan instansi utama yang bertanggung jawab untuk menentukan strategi energi bersih Indonesia, sementara Bappenas bertanggung jawab untuk mengarusutamakan strategi tersebut ke dalam rencana pembangunan jangka menengah dan jangka panjang negara yang menyeluruh - yang menetapkan arah bagi pembangunan negara di semua bidang kebijakan - serta strategi iklim. Memastikan bahwa kebijakan dan rencana yang berbeda tersebut konsisten, koheren, diterjemahkan dengan baik, memiliki tujuan yang jelas, terikat waktu, dan terukur, menjadi sangat penting untuk meningkatkan investasi energi bersih yang dapat memenuhi target pembangunan rendah karbon dan perubahan iklim

Energi bersih berperan penting dalam strategi iklim Indonesia

Indonesia menetapkan target penurunan emisi karbon jangka panjang sebagai bagian dari Kontribusi yang Ditetapkan secara Nasional (*Nationally Determined Contribution*/NDC) berdasarkan Perjanjian Paris 2015 untuk mengatasi perubahan iklim dan berkontribusi dalam upaya mitigasi global. Berdasarkan NDCnya, Indonesia berkomitmen untuk menurunkan emisi karbon sebesar 29% (atau setara dengan sekitar 834 juta ton CO2) dan sampai dengan 38% (atau setara dengan sekitar 1.081 juta ton CO2) dengan bantuan badan internasional pada 2030 dibandingkan dengan data dasar tahun 2010. Selain itu, target tersebut menunjukkan bahwa Indonesia sangat bergantung pada sektor kehutanan untuk mengurangi emisi sebesar 60%; sementara sektor energi juga memainkan peran yang tidak kalah pentingnya dalam upaya penurunan karbon nasional, dengan menyumbangkan sekitar 38% dari penurunan emisi yang ditargetkan berdasarkan NDC tanpa syarat (lihat Tabel 2.2). Namun demikian, dampak dari pandemi COVID saat ini dapat memengaruhi lintasan dan pencapaian emisi; oleh karenanya, hal ini harus tercermin dalam target-target NDC.

Penurunan emisi di sektor energi akan dicapai melalui pelaksanaan berbagai program sebagaimana ditetapkan dalam Rencana Aksi Nasional untuk Penurunan Gas Rumah Kaca (RAN-GRK) 2012 dan Peta Jalan Pelaksanaan NDC untuk Aksi Mitigasi 2019, seperti pembangunan proyek-proyek energi terbarukan dan efisiensi energi. Menariknya lagi, walaupun sektor energi merupakan kontributor besar kedua dalam penurunan emisi setelah sektor kehutanan, pemerintah memperkirakan bahwa sektor energi dan transportasi akan memerlukan investasi sekitar USD 236 miliar atau sekitar 95% dari total kebutuhan USD 247 miliar untuk mencapai NDC Indonesia pada 2030[3]. Selanjutnya, pemerintah harus melakukan evaluasi lebih lanjut untuk mengkalkulasi ulang kebutuhan investasi karena biaya teknologi energi bersih telah mengalami penurunan signifikan selama dekade terakhir

Tabel 2.2. Target NDC Indonesia

No	Sektor	Tingkat Emisi GRK 2010*	Tingkat Emisi GRK 2030 (MTon CO2e)			Penurunan Emisi GRK				Rata-rata Pertumbuhan Tahunan BaU (2010-2030)	Rata-rata Pertumbuhan 2000-2012*
		MTon CO2e	BaU	CM1	CM2	(MTon CO2e)		% dari Total BaU			
						CM1	CM2	CM1	CM2		
1	Energi*	453.2	1,669	1,355	1,271	314	398	11%	14%	6.7%	4.50%
2	Limbah	88	296	285	270	11	26	0.38%	1%	6.3%	4.00%
3	IPPU	36	69.6	66.85	66.35	2.75	3.25	0.10%	0.11%	3.4%	0.10%
4	Pertanian	110.5	119.66	110.39	115.86	9	4	0.32%	0.13%	0.4%	1.30%
5	Kehutanan**	647	714	217	64	497	650	17.2%	23%	0.5%	2.70%
	Total	**1,334**	**2,869**	**2,034**	**1,787**	**834**	**1,081**	**29%**	**38%**	**3.9%**	**3.20%**

Catatan: * termasuk energi yang mudah terlepas *(fugitive)*
** termasuk kebakaran gambut
CM1 = *Counter Measure* (skenario mitigasi tanpa syarat)
CM2 = *Counter Measure* (skenario mitigasi dengan syarat)
Sumber: NDC Indonesia.

Sasasan energi bersih Indonesia patut dihargai namun sulit untuk dicapai

Di sektor energi, UU Energi Tahun 2007 merupakan acuan utama kebijakan dan target energi jangka panjang Indonesia. Undang-undang tersebut secara khusus mengamanatkan penerbitan Kebijakan Energi Nasional/KEN Indonesia pada 2014 untuk memberikan kerangka kebijakan menyeluruh dalam sektor energi. KEN berisi rancangan strategi tingkat tinggi Indonesia untuk mencapai keamanan energi dan kemandirian energi berdasarkan prinsip-prinsip pengelolaan energi seperti aksesibilitas, keterjangkauan, dan keberlanjutan. Untuk mencapai tujuan tersebut, KEN menentukan berbagai target yang cukup tinggi untuk dicapai pada 2025 dan 2050 (lihat Tabel 2.3), termasuk 23% pangsa energi terbarukan dalam Total Pasokan Energi Primer (*Total Primary Energy Supply*/TPES) pada 2025 serta 1% penurunan intensitas energi tahunan sampai dengan 2025. Walaupun KEN ditetapkan melalui Peraturan Pemerintah No. 79/2014, kebijakan ini tidak mengikat secara hukum.

Tabel 2.3. Target KEN

	2025	2050
TPES	400 MTOE	1000 MTOE
Total kapasitas pembangkit listrik terpasang	115 GW	430 GW
Energi Terbarukan dalam TPES	23%	31%
Penurunan intensitas energi	1% per tahun	-

Catatan: TPES=*Total Primary Energy Supply*. MTOE=*Million Tonnes of Oil Equivalent*. GW=*Giga Watts*.
Sumber: Peraturan Pemerintah No. 79 of 2014 tentang Kebijakan Energi Nasional.

Untuk melengkapi komitmen dalam penetapan penggunaan energi yang lebih efisien, Peraturan Pemerintah No. 70/2009, yang mengatur bagaimana negara harus melaksanakan kegiatan konservasi untuk mengurangi konsumsi energinya, misalnya dengan membuat standar dan program pencantuman label. Peraturan ini juga menetapkan kewajiban bagi konsumen energi berskala besar (di atas 6.000 TOE per tahun) untuk melaporkan konsumsi energi dan manajemen pengelolaan energinya. Untuk meningkatkan pelaksanaannya, pemerintah memberikan insentif dan bantuan kepada pemangku kepentingan. Dalam kenyataannya, pelaksanaan peraturan ini dihadapkan pada hambatan, termasuk kelebihan pasokan listrik yang menghalangi kegiatan efisiensi energi karena pemerintah memprioritaskan program-program untuk meningkatkan konsumsi listrik.

Di samping komitmen untuk mencapai tujuan KEN, pemerintah menetapkan Rencana Umum Energi Nasional atau RUEN pada 2017, yang menjelaskan secara lebih terperinci target-target tahunan, serta program-program yang harus dilaksanakan oleh kementerian dan lembaga. Secara khusus RUEN merinci target kapasitas pembangkit listrik terpasang dalam KEN 2025 menjadi target tahunan berdasarkan jenis teknologi per tiap provinsi, berdasarkan perkiraan potensi sumber daya energi terbarukan yang ada di masing-masing provinsi tersebut (**lihat Bab 1** untuk potensi energi terbarukan Indonesia yang lebih terperinci). RUEN juga berisi sejumlah program dan langkah untuk mencapai target, termasuk: manajemen sumber daya energi terbarukan, desain skema insentif dan tarif, peningkatan kapasitas, dan penelitian dan pengembangan, serta bidang-bidang untuk dapat dilakukan kerja sama internasional. Namun demikian, tidak jelas bagaimana keselarasan program-program tersebut dengan NDC dan RAN-GRK Indonesia. Selain itu, RUEN tidak memberikan estimasi kebutuhan investasi untuk merealisasikan target, apalagi strategi untuk memobilisasi sumber pembiayaan dan investasi dalam negeri dan luar negeri. Dalam hal ini, *Institute for Essential Services Reform* (IESR) dan *Institute for Energy Economics* (IIEE) (2019)[4] memperkirakan bahwa untuk mencapai target energi terbarukan RUEN pada 2025 akan memerlukan USD 72,3 miliar (atau USD 44,2 miliar tidak termasuk pembangkit tenaga hidro berskala besar, yaitu di atas 10 MW), jauh lebih rendah dari target yang telah direalisasikan hingga saat ini (**lihat Bab 1**) (IESR, 2019[6]).

Target RUEN cukup ambisius karena ditetapkan berdasarkan asumsi optimis yang mendasarinya. Ada sejumlah asumsi yang digunakan dalam model RUEN untuk memperkirakan permintaan energi di masa yang akan datang, dimana dua di antaranya memiliki nilai penting: proyeksi pertumbuhan ekonomi yang berkisar antara 4,8% di 2015 sampai dengan 8,0% di 2025 – berasal dari dokumen Rencana Induk Percepatan dan Perluasan Pembangunan Ekonomi Indonesia *(*MP3EI*)* 2011[5] – dan proyeksi pertumbuhan populasi yang berkisar antara 1,3% di 2015 sampai dengan 0,di % pada 2025. Namun demikian, asumsi pertumbuhan ekonomi yang mendasari target RUEN ternyata ditaksir terlalu tinggi; misalnya, MP3EI memproyeksikan rata-rata pertumbuhan PDB tahunan sebesar 6,54% selama 2015-19, sementara menurut Badan Pusat Statistik pertumbuhan ekonomi aktual rata-rata hanya 5,03% selama periode tersebut(BPS, 2020)[6], yang secara mekanis jauh melampaui target (termasuk kapasitas pembangkit listrik terpasang baik untuk bahan bakar energi terbarukan maupun fosil pada 2025)[7]

Pemerintah daerah harus memainkan peran lebih besar untuk memenuhi target energi bersih

Walaupun UU Energi Tahun 2007 mewajibkan pemerintah daerah (provinsi dan kabupaten) menyusun Rencana Umum Energi Daerah (RUED) dengan mengacu pada RUEN, hampir separuh dari pemerintah daerah belum melakukan hal itu. Pada tahun 2021, baru 20 provinsi (dari total 34 provinsi) yang telah memberlakukan RUED, sementara itu provinsi-provinsi lain masih mengembangkan perencanaannya[8].

Ditemukan pula ketidaksesuaian antara target RUEN tingkat provinsi dan tingkat ambisi aktual provinsi. Misalnya, Provinsi Papua yang kaya akan sumber daya terbarukan (sementara jumlah penduduknya sedikit) belum menyusun RUED, sedangkan Kalimantan Selatan tetap memprioritaskan proyek batu bara dalam RUEDnya, walaupun hal ini tidak sejalan dengan rencana RUEN. Banyak target RUED provinsi yang berbeda dengan target RUEN; misalnya, RUED Sumatera Selatan merencanakan pembangunan proyek panel surya 50 MW pada tahun 2025, sementara RUEN merencanakan pembangunan dengan kapasitas 296 MW pada periode yang sama (berdasarkan potensi dan proyeksi permintaan provinsi). Terlepas dari tantangan ini, beberapa provinsi menunjukkan ambisi besar dalam RUEDnya, contohnya provinsi Bali, yang berkomitmen menggunakan 100% listrik energi terbarukan pada tahun 2050.

Sebagian besar kesulitan yang dihadapi pemerintah daerah dalam mengembangkan RUED yang kuat, disebabkan oleh kurangnya kapasitas serta pemahaman yang terbatas tentang energi bersih. Banyak pemerintah daerah, mengalami kekurangan dana dan sumber daya manusia untuk melakukan pekerjaan pemodelan dan penelitian yang diperlukan dalam pengembangan RUED. Pemerintah daerah juga tidak memiliki kewenangan untuk menetapkan tarif listrik energi terbarukan yang cukup menarik seperti karena ini ditetapkan di tingkat nasional. Selain itu, ada proses birokrasi yang sangat panjang untuk mendapatkan persetujuan akhir RUED dari DPRD.

Rencana jangka menengah Indonesia yang baru dapat membantu menghidupkan kembali dukungan terhadap energi bersih

Kementerian Perencanaan Pembangunan Nasional (Bappenas) bertanggung jawab untuk menyusun Rencana Pembangunan Jangka Menengah Nasional (RPJMN), yang menetapkan arah pembangunan Indonesia dalam jangka waktu lima tahun (sesuai dengan mandat presiden) melalui berbagai tujuan dan target multi sektoral. RPJMN dirancang melalui serangkaian konsultasi *bottom-up* dan *top-down*, dan dengan mengalokasikan anggaran negara ke berbagai kementerian dan lembaga. Kementerian, lembaga dan pemerintah daerah kemudian menggunakan RPJMN sebagai acuan untuk mengembangkan dan melaksanakan rencana dan kebijakannya sendiri, misalnya dalam penyusunan Rencana Kerja Pemerintah tahunan dan Rencana Pembangunan Jangka Menengah Daerah.

RPJMN 2020-24 yang baru-baru ini diadopsi telah menempatkan inisiatif pembangunan rendah karbon (*low-carbon development initiative*/LCDI) dan ekonomi hijau *(green economy)* sebagai landasan strategi pembangunannya. Langkah terkait energi bersih ini mendapat sambutan baik karena rencana tersebut mengakui pentingnya energi terbarukan dan efisiensi energi dalam pembangunan ekonomi Indonesia dan menegaskan kembali komitmen pemerintah untuk mencapai target RUEN dan NDC. RPJMN membuka peluang besar untuk menunjukkan bahwa energi bersih dan ekonomi berkelanjutan dapat membantu mendukung pertumbuhan ekonomi Indonesia, terutama dalam upaya pemulihan dari dampak krisis COVID-19.

Kerangka kelembagaan untuk pasar ketenagalistrikan

Undang-Undang Ketenagalistrikan No. 30/2009 adalah dasar hukum utama bagi pasar ketenagalistrikan Indonesia. Undang-undang tersebut memberikan peran dan tanggung jawab kepada lembaga pemerintah dan pemain pasar lainnya serta menentukan perizinan terkait ketenagalistrikan, pengaturan tarif dan proses perencanaan (lihat bagian berikutnya untuk perencanaan ketenagalistrikan yang lebih terperinci). Undang-undang tersebut juga menyebutkan bahwa Perusahaan Listrik Negara (PLN) akan tetap memiliki posisi dominan di semua segmen pasar ketenagalistrikan, membuat pasar ini sebenarnya menjadi monopoli (terintegrasi secara vertikal) (lihat Gambar 2.2).

Gambar 2.2. Struktur pasar ketenagalistrikan Indonesia

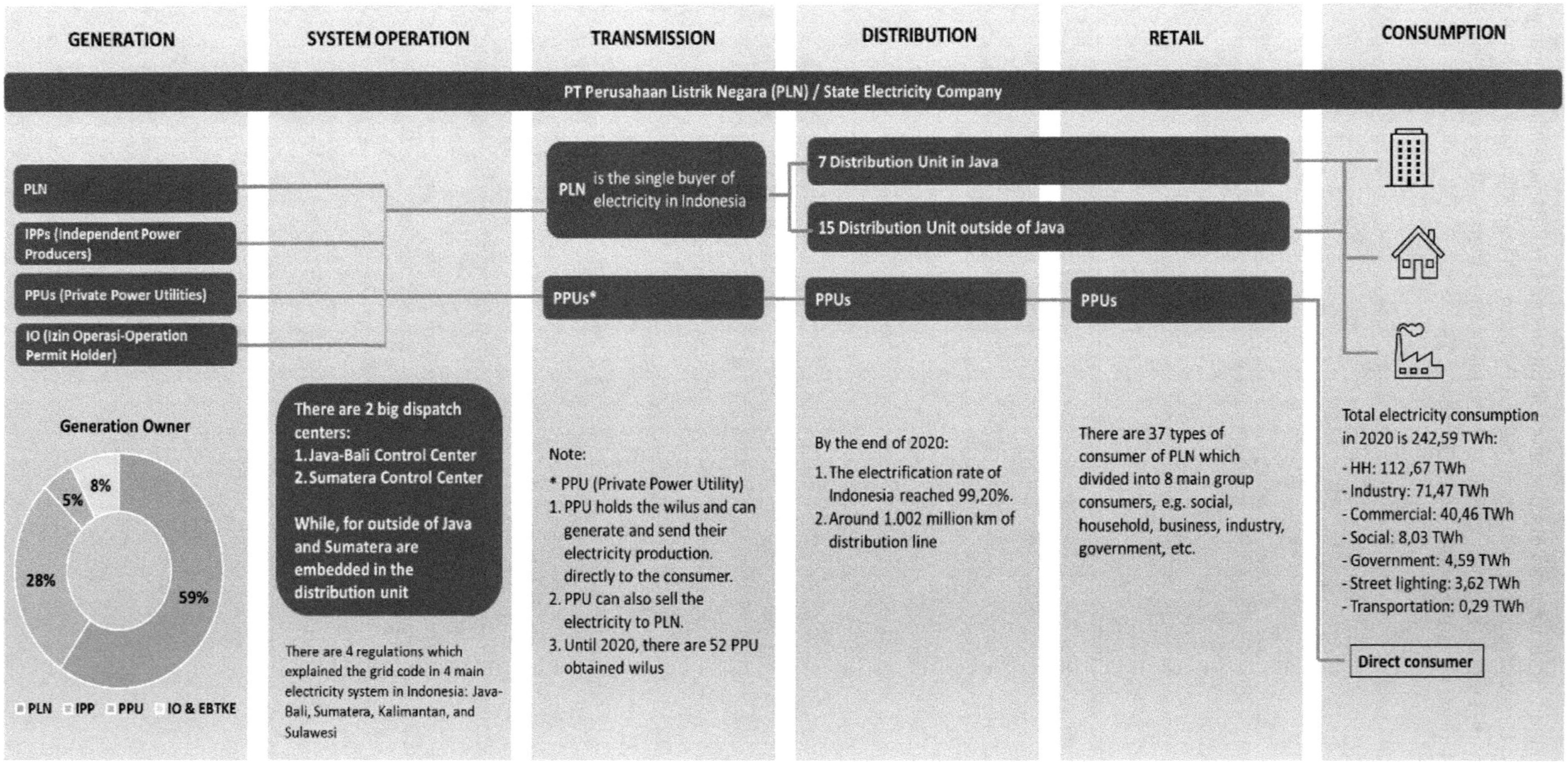

Sumber: OECD, 2020.

Pernah ada upaya untuk memecah usaha PLN dan meliberalisasi pasar ketenagalistrikan Indonesia melalui pemberlakuan UU Ketenagalistrikan No. 20/2002. Tetapi, undang-undang tersebut kemudian dibatalkan oleh Mahkamah Konstitusi dengan alasan bertentangan dengan UUD 1945 yang menyatakan bahwa penyediaan listrik harus tetap menjadi tanggung jawab negara. Lebih lanjut, pemerintah mengeluarkan sejumlah keputusan pemerintah (dan hampir 40 peraturan pelaksana yang dirangkum dalam Tabel 2.4) untuk menjamin persaingan sehat dan berfungsinya pasar dengan baik, walaupun praktik pelaksanaannya terbukti tidak mudah (**lihat Bab 4**). Terlepas dari peran dominan PLN dalam pembangkitan listrik (yang memiliki dua pertiga aset pembangkitan), dalam lima tahun terakhir ini pemerintah telah mendorong partisipasi yang semakin besar dari Produsen Listrik Independen (*Independent Power Producer*/IPP) dan pemegang izin wilayah usaha ketenagalistrikan (wilus) di pasar, dengan mengikuti tender untuk menutupi keterbatasan sumber daya PLN dalam membangun infrastruktur pembangkitan dan transmisi. Hasilnya, kontribusi IPP dalam pembangkitan listrik meningkat dari semula 21% dari total kapasitas terpasang pada tahun 2015 menjadi 26% pada tahun 2019 (MEMR, 2020[7]).

Selain itu, untuk memastikan bahwa pasar ketenagalistrikan diselenggarakan dan dikelola secara lebih transparan dan sehat, muncul beberapa usulan untuk membentuk badan pengatur energi terbarukan yang mandiri yang juga diharapkan dapat mempercepat pemanfaatan energi bersih. Masyarakat Energi Terbarukan Indonesia (METI) mengajukan gagasan ini kepada DPR yang saat ini sedang merumuskan Undang-Undang Energi Baru dan Terbarukan[9]. Sementara itu, berdasarkan studi terkini, Asian Development Bank (ADB) menegaskan bahwa badan regulator dapat dibentuk melalui penetapan peraturan pemerintah atau peraturan presiden seperti yang dilakukan dalam pembentukan SKK Migas (Satuan Kerja Khusus Pelaksana Kegiatan Usaha Hulu Minyak dan Gas Bumi) BPTJ (Badan Pengatur Tol Jalan Indonesia)[10]. Jika Indonesia bermaksud mempertimbangkan dan menilai saran yang diberikan ini, beberapa pembelajaran dapat dipetik dari negara lain, seperti SEDA (*Sustainable Energy Development Authority*) di Malaysia, ERC (*Energy Regulatory Commission*) di Filipina, EMRA (*Electricity Market Regulatory Authority*) di Turki atau ANRE (*National Electricity Regulatory Authority*) di Maroko.

Tabel 2.4. Peraturan penting sektor ketenagalistrikan Indonesia

Undang-Undang	Peraturan Pemerintah	Peraturan Menteri
No. 30/2009 tentang Ketenagalistrikan	No. 14/2012 tentang Kegiatan Usaha Penyediaan Tenaga Listrik serta No. 23/2014 tentang Perubahan PP No.14/2012	No. 28/2012 tentang Tata Cara Permohonan Wilayah Usaha Penyediaan Tenaga listrik diubah dengan Peraturan Menteri No. 07/2016 tentang Perubahan Peraturan Menteri No. 28/2012
		No.10/2017 tentang Prinsip-Prinsip Jual Beli Tenaga Listrik
		No. 24/2017 tentang Mekanisme Penetapan Biaya Pokok Penyediaan Pembangkitan
		No. 50/2017 tentang Pemanfaatan Sumber Energi Terbarukan untuk Penyediaan Tenaga Listrik diperbarui dengan Peraturan Menteri No. 47/2018 dan No. 04/2020
		No. 03/2020 tentang Tarif Tenaga Listrik yang Disediakan oleh PLN
	No. 42/2012 tentang Jual Beli Tenaga Listrik Lintas Negara	No. 26/2012 tentang Mekanisme Permohonan Izin Penjualan, Izin Pembelian dan Izin Interkoneksi Jaringan Tenaga Listrik
	No. 62/2012 tentang Usaha Jasa Penunjang Tenaga Listri	No. 2/2018 tentang Pemberlakuan Wajib Standar Nasiona Indonesia di Bidang Ketenagalistrikan

Sumber: KEMENTERIAN ESDM, 2020.

Berbeda dengan segmen pembangkitan, PLN menjadi satu-satunya pengembang infrastruktur transmisi dan distribusi listrik di Indonesia. Meskipun regulasi mengizinkan pengembang swasta untuk membangun jalur transmisi dan distribusi listrik, namun terdapat beberapa persyaratan yang harus dipenuhi, seperti persyaratan untuk memperoleh izin wilayah usaha ketenagalistrikan, penyusunan studi kelayakan, dana yang memadai dan persetujuan terkait *power wheeling* dari Menteri ESDM, yang proses dan praktiknya terdapat hambatan bagi pengembang untuk berinvestasi di bisnis hilir ketenagalistrikan. Hingga akhir tahun 2019, sebanyak 52 Pembangkit Listrik Swasta (*private power utilities*/PPU) telah memperoleh izin wilayah usaha kelistrikan sehingga dapat langsung mengalirkan listrik kepada pelanggannya.

Seiring dengan rencana pembangkitan, PLN menyampaikan komitmennya kepada pemerintah untuk membangun jalur transmisi dan distribusi listrik sebagaimana tertuang dalam Rencana Usaha Penyediaan Tenaga Listrik (RUPTL). Hal ini sangat penting karena dapat membantu PLN menjangkau lebih banyak konsumen sehingga menurunkan kapasitas kelebihan pasokan listriknya di beberapa daerah di tanah air. Oleh sebab itu, pemerintah meminta PLN untuk menanamkan investasi lebih besar di jalur transmisi dan distribusi[11]. Walaupun terdapat beberapa penundaan dalam pembangunannya, namun hingga Desember 2020, PLN telah berhasil membangun sekitar 61.960 kilometer sirkuit (kms) jalur transmisi yang tersebar di 28 sistem ketenagalistrikan, serta dua pusat penyaluran besar, yaitu Jawa-Bali *Dispatch Center* dan Sumatera *Dispatch Center* (pusat penyaluran lain berada di setiap unit distribusi PLN). PLN juga telah membangun jalur distribusi sepanjang 1.005.080 kms, yang membantu meningkatkan rasio elektrifikasi nasional hingga 99,20% (lihat Gambar 2.3; **lihat Bab 1**).

Gambar 2.3. Rasio elektrifikasi Indonesia tahun 2020

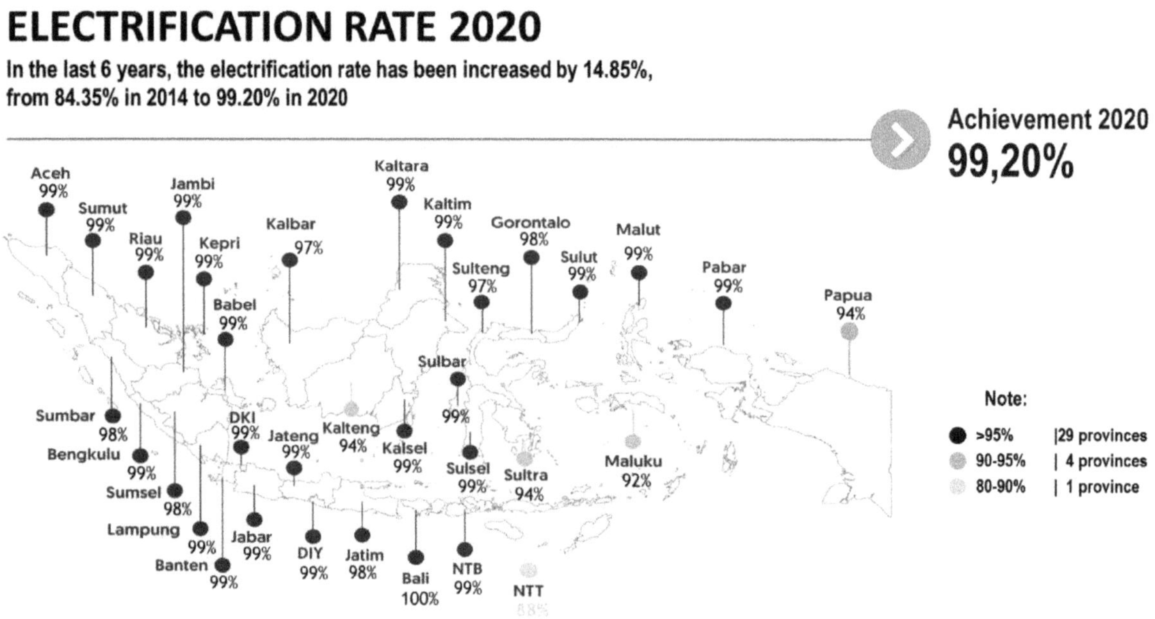

Sumber: KEMENTERIAN ESDM, 2021.

Perencanaan ketenagalistrikan

Perencanaan ketenagalistrikan disusun dalam sejumlah dokumen perencanaan (lihat Gambar 2.4):

- Rencana Umum Ketenagalistrikan Nasional atau RUKN merupakan tulang punggung perencanaan ketenagalistrikan di Indonesia. Dengan mengacu pada KEN, rencana tersebut memuat prakiraan pasokan dan permintaan tenaga listrik serta rencana investasi dan pemanfaatan sumber energi terbarukan selama 20 tahun berikutnya. Dirjen Ketenagalistrikan Kementerian ESDM bertugas mengembangkan dan memutakhirkan secara berkala RUKN yang saat ini berlaku dari tahun 2019-2038.

- Rencana Umum Ketenagalistrikan Daerah (RUKD) disusun oleh pemerintah daerah dengan mengacu pada RUKN sebagai pedoman bagaimana infrastruktur ketenagalistrikan akan dikembangkan sesuai dengan kondisi daerah. Walaupun hal ini diamanatkan oleh UU Ketenagalistrikan, hingga akhir tahun 2020, tidak satu pun provinsi yang telah membuat RUKD berdasarkan RUKN 2019. Akan tetapi, beberapa provinsi membuat RUKD dengan mengacu pada RUKN 2008, yaitu Kalimantan Timur, Jawa Tengah, dan Nusa Tenggara Barat.
- Rencana Umum Penyediaan Tenaga Listrik (RUPTL) adalah rencana pengembangan ketenagalistrikan berjangka sepuluh tahun yang dikembangkan oleh PLN secara berkala, dengan mengacu pada RUKN, KEN dan RUEN. RUPTL merupakan dokumen penting untuk semua investor di sektor ketenagalistrikan Indonesia karena berisi perkiraan permintaan terperinci dan terbaru, rencana ekspansi di masa yang akan datang, perkiraan produksi listrik dan kebutuhan bahan bakar, dan lain-lain. Dokumen ini juga mengalokasikan pengembangan proyek kepada PLN dan IPP, serta menentukan mekanisme pengadaan untuk IPP dalam membangun pembangkit listrik. Semua proyek harus dicantumkan dalam daftar RUPTL sebelum dilakukan pengadaan.

Gambar 2.4. Perencanaan ketenagalistrikan dan energi

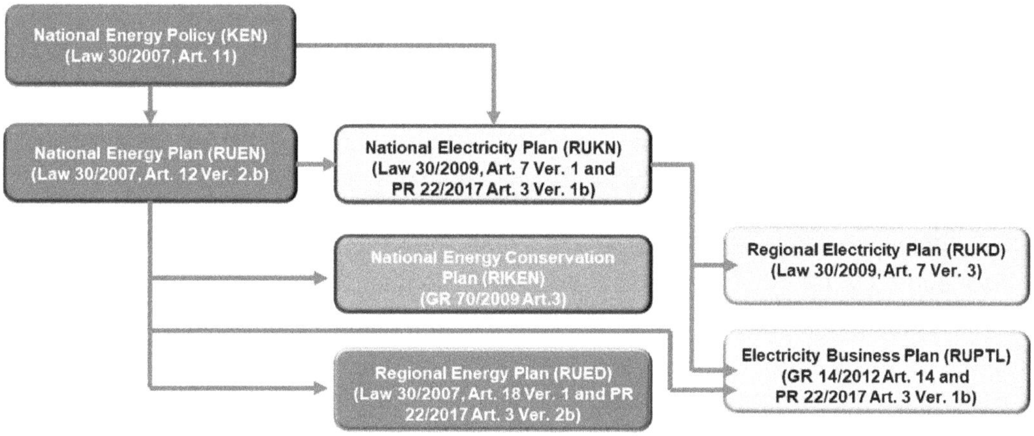

Sumber: Undang-Undang tentang Energi Tahun 2007, Undang-Undang Ketenagalistrikan Tahun 2009.

Sebagai implementasi dari perencanaan tersebut di atas, pada tahun 2015 Presiden Joko Widodo meluncurkan program 35 GW untuk mempercepat pencapaian rasio elektrifikasi 100% dan pencapaian target RUEN. Beberapa pembangkit yang ada dalam program 35 GW adalah bagian dari proyek FTP-2 yang tidak terlaksana setelah tahun 2015 akibat perubahan proyeksi permintaan. Lebih lanjut, program 35 GW diintegrasikan ke dalam RUPTL. Akan tetapi, program ini menghadapi tantangan serupa sebagaimana yang terjadi dalam Program Percepatan Ketenagalistrikan sebelumnya sehingga menyebabkan penundaan pelaksanaan proyek (lihat Kotak 2.2).

Kotak 2.2. Program percepatan elektrifikasi nasional

Untuk mengatasi kekurangan pasokan listrik dan mengurangi impor bahan bakar yang membutuhkan alokasi subsidi bahan bakar fosil yang signifikan dalam anggaran negara, pada tahun 2006, Indonesia meluncurkan Program Percepatan Pembangunan Infrastruktur Ketenagalistrikan pertama (FTP-1) dengan target membangun pembangkit listrik tenaga batu bara dengan kapasitas sekitar 10.000 MW pada tahun 2010. Mengacu pada Peraturan Presiden No. 71/2006, dari 40 lokasi pembangkit listrik tenaga batu bara, 10 di antaranya terletak di Jawa (dengan total kapasitas 7.430 MW) dan 30 lokasi di luar Jawa (total kapasitas 2.121 MW).

Pada tahun 2009, pemerintah merevisi peraturan tersebut dan mengubah beberapa target, misalnya waktu penyelesaian dari 2010 menjadi 2014, lokasi dari 40 menjadi 37, dan total kapasitas dari 9.551 MW menjadi 9.935 MW. Akan tetapi, sampai dengan Maret 2011, hanya 9,5% dari 9.935 MW target instalasi yang tercapai. Kemudian pemerintah melakukan evaluasi dan menemukan bahwa penyelesaian proyek terkendala oleh beberapa hal, seperti pembebasan lahan, kemampuan finansial pengembang, dan ketidaksesuaian spesifikasi teknis pembangkit listrik[12]. Faktor-faktor tersebut memaksa pemerintah mengubah peraturan FTP-1 beberapa kali untuk merevisi daftar proyek, dengan perubahan terakhir yang ditetapkan melalui Peraturan Presiden No. 193/2014 yang menunda penyelesaian FTP-1 sampai dengan tahun 2016.

Terlepas dari rendahnya pencapaian target FTP-1, pada tahun 2010, Indonesia dengan yakin meluncurkan FTP-2, dengan penekanan pada kontribusi utama dari pembangkit listrik energi terbarukan yaitu pembangkit hidro 1.753 MW dan panas bumi 4.925 MW atau 66% dari total 10.047 MW target kapasitas pembangkitan, sementara sisanya terdiri atas pembangkit listrik tenaga batu bara 3.025 MW dan pembangkit listrik tenaga gas 344 MW[13]. Untuk menjamin pelaksanaan FTP-2, pemerintah mengeluarkan Peraturan Menteri ESDM, tetapi peraturan tersebut mengalami perubahan beberapa kali, dengan perubahan peraturan terakhir yang ditetapkan pada tahun 2014 dengan menambah pembangkit listrik tenaga batu bara, sehingga total target mencapai 17.428 MW yang harus selesai dibangun pada tahun 2019. Sampai dengan Desember 2020, hanya 2.170 MW dari proyek FTP-2 yang beroperasi secara komersial.

Tabel 2.5. Pencapaian target program pembangunan ketenagalistrikan Indonesia

	Jangka waktu	Penundaan target	Total target kapasitas	Pencapaian pada Desember 2020	Hambatan yang teridentifikasi
FTP-1	2007-2010	2016*	9.935 MW	9.722 MW	Pembebasan lahan, kemampuan finansial pengembang, isu-isu teknis
FTP-2	2010-2014	2019	10.047 MW 17.428 MW**	2.170 MW	Pembebasan lahan, peningkatan harga batu bara, isu-isu teknis
Program 35 GW	2015-2019	2028***	35.000 MW	9.730 MW	Pembebasan lahan, rendahnya pertumbuhan ekonomi, lambatnya permintaan

Catatan: * diubah dengan Peraturan Presiden No. 193/2014

** untuk menambah sekitar 7400 MW pembangkit listrik tenaga batu bara sebagaimana dinyatakan dalam Peraturan Menteri ESDM No. 21/2013

*** pandemi Covid-19 menyebabkan lambatnya permintaan sehingga pemerintah merevisi penyelesaian target

Sumber: RUPTL 2019-2028.

Program pengembangan ketenagalistrikan tersebut menunjukkan adanya masalah serius dalam penyediaan lahan untuk proyek. Walaupun Peraturan Presiden No. 71/2006 – serta peraturan lain berikutnya – menyatakan bahwa pengadaan tanah harus diselesaikan dalam jangka waktu maksimum

120 hari, namun dalam kenyataannya, hal ini tidak terjadi. Indonesia perlu memastikan adanya solusi tuntas untuk menyelesaikan permasalahan pembebasan tanah. Pengalaman Lembaga Manajemen Aset Negara (LMAN) dalam penyediaan lahan untuk proyek jalan tol (**lihat Bab 4**) dapat dijadikan acuan apabila pemerintah memutuskan untuk mempercepat proyek energi bersih tersebut.

Perbedaan antara rencana energi dan listrik berpengaruh terhadap iklim investasi energi bersih

Ketiga dokumen perencanaan energi dan ketenagalistrikan utama (RUEN, RUKN, dan RUPTL) menggunakan model dan asumsi berbeda dalam menentukan kebutuhan kapasitas pembangkitan terpasang sehingga menyebabkan ketidaksesuaian yang signifikan dalam ketiga dokumen tersebut (lihat Tabel 2.6). Pertumbuhan ekonomi dan permintaan energi yang lambat juga telah menyebabkan tertundanya pembangunan kapasitas pembangkit listrik yang direncanakan berdasarkan RUPTL, yang selanjutnya dapat memperlebar kesenjangan antara kapasitas yang direncanakan dan kapasitas yang terpasang aktual. Berbagai inkonsistensi ini pada gilirannya menciptakan ketidakpastian di antara investor dan akhirnya berdampak terhadap iklim investasi energi bersih. Instansi pemerintah harus melakukan koordinasi lebih baik untuk menyelaraskan rencana, target dan asumsi proyeksi yang digunakan.

Tabel 2.6. Perbedaan dalam rencana energi & ketenagalistrikan Indonesia

	Lembaga	Jangka waktu	Kebutuhan investasi	Kapasitas terpasang energi terbarukan yang direncanakan pada 2025	Asumsi pertumbuhan ekonomi	Asumsi lain
RUEN	DEN (energi, cakupan nasional)	2015-2050	USD 72 miliar*	45 GW dari 135 GW total kapasitas terpasang	4.8 – 8.0% (2015-2025) Sumber: 2011 MP3EI	Pertumbuhan penduduk, jumlah rumah tangga
RUKN	Dirjen Ketenagalistrikan (cakupan nasional)	2019-2038	USD 179 miliar**	28 GW dari 118 GW total kapasitas terpasang	5.0 – 5.6% (2019-2025) Sumber: Skenario Pertumbuhan Ekonomi Moderat Bappenas 2019	Pertumbuhan penduduk, laju inflasi, angka elektrifikasi
RUPTL	PLN (cakupan wilayah usaha PLN)	2019-2028	USD 55 miliar***	24 GW dari 118 GW total kapasitas terpasang	5.5 – 6.5% (2019-2025) Sumber: Skenario Pertumbuhan Ekonomi Tinggi Bappenas 2019	Pertumbuhan penduduk, laju inflasi, permintaan potensial

Catatan: *estimasi jumlah diperoleh dari studi IESR dan IIEE tahun 2019 untuk membangun pembangkit listrik dengan energi terbarukan sebagaimana ditargetkan dalam RUEN sampai dengan tahun 2025

**estimasi untuk menutup biaya infrastruktur ketenagalistrikan (pembangkitan, transmisi dan distribusi) sampai dengan tahun 2025

***Estimasi PLN untuk menutup biaya infrastruktur ketenagalistrikan sampai dengan tahun 2028

Sumber: IESR & IIEE (2019), RUKN (2019), RUPTL (2019).

Diperlukan RUPTL yang lebih transparan dan menarik untuk mendorong investasi

Sebagaimana disebutkan di atas, PLN bertanggung jawab menyampaikan rencananya termasuk informasi tentang keterlibatan IPP untuk memperoleh persetujuan dari pemerintah sebelum mereka memulai pembangunan pembangkit listrik. Namun demikian, terdapat kekhawatiran terkait transparansi dan kewajaran proses alokasi karena menggunakan proses *bottom-up* berdasarkan masukan dari kantor wilayah PLN yang terkadang mengabaikan masukan dari calon pengembang proyek yang didukung dengan prastudi kelayakan yang tepat sebagai persyaratan untuk dipertimbangkan dalam penyusunan RUPTL.

Sesuai dengan UU Ketenagalistrikan No. 30/2009 dan Peraturan Presiden No. 4/2016 – yang kemudian direvisi dengan Peraturan Presiden No. 14/2017 – PLN akan memperoleh prioritas untuk mengembangkan infrastruktur ketenagalistrikan dengan ketentuan sebagai berikut:

- PLN memiliki ekuitas yang memadai atau dapat mengakses pendanaan murah.
- Proyek memiliki risiko konstruksi rendah.
- Proyek memiliki pasokan bahan bakar yang aman.
- Proyek merupakan pembangkit listrik tipe *peaker*.
- Proyek merupakan sistem terisolasi.

Selain itu, PLN harus bekerja sama dengan, atau mengizinkan perusahaan-perusahaan swasta (IPP dan PPU (*Private Power Utility*/Pembangkit Listrik Swasta)/Pemegang IO (Izin Operasi) untuk mengembangkan infrastruktur ketenagalistrikan dengan ketentuan sebagai berikut:

- Proyek memerlukan investasi berskala besar.
- Proyek memiliki risiko konstruksi tinggi, khususnya jika proyek memerlukan pembukaan lahan.
- Proyek berisiko tinggi karena tidak ada jaminan pasokan bahan bakar.
- Proyek merupakan proyek energi terbarukan.
- Proyek mencakup perluasan dari IPP yang ada.
- IPP/PPU membangun proyeknya di wilayah tertentu.

Walaupun terdapat persyaratan tersebut, pada praktiknya, PLN dapat secara sepihak mengalokasikan pembangunan proyek, dengan beberapa proyek dikategorikan sebagai "tidak dialokasikan" – yang berarti bahwa proyek-proyek tersebut dapat dikerjakan baik oleh PLN maupun IPP. Namun demikian, terdapat inkonsistensi dalam hal proyek-proyek yang direncanakan di seluruh RUPTL (misalnya, proyek-proyek yang diubah, atau dihapuskan, dari satu versi RUPTL ke versi RUPTL berikutnya).

Kebijakan Satu Peta dan Satu Data Indonesia dapat mendukung perencanaan ketenagalistrikan yang lebih koheren

Untuk mengatasi permasalahan koordinasi kelembagaan terkait rencana tata ruang, pemerintah menetapkan Kebijakan Satu Peta melalui Peraturan Presiden No. 9/2016. Kebijakan Satu Peta tersebut adalah tempat penyimpanan data digital (repositori) tunggal atau yang disebut Satu Peta Geoportal – yang diluncurkan pada 2018 – untuk mengarsipkan dan memusatkan berbagai rencana infrastruktur dan tata ruang sektoral lainnya (yang dibentuk dan dikelola oleh kementerian dan lembaga berbeda) dan dengan demikian, membantu memecahkan permasalahan berkepanjangan terkait tumpang tindih rencana tata ruang dan hak atas tanah di Indonesia (lihat (OECD, 2019[8]) untuk keterangan lebih terperinci tentang isu-isu rencana tata ruang di Indonesia). Sebagai pelengkap Kebijakan Satu Peta, pemerintah menetapkan Peraturan Presiden No. 39/2019 tentang Satu Data Indonesia yang mengharuskan para pemegang data (kementerian dan lembaga pemerintah lainnya) memberikan data dinamis berdasarkan format dan definisi sesuai pedoman peraturan ini.

Repositori ini akan memungkinkan banyak pengguna melakukan *overlay* rencana infrastruktur dan sektoral yang ada. Dalam sektor energi, Satu Peta Geoportal (disebut juga Satu Peta Energi dan Sumber Daya Mineral/ESDM) terutama mencakup data tentang potensi sumber daya energi terbarukan, wilayah pertambangan, jalur transmisi dan lokasi pembangkit listrik. Selain itu, Kementerian ESDM sedang mempersiapkan publikasi Satu Data ESDM yang akan terdiri atas data dinamis termasuk produksi listrik harian, tarif listrik dan energi, nilai ekspor dan impor energi, dll. Dengan demikian Satu Peta dan Satu Data ESDM membuka peluang besar kepada Indonesia untuk semakin mengintegrasikan model-model energi dengan mengintegrasikannya secara lebih baik dan memverifikasi kebutuhan dengan potensi sumber daya terbarukan aktual, infrastruktur transmisi serta permintaan energi.

Ini akan menjadi langkah penting bagi Indonesia jika perencanaan sistem ketenagalistrikan PLN dapat diintegrasikan dengan Satu Peta ESDM dan Satu Data ESDM agar lebih transparan dan dapat diandalkan, sehingga akan membantu keputusan investasi yang lebih baik oleh para pemangku kepentingan. Saat ini, perencanaan ketenagalistrikan kurang memiliki keterkaitan antara sumber daya energi potensial dan permintaan pasar terhadap rencana pembangunan jalur pembangkit, transmisi dan distribusi listrik. Salah satu contoh adalah sistem ketenagalistrikan Mahakam (Kalimantan Timur) dimana pasokan yang tersedia sekitar 200 MW tidak dapat memenuhi permintaan pasar baru karena pembangunan jalur transmisi dan distribusi listrik mengalami ketertinggalan. Contoh lain dapat juga dilihat di wilayah Papua, dimana terdapat potensi hidro yang besar, yaitu sekitar 1.000 MW, tetapi tidak ada permintaan atau rencana untuk membangun jalur transmisi dan distribusi listrik.

Dengan tersedianya *dataset* tentang Satu Peta ESDM dan Satu Data ESDM, pemerintah dan PLN dapat menggunakannya untuk memantau dan mengevaluasi pelaksanaan perencanaan ketenagalistrikan dan perkembangan proyek tersebut. Hal ini dilakukan, misalnya ketika pemerintah dan PLN menilai proposal harga dari para pengembang proyek panas bumi. Beberapa komponen harga mencakup ketersediaan infrastruktur pendukung yang dekat dengan lokasi proyek dan potensi sumber daya di kawasan yang tidak memiliki infrastruktur pendukung atau apabila sumber dayanya berpotensi rendah maka hal ini dapat menyebabkan permintaan harga yang lebih tinggi dari pengembang. Pemerintah dan PLN mengevaluasi permintaan ini dengan menggunakan data potensi sumber daya ketersediaan infrastruktur yang tersedia dalam Satu Peta ESDM dan Satu Data ESDM. Hal ini memungkinkan disepakatinya harga panas bumi bumi sehingga mencerminkan kondisi riil proyek tersebut secara wajar.

Merujuk pada situasi yang disebutkan di atas Indonesia dapat menarik manfaat dari pengalaman Australia dalam mengembangkan Australia *Renewable Energy Mapping Infrastructure* (AREMI) (lihat Kotak 2.3). Sama halnya dengan Satu Peta, AREMI melakukan sentralisasi terhadap kumpulan data dan rencana terkait energi yang komprehensif, seperti kinerja pembangkit listrik waktu nyata *(real-time),* potensi permintaan pasar, kesenjangan infrastruktur jaringan dan potensi sumber daya energi terbarukan. Dengan mengintegrasikan berbagai data energi, peta AREMI sangat membantu investor untuk mengidentifikasi peluang investasi energi bersih dan dengan demikian membantu menghindari risiko aset yang terlantar.

Kotak 2.3. Australian Renewable Energy Mapping Infrastructure (AREMI), mendukung keputusan investasi energi bersih

Selama dekade pertama tahun 2000an, program-program efisiensi energi dan energi terbarukan efektif mengurangi permintaan energi yang dihasilkan dari pembangkit berbahan bakar fosil yang tersentralisasi. Investasi besar telah ditanamkan pada jaringan listrik berdasarkan proyeksi pertumbuhan permintaan energi yang sedang berjalan dan secara khusus untuk mempertahankan pasokan pada saat permintaan puncak di daerah pedesaan. Pada tahun 2014, *Australian Renewable Energy Agency* (ARENA) mendanai sebuah proyek untuk membangun wahana pemetaan energi terbarukan nasional secara daring untuk menginformasikan investor dan pemangku kepentingan lainnya tentang potensi sumber daya energi terbarukan, infrastruktur ketenagalistrikan yang ada dan kinerja sistem kelistrikan waktu nyata *(real-time),* serta peta tata ruang dan informasi permintaan demografi pada infrastruktur lain.

Tujuan proyek ini – *Australian Renewable Energy Mapping Infrastructure* (AREMI) – adalah untuk membangun layanan data pemetaan energi terbarukan satu atap yang selanjutnya dapat mendukung keputusan investasi tentang jenis infrastruktur ketenagalistrikan yang perlu dibangun di area tertentu, misalnya apakah pembangkit listrik dengan kapasitas dan jenis teknologi tertentu atau jalur transmisi/distribusi listrik dengan panjang dan kapasitas tertentu. Selain dapat membantu pemerintah mempromosikan dan memantau proyek-proyek ketenagalistrikan di berbagai kawasan, peta ini juga diharapkan dapat mengurangi waktu dan biaya persiapan proyek dan mendukung tugas analisis yang dilakukan oleh para pemangku kepentingan.

Pada awalnya, Pemerintah Australia menunjuk *National Information and Communication Technology* Australia (NICTA) untuk mengembangkan sistem dengan dukungan dari *Geoscience* Australia, *the Bureau of Meteorology*, dan *the Commonwealth Scientific and Industrial Research Organisation* (CSIRO). Pada pertengahan tahun 2016, Data61, di bawah CSIRO, mengambil alih proyek tersebut dan melanjutkan ekspansi peta AREMI, yang hingga saat ini telah berhasil mengumpulkan sekitar 1100 *dataset* yang terdiri atas infrastruktur ketenagalistrikan dan energi terbarukan, data lingkungan, topografi dan populasi dari berbagai kustodian (wali) data.

Laporan lebih lanjut dari Data61, menyatakan bahwa berdasarkan evaluasi yang dilakukan oleh *Centre for International Economics* (CIE), AREMI dikaitkan dengan keuntungan yang dihasilkan sebesar sekitar AUD 11,7 juta dari total AUD 47,5 juta laba bersih yang dibuat oleh investor. Temuan CIE juga menunjukkan pemanfaatan AREMI telah menciptakan rasio manfaat-biaya lebih dari 5:1 yang berarti untuk setiap AUD 1 yang dibelanjakan, akan dihasilkan AUD 5 dalam nilai ekonomi baru untuk perekonomian Australia dalam hal penghematan waktu, peningkatan pengambilan keputusan dan kegiatan yang lebih bernilai[14].

Perkembangan teknologi energi bersih dan perilaku permintaan akan membentuk kembali lanskap energi Indonesia

Perkembangan teknologi terbarukan yang cepat berubah dan penurunan biaya secara global akan sangat memengaruhi perencanaan pembangkitan energi terbarukan di Indonesia. Di seluruh dunia, biaya teknologi energi terbarukan telah mengalami penurunan tajam selama dekade terakhir, misalnya biaya panel surya turun sebesar 82% antara 2010 dan 2019 yang pada akhirnya mendorong kenaikan signifikan terhadap porsi energi terbarukan dalam pembangkitan listrik (IRENA, 2020). Akan tetapi, sektor ketenagalistrikan Indonesia masih sangat bergantung pada batu bara (63%) dengan energi terbarukan hanya berperan kecil saja (11,5%) (**lihat Bab 1** untuk keterangan lebih terperinci tentang bahan bakar sistem ketenagalistrikan di Indonesia). Beberapa pembangkit listrik bertenaga batu bara telah beroperasi selama lebih dari 30 tahun, yang baru-baru ini membuat pemerintah merencanakan penggantian bertahap sekitar 1,6 GW pembangkit listrik bertenaga batu bara dengan panel surya (Jakarta Post, 2020)[15].

Sebagaimana halnya negara-negara lain, Indonesia mengalami perubahan perilaku dalam konsumsi energi yang dipicu oleh digitalisasi. Perubahan ini didukung oleh besarnya pangsa kelompok milenial dan generasi Z (usia 8-39 tahun), sekitar 53,81% dari total populasi sebesar 270,2 juta orang (BPS, 2021)[16], sementara angka penetrasi Internet di Indonesia mencapai 73% sebagaimana dilaporkan dalam Digital 2021 Indonesia oleh *We Are Social and Hootsuite*[17]. Kaum milenial lebih akrab dengan kegiatan ekonomi berbasis Internet (digitalisasi) dan mereka juga lebih memilih untuk menggunakan teknologi energi yang lebih efisien, seperti jasa urun tumpangan *(ride-sharing)* (yaitu, GoJek dan Grab), dan tinggal di dekat perkotaan. Lebih lanjut, IEA dalam laporan studinya tentang *Digitalization and Energy* (2017) menyatakan bagaimana digitalisasi mengubah lanskap sektor energi dan ini kemudian dapat mendorong Indonesia merombak proyeksi permintaan dan penawaran energinya.

Referensi

Bridle, R. et al. (2018), *Missing the 23 Per Cent Target: Roadblocks to the development of renewable energy in Indonesia GSI REPORT*, http://www.iisd.org/gsi (accessed on 15 January 2019). [10]

DEN (2020), *Buku Bauran Energi Nasional*, Dewan Energi Nasional, https://den.go.id/index.php/publikasi/index/BauranEnergi. [13]

DEN (2020), *Buku Bauran Energi Nasional 2020 (National Energy Mix Book 2019)*, Dewan Energi Nasional, Jakarta, https://den.go.id/index.php/publikasi/index/BauranEnergi (accessed on 19 April 2021). [2]

IESR (2019), *Kebutuhan Investasi Energi di Indonesia (English translation: Energy investment needs in Indonesia)*, http://iesr.or.id/pustaka/kebutuhan-investasi-energi-indonesia/ (accessed on 3 April 2020). [6]

Kennedy, S. (2020), *Research: land use challenges for Indonesia's transition to renewable energy*, The Conversation, https://theconversation.com/research-land-use-challenges-for-indonesias-transition-to-renewable-energy-131767 (accessed on 6 November 2020). [12]

MEMR (2020), *Handbook of Energy & Economy Statistics of Indonesia 2019*, Ministry of Energy and Mineral Resources, Jakarta. [1]

MEMR (2020), *Statistik Ketenagalistrikan 2019 (Electricity Statistics 2019)*, Ministry of Energy and Mineral Resources, Jakarta, https://gatrik.esdm.go.id/assets/uploads/download_index/files/c4053-statistik-2019-highres.pdf (accessed on 19 April 2021). [7]

OECD (2020), *OECD Investment Policy Reviews: Indonesia 2020*, OECD Investment Policy Reviews, OECD Publishing, Paris, https://dx.doi.org/10.1787/b56512da-en. [4]

OECD (2019), *OECD Green Growth Policy Review of Indonesia 2019*, OECD Environmental Performance Reviews, OECD Publishing, Paris, https://dx.doi.org/10.1787/1eee39bc-en. [8]

OECD (2015), *Overcoming Barriers to International Investment in Clean Energy*, Green Finance and Investment, OECD Publishing, Paris, https://dx.doi.org/10.1787/9789264227064-en. [11]

OECD (2015), *Policy Guidance for Investment in Clean Energy Infrastructure: Expanding Access to Clean Energy for Green Growth and Development*, OECD Publishing, Paris, https://dx.doi.org/10.1787/9789264212664-en. [5]

PWC (2019), *As many as 21 PPAs for new and renewable energy power plants planned to be signed this year*, https://www.pwc.com/id/en/media-centre/infrastructure-news/april-2019/planned-to-be-signed-this-year.html (accessed on 9 November 2020). [9]

PwC (2017), *Power in Indonesia - Investment and Taxation Guide*, http://www.pwc.com/id (accessed on 11 January 2019). [3]

Catatan

[1] https://www.thejakartapost.com/news/2019/07/29/division-among-ministers-may-delay-issuance-of-ev-regulation.html.

[2] http://www.dpr.go.id/berita/detail/id/25269/t/Peran+DEN+Belum+Optimal.

[3] Dian Lestari, Kepala Pusat Kebijakan Pembiayaan Perubahan Iklim dan Multilateral, "Fasilitas Keuangan Berkelanjutan untuk Mendukung Proyek Energi Bersih di Indonesia", Diskusi Kelompok Terarah Daring, Membangun Fasilitas Keuangan Berkelanjutan, Oktober 2020.

[4] https://iesr.or.id/en/pustaka/kebutuhan-investasi-energi-indonesia.

[5] MP3EI adalah dokumen perencanaan pembangunan yang ditetapkan melalui Peraturan Presiden Nomor 32 Tahun 2011 di awal pemerintahan Susilo Bambang Yudhoyono. Dokumen ini berisi berbagai program pembangunan pemerintah di enam koridor ekonomi – berbasis pulau-pulau besar, misalnya Jawa, Sumatera, Kalimantan, Sulawesi, Papua-Maluku, dan Bali-Nusa Tenggara – untuk mempercepat pembangunan di seluruh negara guna mencapai status negara maju pada tahun 2025 melalui beberapa indikator, misalnya, pendapatan per kapita, pertumbuhan ekonomi, dan nilai PDB. Sumber: https://www.bappenas.go.id/id/berita-dan-siaran-pers/kegiatan-utama/master-plan-percepatan-dan-perluasan-pembangunan-ekonomi-indonesia-mp3ei-2011-2025/.

[6] https://www.bps.go.id/indicator/11/104/1/-ser, i-2010-laju-pertumbuhan-pdb-seri-2010.html.

[7] Peraturan Presiden No. 22/2017 tentang Kebijakan Rencana Umum Energi Nasional (RUEN).

[8] https://den.go.id/index.php/publikasi/index/pembinaanrued.

[9] https://www.cnbcindonesia.com/news/20200917152103-4-187563/ruu-ebt-ada-usul-badan-pengelola-energi-terbarukan-dibentuk.

[10] https://www.adb.org/sites/default/files/publication/668226/better-regulation-future-indonesia-electricity-sector.pdf.

[11] https://www.reuters.com/article/indonesia-electricity-idAFL4N2AY2AO.

[12] https://www.esdm.go.id/id/media-center/arsip-berita/direktorat-jenderal-ketenagalistrikan-review-program-10000-mw-tahap-i.

[13] https://inilah.com/news/1957390/program-listrik-10-ribu-mw-pakai-energi-terbarukan.

[14] Surat penonaktifan *(decommissioning)* AREMI

[15] https://www.thejakartapost.com/news/2020/11/30/ministry-mulls-retiring-giant-suralaya-coal-plant-replacing-it-with-solar-farm.html.

[16] https://www.bps.go.id/website/materi_ind/materiBrsInd-20210121151046.pdf

[17] https://datareportal.com/reports/digital-2021-indonesia

3 Kerangka regulasi

Bab ini membahas kebijakan dan peraturan energi bersih di Indonesia. Analisis lingkungan kebijakan yang berkembang di Indonesia untuk efisiensi energi dan pengembangan energi terbarukan, serta bagaimana kondisi regulasi dan reformasi membentuk lanskap pasar untuk investasi energi bersih, juga diuraikan pada bagian ini. Pada bab ini diulas peran perluasan standar kinerja energi dan skema pencantuman label, serta kebutuhan akan ketentuan peraturan yang lebih jelas untuk perusahaan jasa energi. Bab ini juga mempertimbangkan dampak regulasi saat ini dan yang sedang disusun terhadap pembangkit listrik energi terbarukan, dan mengidentifikasi peluang untuk menyelaraskannya dengan praktik terbaik internasional dan memfasilitasi pengembangan kapasitas energi terbarukan.

Lingkungan kebijakan energi Indonesia mengalami perubahan signifikan sejak tahun 2007, seiring dengan diberlakukannya Undang-Undang (UU) Energi No. 30/2007[1] yang merupakan landasan hukum dan struktur kelembagaan dalam pengelolaan energi. Sejak saat itu, pemerintah membuat sejumlah perubahan regulasi untuk mendorong dan mempromosikan efisiensi energi dan pengembangan energi terbarukan, sejalan dengan visi yang ditetapkan dalam Kebijakan Energi Nasional (KEN) melalui Peraturan Pemerintah No. 79/2014[2], dan Rencana Umum Energi Nasional (RUEN) sebagaimana ditetapkan dalam Peraturan Presiden No. 22/2017[3] (**lihat Bab 2**).

Kebijakan ini yang disertai dengan sejumlah kebijakan lainnya dan peraturan efisiensi energi dan energi terbarukan merupakan langkah ke arah yang tepat, yang menegaskan tekad Indonesia untuk mengubah ambisinya terkait energi bersih menjadi komitmen hukum dengan menerapkan aturan dan regulasi pasar. Penguatan reformasi melalui fasilitasi pengembangan usaha yang diatur dalam UU Cipta Kerja (**lihat Bab 4**) akan membantu memastikan bahwa kerangka regulasi Indonesia dapat mengatasi kesenjangan kebijakan dan hambatan pasar lainnya sehingga dapat menciptakan lingkungan investasi yang dinamis dan kuat untuk pengembangan energi bersih.

Penilaian dan rekomendasi

Kerangka regulasi yang jelas dan tegas sangat penting untuk mencapai transisi energi bersih di Indonesia

Pemerintah Indonesia patut menerima pujian karena menyatakan pentingnya energi bersih untuk masa depan negara. Evolusi regulasi untuk mendukung efisiensi energi dan energi terbarukan selama sepuluh tahun terakhir merupakan langkah positif untuk mencapai ambisi tersebut dan perkembangan seperti standar kinerja energi minimum (SKEM) nasional pertama serta penyusunan peraturan presiden tentang energi terbarukan merupakan tahapan pencapaian penting yang menunjukkan komitmen Indonesia untuk mempercepat penerapan energi bersih. Namun demikian, Indonesia telah beberapa kali merevisi aturan dan regulasi tentang energi terbarukan dan efisiensi energi, yang beberapa diantaranya menimbulkan ketidakpastian bagi pengembang proyek dan investor. Agar solusi energi bersih dapat dimanfaatkan secara luas, lingkungan regulasi Indonesia harus berevolusi (serta dikoordinasikan [**lihat Bab 2**]) dan kelemahan dalam kebijakan yang ada harus dikelola.

Perluasan kekuatan dan ruang lingkup kebijakan untuk pengembangan efisiensi energi

Selama beberapa tahun terakhir, regulasi berhasil menciptakan permintaan akan produk dan layanan hemat energi, tetapi masih terdapat kesenjangan kebijakan, termasuk rendahnya kesadaran masyarakat tentang standar kinerja energi minimum/SKEM *(minimum energy performance standards/MEPS)* dan label energi (CLASP, 2020[1]; MEMR, 2020[2]). SKEM pendingin ruangan (AC) dan penerangan tidak dimutakhirkan secara berkala untuk menjamin kesesuaiannya dengan tren pasar dan ketersediaan produk. Penyesuaian SKEM untuk sepuluh kategori peralatan baru menunjukkan hasil menggembirakan, tetapi diperlukan upaya lebih lanjut untuk memperluas dan memperkuat keseluruhan regulasi yang mengatur efisiensi energi. Indonesia dapat memanfaatkan pengetahuan internasional, seperti wahana kolaborasi *International Energy Agency* tentang Peralatan Listrik Hemat Energi[4], dan bekerja sama dengan mitra seperti inisiatif *United for Efficiency*[5] dan ASEAN SHINE[6] untuk memperkuat dan memperluas ruang lingkup kebijakan efisiensi energinya.

Pelaksanaan, pemantauan dan evaluasi kebijakan efisiensi energi perlu diperbaiki

Kemajuan pengembangan dan penerapan regulasi efisiensi energi baru merupakan hal penting. Demikian pula dengan peningkatan jumlah produk di pasar yang diuji secara resmi, walaupun data yang diperoleh, untuk peralatan AC misalnya, menunjukkan bahwa kebijakan tidak selalu mengikuti perkembangan pasar, dengan SKEM yang lebih rendah dari tingkat efisiensi yang tersedia. Untuk mengatasi kesenjangan ini, pemantauan harus diperkuat dan regulasi harus dievaluasi, tidak hanya untuk memastikan kepatuhan, melainkan juga untuk meningkatkan data ketersediaan produk dan preferensi pasar (misalnya, tren dalam ukuran dan fitur peralatan, yang memengaruhi konsumsi energi). Indonesia dapat belajar dari pengalaman internasional dan praktik terbaik tentang pemantauan, verifikasi, dan penegakan kebijakan efisiensi energi, seperti kebijakan *International Energy Agency* tentang peningkatan kepatuhan terhadap program efisiensi energi peralatan (IEA, 2010[3]), untuk meningkatkan kapasitas regulasinya dan memastikan kepatuhan dalam pengujian produk dan pelaporan industri.

Pasar jasa energi: sumber daya yang belum dimanfaatkan dalam penerapan efisiensi

Pencabutan Peraturan Menteri ESDM Tahun 2018 tentang Penyelenggaraan Usaha JJasa Konservasi Energi menyebabkan pasar kehilangan dokumen standar untuk kontrak kinerja energi, sehingga membatasi pasar untuk sebagian besar perusahaan teknik berskala kecil yang beroperasi secara bisnis-ke-bisnis. Untuk memanfaatkan potensi model layanan energi yang besar, yang telah berhasil diterapkan di negara lain, diperlukan regulasi yang jelas, termasuk dokumentasi standar, untuk memenuhi syarat pembayaran kembali (misalnya, biaya minimum untuk perusahaan jasa energi [ESCO] jika penghematan energi tidak sesuai sebagaimana yang diharapkan), keamanan pembayaran dan persyaratan kontrak di antara para pihak. Pemerintah juga dapat mendukung pengembangan pasar jasa energi, misalnya dengan memberikan dukungan teknis dan mendukung proyek percontohan untuk membantu pasar mengenali penghematan energi yang menghasilkan pendapatan, yang merupakan faktor penting dalam penerapan dan pembentukan pasar ESCO yang *bankable* di negara lain.

Pengembangan pasar ketenagalistrikan memerlukan kerangka regulasi yang lebih jelas

Akhir-akhir ini, kapasitas pembangkit listrik energi terbarukan menunjukkan pertumbuhan yang menggembirakan, terlepas dari hambatan untuk meningkatkan pembangunannya, termasuk dalam hal ini adalah praktik di pasar ketenagalistrikan yang mungkin tidak bisa dinegosiasikan secara transparan dengan Perusahaan Listrik Negara (PLN) terkait perjanjian jual beli tenaga listrik (PJBTL). Penerapan pengadaan yang kurang jelas dan tidak konsisten menimbulkan kesan kondisi investasi yang tidak adil dan/atau berisiko serta mengurangi kompetisi di pasar yang sangat penting untuk mengembangkan pasar ketenagalistrikan yang efisien. Di negara lain, syarat dan ketentuan tender yang terkait dengan penetapan harga PJBTL biasanya diumumkan, sekurang-kurangnya kepada peserta tender yang telah memenuhi syarat, untuk mendorong kompetisi yang berfokus pada harga, pengalaman, dan stabilitas keuangan pengembang. Indonesia harus berupaya mengatasi hambatan regulasi yang mengatur jual beli tenaga listrik antara produsen listrik independen (IPP) dan PLN untuk menciptakan kondisi pasar yang jelas dan kredibel.

Kebijakan baru dan yang sedang disiapkan dapat memperkuat pengembangan listrik energi terbarukan, sepanjang kebijakan diterapkan secara konsisten dan transparan

Langkah-langkah baru seperti pemberlakuan UU Cipta Kerja (**lihat Bab 4**) dan peraturan presiden yang saat ini sedang disusun diharapkan dapat memberikan kerangka kebijakan yang lebih jelas dan lingkungan usaha listrik energi terbarukan yang lebih baik. Perumusan peraturan presiden, alih-alih peraturan menteri, memberi sinyal yang kuat tentang keseriusan sikap pemerintah dalam hal transisi energi bersih. Untuk menjamin agar langkah-langkah tersebut memberikan dampak yang diharapkan, diperlukan lingkungan regulasi yang jelas, konsisten dan adil, suatu kondisi penting untuk memperluas keterlibatan sektor swasta. Secara khusus, persepsi risiko dan risiko nyata bagi pengembang proyek terbarukan harus dikelola, untuk menghindari kondisi operasional yang tidak jelas atau perubahan aturan secara mendadak yang dapat menghambat investasi, dengan tetap menciptakan lingkungan regulasi yang mendorong kompetisi dan membuka peluang untuk mencapai penurunan biaya.

Pasar listrik energi terbarukan Indonesia mempunyai potensi besar jika difasilitasi dengan tepat

Perubahan regulasi terkait IPP dan tarif listrik dalam beberapa tahun terakhir tidak serta merta memfasilitasi pengembangan listrik energi terbarukan. Besarnya potensi pasar yang belum tergali, misalnya melalui pengadaan energi terbarukan oleh korporasi masih terkendala oleh sejumlah hambatan, seperti tidak adanya peraturan pelaksana tentang *power-wheeling* dan kebijakan *net-metering* yang tidak sejalan dengan praktik yang baik di negara lain. Isu ini menyebabkan investasi dalam pembangkitan untuk keperluan sendiri menjadi tidak ekonomis atau pengadaan *off-site generation* menjadi sulit, sehingga menghambat pengembangan pasar listrik energi terbarukan yang dinamis. Untuk memanfaatkan potensi signifikan pengadaan energi terbarukan di Indonesia, pemerintah perlu mengkaji regulasi dan praktik penetapan harga yang berlaku saat ini, memastikan penyelesaian pembangkitan untuk keperluan sendiri *(self-generation)* secara transparan dan adil dan memfasilitasi perjanjian kontrak antara perusahaan, PLN dan IPP.

Kotak 3.1. Rekomendasi kebijakan utama terkait kerangka regulasi energi bersih

- Memperkuat dan memperluas standar kinerja energi minimum (SKEM) dan pencantuman label di Indonesia, yang merujuk pada standar sebelumnya dan standar baru yang akan diterapkan sehingga bisa menarik produk yang tidak efisien dari pasar dan meningkatkan ketersediaan dan kepastian permintaan untuk produk yang lebih efisien.
- Menyederhanakan dan melakukan standarisasi PJBTL untuk mengatasi kekhawatiran tentang kelayakan keuangan proyek dan memastikan adanya ruang negosiasi sehingga menghindari risiko atau persepsi perlakuan yang tidak adil. Menghindari perubahan kebijakan yang memengaruhi nilai ekonomi PJBTL setelah ditandatangani dan memastikan regulasi dapat mengintegrasikan insentif untuk mengatasi ketidakpastian, termasuk menetapkan aturan jelas tentang kompensasi apabila terjadi pembatasan produksi atau gangguan listrik.
- Memastikan reformasi seperti UU Cipta Kerja dan peraturan presiden tentang listrik energi terbarukan diterjemahkan ke dalam aturan operasional yang konsisten dan transparan. Memastikan kompetisi yang jelas dan sehat dalam pelelangan serta penerapan *feed-in-tariffs* (FiT) yang disederhanakan, sehingga investor memiliki pemahaman yang jelas dan dapat diprediksi tentang syarat dan ketentuan yang berlaku untuk proyek energi terbarukan (misalnya, tentang cara pemilihan pemenang lelang).
- Mengatasi kesenjangan regulasi di pasar jasa energi yang memperlambat terbukanya peluang dan memastikan transparansi ketentuan kontrak jasa energi. Menetapkan dokumentasi standar yang memperhitungkan syarat-syarat layanan dasar, seperti persyaratan kontrak antara para pihak, keamanan pembayaran dan syarat pembayaran kembali (misalnya, biaya minimum untuk ESCO jika penghematan energi tidak sesuai yang diharapkan).
- Memastikan penyelesaian pembangkitan untuk keperluan sendiri *(self-generation)* yang adil dan non-diskriminatif dan mengkaji regulasi yang berlaku saat ini untuk mengatasi hambatan dalam skema *net-metering* yang membatasi pemanfaatan pengadaan energi terbarukan oleh korporasi. Sebagai bagian dari kajian ini, kesenjangan regulasi *power wheeling* harus dijembatani dengan memfasilitasi perusahaan yang bermaksud memproduksi listrik energi terbarukan *off-site*.
- Memimpin upaya pelaksanaan efisiensi energi yang merujuk pada program yang ada seperti program penggantian penerangan jalan umum serta menginstruksikan lembaga pemerintah dan perusahaan milik negara untuk mengidentifikasi dan menerapkan langkah efisiensi energi,

misalnya dengan membuat skema yang dapat mendorong aparatur sipil negara menemukan peluang periode pembayaran kembali yang singkat.

- Mengkaji praktik pengadaan pemerintah untuk memfasilitasi dan memberdayakan belanja publik untuk efisiensi energi dan mengkaji dukungan untuk kerja sama pemerintah dengan badan usaha (KPBU), yang saat ini lebih sesuai untuk proyek infrastruktur berskala besar dan sulit diterapkan pada proyek efisiensi energi mengingat biaya investasinya yang biasanya lebih kecil. Mempertimbangkan kemungkinan pengecualian atau kondisi di mana pemerintah daerah dan badan usaha publik dapat terlibat dalam kontrak penghematan energi berjangka lebih dari satu tahun, yang akan membantu mengembangkan pasar efisiensi energi lokal.
- Berdasarkan perkembangan positif dalam pelaksanaan pelaporan manajemen energi industri, pemerintah dapat bekerja sama dengan perusahaan untuk menyampaikan kisah keberhasilan dan memperluas Penghargaan Efisiensi Energi Nasional/PEEN sebagai bentuk penghargaan bagi perusahaan yang berhasil meningkatkan intensitas energi dan memberikan sanksi kepada perusahaan yang gagal mematuhi persyaratan pelaporan dan pengelolaan energi.

Kebijakan dan regulasi efisiensi energi

Indonesia telah memprakarsai beberapa program dan kebijakan tentang konservasi dan efisiensi energi selama satu dekade terakhir, sejak dibuatnya Rencana Induk Konservasi Energi Nasional (RIKEN) pada tahun 1995. Beberapa langkah penting dalam inisiatif ini termasuk penerapan regulasi terkait dengan manajemen energi dan standar kinerja energi, seperti Peraturan Menteri Perindustrian (Kemenperin) No. 51/2015[7] tentang standar energi minimum wajib bagi pengguna industri berat (bubur kertas dan kertas, tekstil, semen dan keramik). Pemerintah juga telah memprakarsai program peningkatan kesadaran untuk meningkatkan pelaksanaan efisiensi energi serta program peningkatan kapasitas sumber daya manusia (**lihat Bab 7**).

Langkah-langkah ini mencerminkan komitmen Indonesia untuk mengurangi intensitas energi nasional secara keseluruhan, meskipun pemberian insentif masih kurang memadai atau pedoman pelaksanaan kebijakan efisiensi energi masih kurang jelas. Target peningkatan intensitas energi tahunan RUEN sebesar minimum 1% (dengan total penghematan energi sebesar 17% pada tahun 2025) terlihat menjanjikan, tetapi target ini kemungkinan tidak akan tercapai. Sama halnya dengan peningkatan intensitas sebesar 1% yang dianggap kurang ambisius dibandingkan dengan seruan *Energy Efficiency Global Alliance* untuk meningkatkan efisiensi tahunan global sebesar tiga persen[8]. Untuk memenuhi angka peningkatan yang direkomendasikan tersebut, target intensitas energi Indonesia harus berada di angka 2% atau 3% per tahun, selain perlunya memperluas ruang lingkup dan penegakan regulasi efisiensi energi untuk mengirimkan sinyal kuat ke pasar tentang perkembangan efisiensi energi. Hal ini juga akan memberikan insentif yang lebih besar kepada pemilik atau pengelola aset, terutama di sektor dengan aset yang seringkali berumur panjang seperti sektor industri dan bangunan, dengan mendorong mereka memprioritaskan aksi dan investasi untuk memenuhi persyaratan kebijakan.

Peraturan efisiensi energi semakin meningkat, tetapi ruang lingkupnya harus diperluas

Peraturan Pemerintah No. 70/2009[9] menetapkan persyaratan tentang konservasi energi untuk perusahaan-perusahaan dengan konsumsi energi tahunan melebihi 6.000 ton setara minyak, yang mewakili sekitar 60% konsumsi energi industri di Indonesia (IEA, 2018[4]). Peraturan ini mengharuskan para penggunanya menunjuk manajer energi, mengembangkan rencana konservasi energi, melakukan audit energi dan melaporkan konsumsi energi tahunannya kepada pemerintah. Kementerian ESDM kemudian mengeluarkan Peraturan No. 14/2012[10] sebagai peraturan pelaksana untuk Peraturan Pemerintah Tahun 2009 tersebut, dengan mencantumkan ketentuan tentang penghematan dan pengelolaan energi untuk para pengguna energi tertentu dengan menetapkan persyaratan untuk: mengembangkan program konservasi energi jangka pendek, jangka menengah dan jangka panjang; melakukan audit energi secara berkala (sekurang-kurangnya satu kali setiap tiga tahun); melaksanakan rekomendasi audit tersebut; dan menyerahkan laporan kepada pemerintah setiap tahun tentang status konservasi energi dan pelaksanaan audit energi.

Kementerian ESDM juga bekerja sama dengan Kementerian Perindustrian dan Badan Standardisasi Nasional dengan dukungan dari *United Nations Industrial Development Organisation and the Global Environment Facility* membantu adopsi standar manajemen energi dan optimisasi sistem untuk industri, berdasarkan sistem manajemen energi International *Organisation for Standardisation* (ISO) 50001, yang digunakan di lebih dari 100 negara di lebih dari 42.000 lokasi pada 2019 (ISO, 2020[5]). Standar Nasional Indonesia atau SNI) ISO 50015/2014[11] yang dihasilkan menetapkan prinsip-prinsip dan pedoman umum pengukuran dan verifikasi kinerja energi organisasi atau komponen-komponennya dan pada 2019, 76 lokasi di Indonesia memperoleh sertifikasi ISO-50001.

Indonesia juga telah mengambil berbagai langkah selama dekade terakhir ini untuk menetapkan standar bangunan dan mengarusutamakan efisiensi energi ke dalam undang-undang bangunan. SNI pertama untuk Konservasi Energi pada Selubung Bangunan[12] di tahun 2011 ditetapkan dalam satu set kode bangunan tentang konservasi energi dan prosedur audit energi untuk semua bangunan baru non-residensial dan bangunan yang dalam proses renovasi besar. Walaupun bersifat sukarela, kode ini mengatur standar yang diperlukan untuk selubung bangunan, sistem pendingin udara, penerangan dan prosedur audit energi, yang semuanya merupakan langkah penting untuk menuju kewajiban penerapan kode bangunan. Akibatnya, Kementerian Pekerjaan Umum dan Perumahan Rakyat (Kementerian PUPR) mengeluarkan pertahuran tahun 2015[13] yang mewajibkan gedung-gedung dengan luas lebih dari 500 meter persegi untuk memenuhi persyaratan kinerja energi minimum, dengan kewajiban pelaksanaan dan sertifikasi serta insentif terkait dengan bangunan hijau (**lihat Bab 5)**. Sayangnya, keputusan tersebut tidak mengatur sanksi terhadap ketidakpatuhan, walaupun mengatur kerangka penting untuk pengembangan kode bangunan hijau di daerah (Hakim, 2015[6]).

Pada 2017, peraturan tentang bangunan telah berlaku di 412 dari 508 pemerintah daerah, termasuk peningkatan pemanfaatan program sertifikasi internasional seperti sertifikasi EDGE[14], yang digunakan untuk mensertifikasi 339 bangunan hijau di Jakarta pada 2018 (Rahman, 2019[7]). Dewan Bangunan Hijau Indonesia (*Green Building Council of Indonesia*) juga telah mendukung peluncuran Alat Pemeringkat *Greenship (Greenship Rating Tools)*[15]. Namun dalam praktiknya, penerapan kode dan standar energi bangunan di daerah ini agak lemah dan sampai tahun 2019, hanya tiga kota (Jakarta, Bandung, dan Surabaya) yang telah melaksanakan keputusan Menteri PUPR 2015 tentang bangunan hijau.

Pemerintah Kota Bandung memiliki kode bangunan hijau dengan persyaratan efisiensi energi wajib untuk bangunan berukuran besar dan beberapa persyaratan kinerja energi tambahan untuk bangunan berukuran kecil (Pahnael, Soekiman and Wimala, 2020[8]). Pemerintah Provinsi DKI Jakarta juga telah mengeluarkan Peraturan No. 38/2012[16] tentang persyaratan efisiensi energi wajib dan standar konsumsi penggunaan energi untuk bangunan berukuran besar. Yang tidak kalah pentingnya, peraturan pemerintah daerah Jakarta menetapkan perencanaan, konstruksi, pemanfaatan, pemeliharaan dan dekonstruksi bangunan, dengan berfokus pada efisiensi energi, efisiensi air, kualitas udara dalam ruangan, pengelolaan limbah dan tanah, serta kegiatan konstruksi. Peraturan ini juga melarang dan membatasi bangunan yang tidak memenuhi standar tersebut untuk memperoleh izin bangunan – sebuah langkah regulasi yang sangat penting yang dapat diterapkan oleh kota-kota lain untuk meningkatkan kepatuhan terhadap peraturan kinerja energi.

Untuk peralatan elektronik, Indonesia menetapkan program pencantuman label hemat energinya yang pertama berdasarkan Peraturan Menteri ESDM No. 6/2011[17] untuk memberikan informasi tentang kinerja energi lampu *compact fluorescent lamp* (CFL). Program awal tersebut meliputi pencantuman label sukarela untuk lampu CFL dan kemudian peralatan AC, lemari es dan *freezer*. Pada tahun 2014, persyaratan pencantuman label wajib dan SKEM yang pertama dikembangkan untuk lampu CFL[18] dan kemudian untuk AC *single split*, yang dipasang di dinding perumahan (tipe *inverter* dan *non-inverter*) pada tahun 2015[19]. Pencantuman label energi wajib ini diterapkan berdasarkan skema pemeringkatan bintang satu sampai dengan empat *(one-to-four-star rating scheme)* di Indonesia yang dikembangkan pada tahun 2016, yang menunjukkan kinerja energi produk sesuai peringkat bintang, di mana empat bintang diberikan untuk produk berkinerja terbaik.

Pemerintah berencana untuk meningkatkan cakupan SKEM untuk sepuluh peralatan listrik lainnya seperti kipas angin, televisi, penanak nasi *(rice cooker),* lemari es, dan motor listrik. Rencana ini merupakan langkah penting, karena peningkatan SKEM dapat mengatasi kesenjangan dalam cakupan kebijakan, seperti kurangnya standar kinerja wajib untuk sistem motor listrik, yang menyumbang sekitar 60% dari penggunaan listrik dalam industri (IEA, 2018[4]). Diperkirakan 35% dari stok motor terpasang di Indonesia beroperasi pada kelas efisiensi Energi Internasional (International Energy/IE) IE0, yang menyisakan ruang besar untuk penghematan energi. Jika SKEM yang direncanakan untuk motor listrik saat ini menetapkan ambang batas tingkat IE2 (seperti di Cina), penggunaan listrik industri pada tahun 2030 dapat dikurangi sebesar lebih dari 2 *terawatt-hours* (TWh) atau hampir empat kali lipat dari listrik yang dihasilkan oleh tenaga surya atau bayu di Indonesia pada tahun 2019 (IEA, 2017[9]; IEA, 2020[10]).

Perencanaan perluasan SKEM di Indonesia merupakan langkah maju yang penting, mengingat kebijakan efisiensi energi hanya mencakup sekitar 18% dari total penggunaan energi final di Indonesia, tanpa memperhitungkan kepatuhan dan pelaksanaan sesungguhnya terhadap regulasi efisiensi energi (Gambar 3.1). Cakupan kebijakan tertinggi dicapai sektor industri berkat Peraturan Pemerintah tahun 2009 dan persyaratan yang dikeluarkan Menteri ESDM tahun 2012 untuk pengguna energi berskala besar, walaupun kepatuhannya tidak bersifat menyeluruh. Kode energi untuk bangunan komersial besar menunjukkan adanya cakupan kebijakan yang kuat tentang penggunaan energi bangunan non-residensial, walaupun hal ini tidak mencerminkan pemanfaatan aktual dari upaya efisiensi energi, karena aturan yang sebagian besar bersifat sukarela. Di sisi residensial, kurangnya aturan tentang energi bangunan dan terbatasnya SKEM untuk peralatan elektronik menunjukkan sangat rendahnya ruang lingkup kebijakan (IEA, 2018[4]). Demikian pula, sektor transportasi tidak memiliki standar kinerja energi, khususnya untuk armada kendaraan penumpang yang berkembang dengan pesat.

Gambar 3.1. Ruang lingkup kewajiban SKEM di sektor pengguna energi Indonesia, 2018

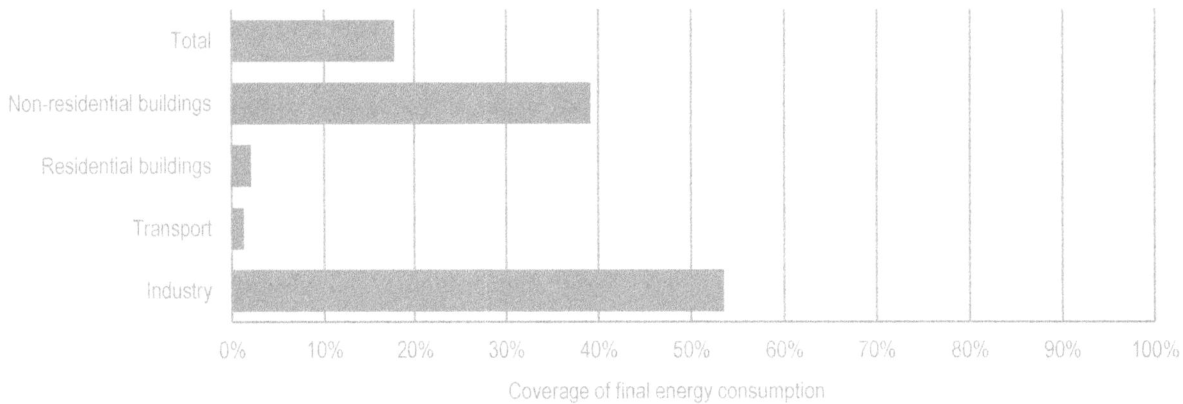

Sumber: (IEA, 2019[11]), *Energy Efficiency 2019.*

StatLink https://stat.link/ivftpj

Pemantauan, verifikasi dan pelaksanaan yang lebih baik akan meningkatkan penerapan efisiensi energi

Peraturan, standar, dan aturan pencantuman label efisiensi energi di Indonesia yang diberlakukan dengan sejumlah pembatasan terkait kepatuhan, pelaksanaan, dan efektivitas kebijakan, menunjukkan peningkatan selama beberapa tahun terakhir. Sebagai contoh, peraturan SKEM untuk lampu CFL dan AC mengharuskan produk di pasar untuk diuji di fasilitas yang disetujui pemerintah sebelum memperoleh izin komersialisasi. Namun, hanya 18 dari 35 perusahaan yang mematuhi persyaratan pengujian lampu CFL pada tahun 2016, yang mencakup hanya 27% dari 280 juta penjualan lampu CFL di tahun yang sama (IEA, 2017[9]).

Pemerintah menanggapi secara serius kurangnya kepatuhan produsen terhadap persyaratan ini, dengan mencabut izin dan meminta produsen untuk menarik produk yang tidak sesuai dengan peraturan yang berlaku. Hasilnya, terjadi peningkatan kepatuhan produk. Sebanyak 32 perusahaan mematuhi SKEM lampu CFL dan persyaratan pencantuman label pada tahun 2019.

Masalah serupa terkait kepatuhan dapat dilihat dalam pelaporan manajemen energi industri. Di tahun 2018, dari 346 industri yang diminta Kementerian ESDM untuk melaporkan audit energi, hanya 44 yang menyampaikan pelaporannya, yang menyebabkan hilangnya kesempatan penghematan energi, karena perusahaan yang menyampaikan pelaporannya diperkirakan telah melakukan penghematan energi sebesar total 1,1 TWh pada tahun tersebut (MEMR, 2019[12]). Sejak saat itu, pemerintah berupaya meningkatkan pemantauan dan persyaratan kepatuhannya, dan pada tahun 2019, 148 perusahaan melaporkan aktivitas pengelolaan energinya. Angka ini masih bisa ditingkatkan lagi, seiring dengan semakin banyaknya perusahaan yang mematuhi ISO 50001 (naik dari 26 perusahaan pada tahun 2017 menjadi 106 pada tahun 2019). Pada awal 2020, Kementerian ESDM juga menyatakan niatnya untuk meningkatkan audit dan survei energi secara signifikan dan memutakhirkan Sistem Pelaporan Online Manajemen Energi *(Energy Management Online Reporting System)* (IESR, 2021[13]).

Tantangan lain yang dihadapi pemerintah terkait kebijakan efisiensi energi adalah lemahnya data pasar tentang tingkat efisiensi yang tersedia. Misalnya, SKEM AC 2015 dirancang dengan peringkat efisiensi energi (*energy efficiency rating*/EER) minimum 2,5. Namun, peningkatan data melalui registrasi AC dan data statistik pasar lainnya menunjukkan bahwa AC impor yang paling tidak efisien telah mencapai 2,53 EER, sedangkan AC produksi lokal yang paling tidak efisien berada di atas 2,65 EER. Faktanya, sebanyak 80% AC yang tersedia di pasar Indonesia telah memenuhi peringkat tertinggi (bintang empat) pada tahun 2015, sehingga menggambarkan kesenjangan antara kebijakan dan tren pasar (Letschert et al., 2017[14]).

Pemutakhiran SKEM AC diumumkan melalui Peraturan Menteri ESDM No. 57/2017[20], yang menargetkan nilai EER minimum 2,64 pada Agustus 2018 dan 2,92 setelah Juli 2020. Angka EER ini masih mendekati nilai terbawah tingkat efisiensi yang tersedia di pasar (IEA, 2018[4]), tetapi peraturan yang baru menetapkan persyaratan penting bahwa prosedur pengujian harus dilaksanakan oleh lembaga tersertifikasi, yang seharusnya membantu meningkatkan data pasar tentang tingkat kinerja yang tersedia. SNI 8476/2018[21] juga mencantumkan persyaratan pengujian tambahan untuk kemasan cair dingin *(liquid-chilling package)* dengan sistem kompresi uap dan kapasitas pendinginan 350 kilowatt atau lebih.

Indonesia telah menetapkan sejumlah kebijakan lain untuk mendukung pelaksanaan peraturan efisiensi energinya secara efektif. Misalnya, Peraturan Menteri Industri 2015[22] dan 2016[23] yang menugaskan lembaga terakreditasi dan laboratorium pengujian untuk melaksanakan dan memantau SNI untuk AC, kulkas dan mesin cuci. Peraturan Menteri ESDM No. 01/2016[24] mengatur pedoman dan prosedur pengujian aktual dan sertifikasi produk, sebagai pelaksanaan Peraturan Presiden No. 79/2010 tentang Ratifikasi perjanjian Perhimpunan Bangsa-Bangsa Asia Tenggara (ASEAN) tentang harmonisasi prosedur peraturan peralatan listrik dan elektronik[25].

Standar tambahan diterapkan untuk mendukung validasi kinerja energi secara efektif di pasar. SNI ISO 50006/2014[26] berisi prinsip umum dan pedoman tentang cara menetapkan, menggunakan dan mempertahankan indikator kinerja energi dan *baseline* energi sebagai bagian dari proses pengukuran kinerja energi, sementara SNI ISO 50002/2014[27] menerapkan standar ISO dan menjelaskan prinsip-prinsip pelaksanaan audit energi, termasuk persyaratan proses umum selama audit, dan hasil kerja *(deliverables)* audit energi. Langkah-langkah ini merupakan tahapan pencapaian penting untuk memastikan penerapan yang berlaku dalam peraturan efisiensi energi yang berkembang di Indonesia.

Seiring dengan upaya perluasan regulasi efisiensi energinya, Indonesia dapat belajar dari pengalaman negara lain untuk memastikan pemantauan, verifikasi, dan penegakan SKEM dan program pencantuman label yang lebih baik. Misalnya, Australia telah menunjukkan praktik pemantauan yang baik melalui basis data registrasi produk wajib berikut data penjualan pasar untuk memudahkan pelacakan pasar secara sangat terperinci (Energy Rating, 2016[15]). Di India, Bureau of Energy Efficiency membentuk sebuah lembaga pemantauan dan evaluasi independen[28], mirip dengan program pengawasan pasar nasional yang dibuat oleh Pemerintah Inggris melalui pendanaan *ring-fenced* (OPSS, 2019[16]). Proyek Larangan Penghindaran Standar untuk Survei Pasar yang Lebih Baik *(Anti-Circumvention of Standards for Better Market Survey)* Uni Eropa dibuat dalam beberapa tahun terakhir untuk mengatasi permainan dalam prosedur pengujian (AntiCSS, 2019[17]).

Indonesia juga harus mempercepat pemutakhiran SKEM dan skema pencantuman label yang ada untuk menjembatani kesenjangan antara kebijakan dan potensi efisiensi energi yang tersedia di pasar (misalnya, dengan memanfaatkan penurunan biaya yang signifikan dalam teknologi *light-emitting diode* [LED]). Selain itu, pemerintah dapat melengkapi SKEM yang semakin berkembang dengan unsur-unsur pendukung seperti insentif keuangan, bantuan teknis, dan program peningkatan kesadaran untuk menciptakan pendekatan "dorong dan tarik *(push and pull)*" yang umum diterapkan di negara-negara lain, dengan membantu mengeluarkan produk yang paling tidak efisien dan mendorong penggunaan produk yang paling efisien (**lihat Bab 5**).

Perluasan upaya peningkatan kesadaran akan mendorong pelaksanaan efisiensi energi

Indonesia memiliki sejumlah program peningkatan kesadaran yang bertujuan untuk mendorong penerapan dan kepatuhan terhadap efisiensi energi. Penghargaan efisiensi energi PEEN[29] diprakarsai oleh Direktorat Jenderal Energi Baru dan Terbarukan dan Konservasi Energi Kementerian ESDM pada tahun 2012 untuk meningkatkan efisiensi energi dalam sektor bangunan dan industri. Selaras dengan Penghargaan Energi ASEAN (ASEAN Energy Award), PEEN mempromosikan efisiensi energi di sektor bangunan dan industri dengan memberikan pengakuan kepada lembaga yang telah berhasil menerapkan langkah-langkah efisiensi energi; meningkatkan partisipasi dan kesadaran pemangku kepentingan dalam melaksanakan efisiensi energi dan konservasi energi; memperkenalkan praktik-praktik terbaik untuk sistem pengelolaan energi; dan memberikan insentif kepada pemerintah pusat dan daerah yang telah melaksanakan langkah-langkah efisiensi energi. Pada tahun 2019, penghargaan PEEN diikuti oleh 120 peserta, meningkat sepuluh kali lipat sejak peluncuran pertamanya tahun 2012 (MEMR, 2020[18]).

Kementerian ESDM mempunyai tiga program untuk meningkatkan kesadaran akan pentingnya efisiensi energi, dengan sasaran kelompok audiens berbeda. Program tersebut adalah:

- Kampanye Potong 10%, sebuah program berskala nasional yang diluncurkan pada tahun 2016 dengan target pemangku kepentingan sektor energi. Tidak ada insentif untuk peserta, tetapi Kementerian ESDM mendorong pengguna energi untuk berpartisipasi dan mendapatkan manfaat dari potongan tagihan listrik.
- Konservasi Energi *Goes to Campus,* program yang memperkenalkan mahasiswa kepada prinsip-prinsip dasar efisiensi energi, standar ISO 50001 dan lapangan kerja untuk auditor energi dan manajer energi.
- Inisiatif penerangan jalan yang diluncurkan pada tahun 2016 untuk menggantikan lampu halogen konvensional dengan penerangan LED di 93 kota sebagai bagian dari kampanye publik untuk

efisiensi energi dengan menggunakan anggaran negara setiap tahunnya. Pada akhir tahun 2018, sekitar 15.000 unit lampu dipasang, sehingga menghemat 6.7 gigawatt-jam listrik setiap tahun (MEMR, 2019[12]).

Inisiatif serupa antara lain Penghargaan Adiwiyata dari Kementerian Lingkungan Hidup dan Kehutanan yang menargetkan sekitar 500 sekolah menengah pertama dan atas yang menerapkan pendekatan lingkungan, termasuk efisiensi energi, dalam kegiatan sekolah mereka. Dalam beberapa tahun terakhir, Kementerian ESDM dan Kementerian Dalam Negeri telah berkolaborasi untuk mendorong efisiensi energi di gedung-gedung milik pemerintah provinsi dan daerah, dengan target implementasi di 18 provinsi pada tahun 2020. Selain itu, Kementerian ESDM bekerja sama dengan para ulama *(Muslim clerks)* dan organisasi Islam lainnya untuk mendorong efisiensi energi, serta dengan asosiasi ibu rumah tangga Dharma Wanita dan pemerintah kecamatan di wilayah Jakarta raya.

Publikasi terbaru seperti edisi tahunan *Data & Information of Energy Conservation* Kementerian ESDM[30] membantu menunjukkan perkembangan dalam implementasi dan inisiatif kebijakan efisiensi energi. Informasi ini sangat penting dalam memantau aturan kebijakan efisiensi energi yang efektif, dan pemerintah dapat mempertimbangkan untuk melacak indikator tambahan seperti evolusi pangsa peralatan elektronik berbintang di pasar. Dengan cara demikian, masyarakat dapat memahami perkembangan kebijakan, sekaligus meningkatkan kapasitas untuk mengidentifikasi kesenjangan dan peluang di pasar.

Pemerintah harus melanjutkan inisiatif peningkatan kesadaran, sebagai unsur penting dalam proses interaktif untuk melibatkan penduduk, usaha, dan pemangku kepentingan energi terkait melalui strategi komunikasi dan pemberdayaan yang telah terbukti efektif di negara lain. Misalnya, Perancis melakukan kampanye media untuk mempromosikan *retrofit* energi bangunan tempat tinggal, dengan menunjuk organisasi nirlaba yang akan menyediakan konsultasi gratis dan independen untuk membantu pemilik rumah memilih solusi efisiensi energi yang tepat (IEA, 2019[19]). Media kampanye lainnya juga menggunakan program renovasi di sekolah-sekolah untuk menyampaikan nilai bangunan berkelanjutan dengan guru, anak-anak dan orang tua (IEA-UNEP, 2018[20]). Upaya ini melengkapi kebijakan yang bertujuan meningkatkan kinerja energi dari bangunan yang ada di Perancis, dengan membantu menciptakan persetujuan publik yang makin luas akan perlunya berinvestasi dalam bangunan sebagai bentuk penerapan efisiensi energi.

Pasar jasa energi dapat berkembang dengan kerangka regulasi yang lebih jelas

Pasar jasa energi, yang berperan penting dalam meningkatkan kinerja energi di negara-negara besar lainnya seperti Cina, India, Amerika Serikat, dan Eropa, masih relatif baru di Indonesia, dengan perkembangan model ESCO dan kontrak kinerja energi yang masih terbatas. Pengaturan kontrak ini, biasanya menggunakan pendekatan jaminan atau penghematan bersama *(guaranteed or shared savings approach)* dapat membantu mengatasi hambatan utama dalam investasi efisiensi energi, seperti kurangnya kapasitas teknis atau kurangnya pembiayaan yang memadai untuk belanja modal di awal.

Hingga saat ini, Indonesia memiliki beragam pengalaman dengan pasar ESCO dan regulasi yang ada dapat mempersulit pelaku pihak ketiga untuk memasuki ruang jasa energi tersebut. Peraturan Menteri ESDM No. 14/2016[31] tentang pelaksanaan jasa konservasi energi mengatur kerangka kebijakan tentang ESCO termasuk standar penyelenggaraan perusahaan jasa konservasi energi untuk memastikan kemandirian, keandalan, transparansi, daya saing dan efisiensinya, terutama terkait ketentuan tentang pemanfaatan *(guaranteed and shared savings).*

Walaupun standar ini umumnya merupakan praktik baik yang ada di negara lain dengan pasar ESCO yang kuat, namun jika hanya Peraturan Menteri ESDM saja maka tidak dapat mendorong perkembangan pasar ESCO di Indonesia. Hal ini sebagian disebabkan oleh isu pasar atau masalah terkait lainnya, seperti kurang memadainya modal atau agunan bagi banyak ESCO untuk memenuhi persyaratan agunan bank. Hambatan lain seperti kapasitas yang belum berkembang untuk membiayai dan melakukan audit berstandar investasi juga dapat menghambat pertumbuhan pasar, karena sebagian besar kontrak jasa energi di Indonesia hingga saat ini dilakukan dengan perusahaan teknik (*engineering*) berskala kecil.

Akhirnya, Peraturan Menteri ESDM tersebut dicabut pada tahun 2018 dan kontrak jasa energi diadakan dengan model bisnis-ke-bisnis, sehingga membuat ESCO tidak memiliki lingkungan regulasi yang tepat sebagaimana halnya di negara lain dengan pasar ESCO yang kuat. Pada dasarnya, PP No. 70/2009 mengatur konteks kebijakan keseluruhan untuk ESCO, tetapi tidak mengatur ketentuan atau pedoman yang memadai untuk membuka potensi perjanjian jasa energi atau kontrak kinerja energi dalam skala besar.

Akibatnya, pasar ESCO Indonesia tidak berkembang: asosiasi ESCO Indonesia, APKENINDO, memperkirakan sekitar 25 perusahaan terdaftar sebagai ESCO pada tahun 2018 (Tumiwa et al., 2019[21]). Sebagai perbandingan, sekitar 50 ESCO beroperasi di Vietnam, 125 masuk dalam daftar *Bureau of Energy Efficiency* di India, dan 205 terdaftar di negara tetangga Malaysia (Anh, 2020[22]; BEE, 2019[23]; STEC, 2020[24]).

Pada prinsipnya, peraturan pemerintah tentang audit energi dan sistem pengelolaan energi harus membantu meningkatkan permintaan akan jasa energi di masa yang akan datang. Sampai batas tertentu, pasar jasa energi mungkin akan terdorong dengan sendirinya oleh semakin banyaknya perusahaan yang ingin mencapai penghematan energi (misalnya perusahaan dengan persyaratan pengelolaan energi ISO 50001). Model bisnis-ke-bisnis dalam praktiknya hanya dapat berfungsi untuk perusahaan kecil seperti jasa teknik, karena tidak adanya regulasi pengatur (misalnya, dokumen kontrak standar, ketentuan akuntansi yang transparan, dan prosedur arbitrase) menimbulkan risiko bagi pertumbuhan pasar ESCO secara keseluruhan di Indonesia.

Pemerintah juga menghadapi tantangannya sendiri di mana sektor publik seharusnya dapat memberikan teladan, misalnya dengan mendorong pengembangan pasar jasa energi melalui pengadaan publik atau KPBU. Namun regulasi yang ada saat ini telah membuat pelibatan ini menjadi sulit, terutama karena terbatasnya instansi pemerintah yang mengadakan kontrak tahun jamak. Peraturan Presiden No. 38/2015[32] tentang KPBU untuk menyediakan infrastruktur publik (termasuk konservasi energi) mengatur agar proses KPBU menjadi lebih efisien dan *bankable* (Hermawan, Hermawan and Bahar, 2015[25]). Tetapi, KPBU untuk efisiensi energi masih belum lazim, karena prosesnya memerlukan koordinasi ekstensif dari berbagai pemangku kepentingan dan karena penanggung jawab proyek kerja sama (PJPK) seringkali tidak memiliki keterampilan dan pengalaman untuk menyusun KPBU.

Pemerintah memiliki sekretariat bersama KPBU untuk mendukung peningkatan kapasitas dengan pemerintah pusat dan daerah dan untuk memfasilitasi penanggung jawab proyek kerja sama dalam mempersiapkan proyek KPBU. Akan tetapi, jumlah KPBU untuk efisiensi energi di Indonesia masih terbatas. Sebaliknya, kurangnya KPBU untuk efisiensi energi menyebabkan bank dan pelaku pasar lainnya menjadi tidak terbiasa dengan jenis proyek ini dan risikonya, sehingga membatasi keinginan mereka untuk memberikan pembiayaan kepada ESCO untuk jenis proyek ini.

Ada berbagai cara untuk mengatasi hambatan ini dan menerapkan solusi berbasis pasar untuk pengadaan efisiensi energi publik, mulai dari program percontohan untuk menunjukkan potensi efisiensi energi KPBU hingga standarisasi dokumen untuk proyek-proyek tersebut. Pemerintah, misalnya, dapat mengembangkan pedoman kelembagaan dan dokumen KPBU standar, seperti Panduan Praktik Terbaik pemerintah Australia (*Australian government's Best Practice Guide*) (AEPCA, 2000[26]) untuk mendukung instansi pemerintah (serta usaha dan pemilik/manajer fasilitas) dalam menggunakan kontrak kinerja energi. Dokumen ini akan melengkapi Peraturan Bappenas No. 04/2015 dan No. 02/2020, yang mengatur seluruh standar perencanaan dan pelaksanaan KPBU di Indonesia, serta perangkat untuk menyusun dokumen studi pendahuluan yang dibuat oleh Bappenas untuk KPBU penerangan jalan. Indonesia juga dapat mengupayakan solusi potensial untuk mengatasi keterbatasan kontrak tahun jamak, misalnya dengan membiarkan anggaran energi kota "dibekukan" selama jangka waktu perjanjian layanan, sehingga akan menghilangkan kekhawatiran bank terkait pembiayaan proyek-proyek tersebut.

Teratasinya hambatan regulasi untuk pengadaan publik untuk jasa dan solusi energi akan menciptakan permintaan yang cukup besar untuk jasa efisiensi energi, dimana pasar ESCO yang telah tertata dengan baik di Amerika Serikat, Eropa, India, dan Cina dapat berkembang, sebagian besar karena dukungan sektor publik. Pengalaman global dalam mengatasi hambatan pengembangan pasar jasa energi juga dapat memberikan wawasan. Misalnya, Republik Ceko mereformasi prosedur pengadaan publik untuk memfasilitasi kontrak ESCO di sektor publik, memungkinkan kontrak tahun jamak dan retensi penghematan untuk proyek efisiensi energi (Hofer, Limaye and Singh, 2016[27]). Negara-negara lain seperti Singapura, Thailand, dan Turki mengembangkan skema akreditasi ESCO untuk meningkatkan keyakinan pelaku sektor publik dan swasta untuk mengadakan kontrak kinerja energi, sementara di India, pembentukan Perusahaan Terbatas Jasa Efisiensi Energi (*Energy Efficiency Services Limited Company*) milik negara dilakukan untuk menerapkan penawaran standar kontrak antara lembaga publik dan ESCO.

Desain pasar ketenagalistrikan serta kebijakan dan regulasi energi terbarukan

UU Ketenagalistrikan No. 30/2009[33] mengatur bahwa PLN akan tetap menjadi penyedia utama pembangkitan listrik, di saat yang sama tetap mempertahankan pengendalian terhadap jaringan transmisi listrik nasional dan penyedia tunggal lainnya dari keseluruhan jaringan transmisi dan distribusi listrik, kecuali di beberapa lokasi spesifik atau zona industri. Dengan demikian, Indonesia tetap merupakan pasar tradisional yang terintegrasi secara vertikal dimana pembangkit listrik IPP dijual kepada pembeli tunggal, yaitu PLN. Tidak ada regulator independen dan Direktorat Jenderal Ketenagalistrikan Kementerian ESDM adalah satu-satunya lembaga yang diberi mandat untuk mengatur PLN dan sektor ketenagalistrikan (**lihat Bab 2**).

Kondisi regulasi membaik tetapi masih menimbulkan kerumitan di pasar ketenagalistrikan

Walaupun PLN mendapat prioritas utama dalam pembangkitan, transmisi dan distribusi tenaga listrik, perusahaan pemasok listrik lainnya masih dapat beroperasi berdasarkan UU Ketenagalistrikan, dengan ketentuan mereka memiliki izin yang sesuai ("IUPTL"). Peraturan Pemerintah No. 14/2012[34] menetapkan aturan resmi untuk memperoleh izin usaha penyediaan tenaga listrik dan Peraturan Menteri ESDM berikutnya No. 35/2013[35] menetapkan prosedur untuk memperoleh izin. Peraturan ini diamendemen dengan Peraturan Menteri ESDM No. 12/2016[36] dengan ketentuan tambahan bagi perusahaan swasta untuk menjual listrik kepada pemerintah atau secara langsung kepada pelanggan, sepanjang mereka telah memperoleh izin wilayah usaha penyediaan tenaga listrik sesuai dengan Peraturan Menteri ESDM No. 28/2012, yang kemudian diubah dengan Peraturan Menteri ESDM No. 07/2016[37].

UU Ketenagalistrikan dan Peraturan Menteri ESDM menetapkan bahwa perusahaan ketenagalistrikan menjalankan kegiatannya secara terintegrasi, walaupun ketentuan ini tidak mencakup semua jenis kegiatan ketenagalistrikan. Secara khusus Mahkamah Konstitusional mengatur dalam Keputusannya No. 111/PUU-XIII/2015[38] bahwa sistem *unbundling* (terutama *vertical unbundling* melalui pemasokan listrik secara langsung kepada pelanggan) adalah inkonstitusional. Keputusan MK ini menetapkan bahwa bahwa sektor ketenagalistrikan memungkinkan bisnis yang terpisah, dengan PLN sebagai *off-taker*, atau perusahaan listrik swasta yang beroperasi dalam wilayah usaha (misalnya, pembangkitan listrik langsung yang digunakan untuk kawasan industri). Dengan demikian, diperlukan izin usaha untuk menjual listrik energi terbarukan langsung kepada badan usaha lain. Hal ini juga memperumit sistem *power wheeling*, misalnya untuk pengadaan *off-site renewables* oleh korporasi, karena pengaturan *power wheeling* memerlukan persetujuan PLN, sesuai dengan Peraturan Menteri ESDM No. 01/2015[39].

Secara intrinsik, peran PLN sebagai pembeli tunggal dan peritel tunggal di pasar ketenagalistrikan sangat berpengaruh terhadap perkembangan pasar ketenagalistrikan di Indonesia. Rencana Usaha Penyediaan Tenaga Listrik (RUPTL) PLN menetapkan rencana pengembangan dengan harapan IPP dapat turut berperan, dan dengan demikian, dokumen ini menjadi penting bagi pengembang proyek, yang bergerak dalam bidang pengadaan dan investasi dalam pembangkit dan jaringan listrik (Gambar 3.2). Pada prinsipnya, pengembang dapat mengajukan proyek yang tidak tercantum dalam RUPTL, atau sebaliknya mengusulkan untuk mengubah proyek yang telah direncanakan (MEMR, 2017[28]). Tetapi, dalam praktiknya, PLN adalah mitra dalam setiap PJBTL yang mengatur penjualan listrik dari IPP. Kondisi ini menciptakan lingkungan operasi yang berbelit-belit dimana pelaku pasar lainnya dapat bermanuver.

Gambar 3.2. Rencana tambahan kapasitas pembangkit listrik berdasarkan jenis pengembang dalam RUPTL 2019-28

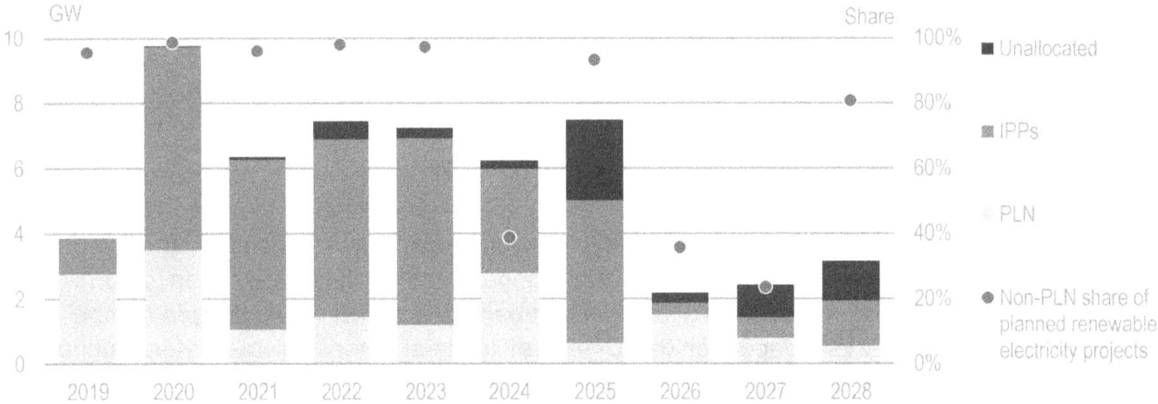

Catatan: GW = gigawatt. PLN sedang merevisi RUPTL 2019-28, yang mungkin (atau mungkin tidak) memengaruhi penambahan kapasitas terencana saat ini.

Sumber: Diadaptasi dari (PLN, 2019[29]), Rencana Bisnis Penyediaan Tenaga Listrik PT PLN 2019-28 *(PT PLN Power Supply Business Plan 2019-28).*

StatLink https://stat.link/z4oavh

Secara hukum, pengadaan oleh PLN dapat dilakukan melalui tiga jalur, sebagaimana diatur dalam Peraturan Menteri ESDM No. 01/2006[40] (kemudian diubah dengan Peraturan Menteri ESDM No. 04/2007) tentang pengadaan ketenagalistrikan; Peraturan Direktur PLN No. 0022P/DIR/2018[41] (diubah dengan peraturan No.1720P/DIR/2018 dan No.0062P/DIR/2020) tentang Pembelian Listrik dari Sumber Energi Terbarukan; dan dengan Peraturan Pemerintah No. 14/2012[42] (dengan amandemen dalam Peraturan Pemerintah No. 21/2014) yang mengatur kegiatan usaha penyediaan tenaga listrik. Ketiga jalur tersebut adalah (PLN, 2017[30]):

1. Penunjukan langsung, di mana IPP ditunjuk secara langsung oleh PLN tanpa pengkajian atau pemilihan proyek lain secara kompetitif. Jalur ini mensyaratkan adanya proposal yang tidak diprakarsai pemerintah *(unsolicited proposal)*, yang harus dicantumkan dalam RUPTL berikutnya, sebagai langkah awal setelah persetujuan, sebelum berlanjut ke penilaian PLN.
2. Pemilihan langsung, di mana lebih dari dua IPP menyerahkan proposal proyek untuk dipilih oleh PLN. Proses seleksi tersebut dapat dikaitkan dengan kuota kapasitas (yang ditawarkan oleh PLN, di mana pemilihan langsung dilakukan berdasarkan RUPTL), dan PLN melakukan uji tuntas *(due diligence)* sesuai dengan Peraturan Menteri ESDM No. 10/2017[43] tentang kemampuan teknis dan finansial IPP.
3. Tender kompetitif, yang belum berhasil diterapkan, terlepas dari kemungkinan hukumnya. Pada tahun 2013 diselenggarakan tender berskala besar setelah Kementerian ESDM mengumumkan pemasukan penawaran berulang *(reverse auction)* untuk 140 *megawatts* (MW) panel surya. Lelang tersebut dibatalkan karena investor asing hanya menggunakan komponen impor yang dianggap inkonstitusional (Burke et al., 2019[31]).

Dalam praktiknya, penunjukan langsung adalah jalur pengadaan termudah dalam pengadaan dengan PLN. IPP yang menandatangani PJBTL melalui proses pemilihan langsung tidak selalu berhasil mencapai pemenuhan pembiayaan *(financial close),* yang mungkin disebabkan oleh rendahnya kualitas dokumen studi kelayakan (**lihat Bab 6**). Proses pemilihan langsung mulai dari prakualifikasi sampai dengan pengaturan kontrak memerlukan waktu panjang, sampai dengan 150 hari (PwC, 2018[32]). Peraturan Menteri ESDM No. 03/2015[44] dapat mempersingkat waktu proses menjadi 45 hari (PLN, 2017[30]), tetapi peraturan ini dicabut berdasarkan Peraturan Menteri ESDM No. 03/17.

Secara teori, Peraturan Presiden No.16/2018[45] tentang pengadaan barang dan jasa pemerintah (mencabut dan menggantikan Peraturan Presiden No. 54/2010[46]) menyederhanakan dan mengoptimalkan proses pengadaan. Akan tetapi, peraturan tersebut tidak berlaku secara resmi untuk badan usaha milik negara seperti PLN. Sekalipun demikian, aturan tersebut tidak mewajibkan pengungkapan alasan penerapan prosedur nonkompetitif, tetapi hanya untuk menunjukkan jenis prosedur (IDFI, 2018[33]). Hal ini berbeda dari praktik terbaik di beberapa negara lain dimana berlaku peraturan yang jelas dan transparan tentang pengadaan tenaga listrik, baik melalui pemilihan langsung maupun tender kompetitif.

Walaupun melalui pengaturan, proses untuk koneksi dan operasi jaringan IPP juga tidak transparan. Peraturan Menteri ESDM No. 01/2015[47] menetapkan syarat penggunaan bersama jaringan tenaga listrik dan pada prinsipnya, tidak ada diskriminasi dalam hal koneksi jaringan untuk IPP sepanjang aspek keandalan, keamanan dan pertimbangan ekonomi terpenuhi. Pasal 6 Peraturan No. 01/2015 menyatakan bahwa *power wheeling* harus sesuai dengan biaya yang berlaku dari pemegang izin transmisi. Akan tetapi, tidak dicantumkan peraturan pelaksana yang terperinci tentang bagaimana memahami biaya yang berlaku ini, karena metodologi biaya yang berlaku dapat berbeda antara wilayah satu dan lainnya, sehingga menciptakan ketidakpastian dalam menentukan biaya penggunaan *grid* dan jaringan yang dapat menghambat perkembangan proyek.

Kurangnya transparansi dan konsistensi dalam pengembangan pasar ketenagalistrikan dapat menciptakan kesan bahwa pengadaan melalui PLN tidak dapat diprediksi dan berisiko (**lihat Bab 4**). Hal ini tidak hanya akan membatasi potensi investasi di pasar ketenagalistrikan tetapi juga menghambat terciptanya lingkungan yang kompetitif, yang sangat penting untuk pengembangan ketenagalistrikan yang efisien seperti halnya di beberapa negara yang lain.

Indonesia harus berupaya mengatasi hambatan ini, dengan mempertimbangkan pengalaman internasional, seperti reformasi pasar di Maroko yang membentuk badan independen untuk menyelenggarakan tender proyek energi terbarukan. Maroko berhasil menciptakan keadaan seimbang antara utilitas dan investor swasta dengan melakukan tender di luar utilitas milik investor *(incumbent utility)*. Praktik-praktik di negara lain berikut pembelajarannya dapat membantu Indonesia menerapkan ketentuan regulasi yang mengarah pada kompetisi yang jelas dan adil di antara semua pelaku dan investor.

Regulasi yang kompleks dan persepsi risiko menyebabkan terbatasnya pengembangan energi listrik terbarukan

Peraturan Menteri ESDM No. 50/2017[48] tentang pemanfaatan sumber energi baru dan terbarukan mengharuskan pengadaan proyek listrik energi terbarukan melalui pemilihan langsung dengan kuota kapasitas. PLN selanjutnya melaksanakan Keputusan No. 0022P/DIR/2018 (dan kemudian Peraturan Direktur PLN No. 0062P/DIR/2020) tentang pembelian energi terbarukan dan untuk berpartisipasi, IPP harus memenuhi prakualifikasi berdasarkan kriteria tertentu untuk masuk ke dalam daftar final IPP yang memenuhi syarat ("DPT") (Hadiputranto, 2019[34]). Kriteria ini bersifat administratif (misalnya, telah memenuhi kewajiban perpajakan), teknis (misalnya, pengalaman dalam mengembangkan IPP dan dapat memenuhi persyaratan tingkat kandungan dalam negeri yang dikeluarkan oleh Kementerian Perindustrian) dan finansial (misalnya, peringkat kredit yang ditunjukkan atau laporan keuangan yang sehat (PwC, 2018[32]).

Perubahan ini membuat proses pengadaan listrik energi terbarukan menjadi lebih transparan, tetapi mungkin tidak lebih sederhana. Misalnya, proses pemilihan langsung oleh PLN dilakukan pada tahun 2017 dengan kuota kapasitas 168 MW, namun hingga 2019 hasilnya belum diumumkan (Burke et al., 2019[31]). Sebagian karena persyaratan tingkat kandungan dalam negeri (TKDN) yang diperhitungkan dalam proses seleksi, membatasi peluang untuk mencapai penurunan biaya dan berpotensi menimbulkan masalah bagi IPP internasional yang ingin bersaing dalam proses tersebut.

Peraturan Menteri ESDM No. 10/2017 memperluas ketentuan wajib (misalnya, untuk waktu komisioning dan operasi komersial, penyelesaian sengketa dan pengakhiran PJBTL) untuk proyek listrik yang *dispatchable* (PwC, 2018[32]). Peraturan ini menjamin konsistensi yang lebih baik dengan ketentuan standar yang telah diterapkan untuk PJBTL termal, panas bumi, dan hidroelektrik. Akan tetapi, secara resmi, peraturan tersebut hanya berlaku untuk pembangkit listrik tenaga panas bumi, tenaga hidro, dan biomassa, tetapi tidak untuk proyek energi terbarukan *intermiten* seperti pembangkit listrik tenaga surya dan bayu (tanpa memperhitungkan ukurannya), mini-hidro (di bawah 10 MW), biogas, dan sampah. Selain itu, peraturan khusus sebelumnya, seperti PJBTL untuk proyek panel surya berdasarkan Peraturan Menteri ESDM No. 19/2016[49], telah dicabut dalam Peraturan Menteri ESDM No. 9/2018[50]. Terlepas dari niat pembentukannya, lingkungan regulasi menjadi tidak pasti bagi pengembang proyek listrik energi terbarukan.

Peraturan Menteri ESDM No. 49/2017[51] mengintegrasikan ketentuan tambahan ke dalam Peraturan Menteri ESDM No. 10/2017, yang mengamanatkan bahwa skema bangun-miliki-guna-serah (*build-own-operate-transfer*/BOOT) untuk PJBTL memiliki jangka waktu konsesi tidak lebih dari 30 tahun. Peraturan tersebut juga mengharuskan semua PJBTL (termasuk listrik energi terbarukan) menerapkan skema BOOT, secara efektif mengalihkan fasilitas IPP kepada PLN pada saat perjanjian berakhir dan menyiratkan bahwa perpanjangan PJBTL tidak dimungkinkan. Mungkin tidak semua pengembang proyek mempermasalahkan hal ini (misalnya, periode 30 tahun tidak menjadi masalah untuk analisis arus kas diskonto listrik energi terbarukan yang khas), dan sebagian besar proyek sudah secara efektif membentuk pengaturan BOOT dengan PLN. Namun demikian, persyaratan tersebut dapat menimbulkan masalah untuk beberapa proyek listrik energi terbarukan, seperti pembangkit listrik tenaga biomassa, dimana aset tenaga listrik kadang-kadang tidak dapat dipisahkan dari aset IPP lainnya (misalnya, lahan untuk menghasilkan bahan baku *biofuel*).

Peraturan Menteri ESDM No. 10/2018[52] merupakan perubahan atas Peraturan Menteri ESDM No. 10/2017, yang menimbulkan masalah terkait alokasi risiko antara IPP dan PLN. Peraturan sebelumnya membedakan beberapa jenis risiko, termasuk bencana alam (*natural force majeure*/NFM) dan perubahan kebijakan pemerintah (*government force majeure*/FM), yang dibedakan menjadi "perubahan undang-undang dan kebijakan" dan "diambilnya atau tidak diambilnya tindakan oleh pemerintah yang tidak dapat dibenarkan" seperti pencabutan izin yang tidak dapat dibenarkan. Risiko keadaan kahar *(force majeure)* tersebut sebelumnya ditanggung oleh PLN, tetapi Peraturan Menteri ESDM No. 10/2017 memasukkan ketentuan yang membebaskan kedua belah pihak apabila GFM menyebabkan IPP berhenti beroperasi, sehingga mengalihkan risiko *de facto* kepada IPP. Amandemen tahun 2018 kemudian menghapus penyebutan GFM, menyerahkan kepada para pihak dalam PJBTL untuk menegosiasikan alokasi risiko secara bisnis-ke-bisnis. Amandemen tersebut juga membebaskan PLN dari *deemed dispatch payment* apabila PLN tidak dapat mengambil alih daya akibat peristiwa NFM dan sebaliknya memberikan kompensasi berupa perpanjangan PJBTL sesuai dengan jangka waktu yang hilang akibat bencana dan perbaikan terkait apa pun. Ketentuan ini dapat menimbulkan masalah bagi IPP yang harus melakukan pembayaran utang dan bunga *(debt service payments)* secara rutin dari arus kas proyek (PwC, 2018[32]). Hal ini juga menimbulkan risiko bagi pemilik aset karena mereka masih memiliki utang dan bunga yang harus dilunasi apabila terjadi keadaan kahar, sehingga memengaruhi bankabilitas PJBTL.

Peraturan tahun 2017 ini sekali lagi diubah dengan Peraturan Menteri ESDM No. 04/2020[53] yang memberlakukan tiga perubahan terhadap pengadaan proyek-proyek listrik energi terbarukan. Pertama, menetapkan kembali kemungkinan bagi PLN untuk menerapkan jalur penunjukan langsung kepada IPP energi terbarukan dan kedua, menghapuskan persyaratan untuk mengembangkan proyek secara eksklusif berdasarkan skema BOOT. Ketiga, mengharuskan PLN memprioritaskan listrik dari IPP energi terbarukan berdasarkan aturan harus beroperasi terus menerus *(must-run),* tanpa pembatasan dalam kapasitas pembangkitan IPP tersebut. Seluruh perubahan tersebut menunjukkan perkembangan positif yang lebih mendekati praktik internasional.

Peraturan Presiden tentang listrik energi terbarukan diperkirakan akan diterbitkan pula pada tahun 2021 untuk memfasilitasi lebih lanjut proyek listrik energi terbarukan lebih lanjut. Sebagai contoh, Kementerian ESDM diharapkan memberikan kuota energi terbarukan, Kementerian Perencanaan Tata Ruang akan memberikan bantuan dalam hal perizinan lahan, Kementerian Perindustrian akan melonggarkan beberapa persyaratan tingkat kandungan dalam negeri (TKDN), dan Badan Koordinasi Penanaman Modal (BKPM) akan menerapkan proses perizinan terintegrasi dengan pemerintah pusat dan daerah untuk memantau dan memudahkan penerbitan izin. Sementara itu, peraturan pelaksana berikutnya perlu memastikan bahwa proses pengadaan secara keseluruhan jelas dan konsisten di semua proyek listrik energi terbarukan. Pemerintah harus berupaya untuk memastikan bahwa perubahan kebijakan positif yang terjadi baru-baru ini merupakan bagian dari proses yang lebih dapat diprediksi dan transparan. Hal ini merupakan unsur penting untuk menciptakan daya tarik bagi negara lain dalam pengembangan listrik energi terbarukan berskala besar yang tersebar luas.

Aturan tentang tarif listrik terbarukan harus diselaraskan dengan praktik pasar global

Peraturan Menteri ESDM No. 31/2009 menjadi dasar penetapan harga energi terbarukan di Indonesia, dengan menetapkan tarif FiT (*Feed-in Tariff*) tunggal untuk pembelian listrik energi terbarukan oleh PLN. Perubahan selanjutnya yang dibuat oleh Menteri ESDM dan PLN adalah menaikkan FiT secara berturut-turut sebagai upaya untuk menarik pengembangan proyek listrik energi terbarukan, tetapi ketentuan tentang FiT tersebut dicabut melalui Peraturan Menteri ESDM No. 04/2012 dan kemudian melalui Peraturan Menteri ESDM No. 07/2018. Sistem pagu harga yang baru, diperkenalkan melalui Peraturan Menteri ESDM No. 50/2017 (kemudian direvisi dengan Peraturan Menteri ESDM No. 53/2018 dan 04/2020). Dengan demikian, tarif untuk proyek listrik terbarukan ditentukan secara relatif terhadap tarif rata-rata PLN untuk penyediaan tenaga listrik (Biaya Pokok Penyediaan atau BPP) di tingkat nasional dan daerah.

BPP merupakan biaya PLN untuk pengadaan listrik dari berbagai sistem yang tercantum dalam keputusan tentang BPP yang ditinjau setiap tahun. BPP harus mencantumkan pertimbangan harga bahan bakar, depresiasi operasi dan pemeliharaan, biaya yang dikeluarkan untuk pembangkit listrik dan penyesuaian tahunan. BPP tahun bersangkutan dihitung berdasarkan realisasi BPP pada tahun sebelumnya dan harus memperhatikan prinsip proses yang efektif, efisien dan akuntabel. Menteri ESDM berhak menetapkan rumus penghitungan BPP, sebagaimana tertuang dalam Peraturan Menteri ESDM Nomor 24/2017 tentang mekanisme penetapan biaya pembangkitan untuk PLN, walaupun sebenarnya perhitungan BPP yang terdaftar masih belum terlalu jelas. Sebaliknya, penggunaan BPP yang terdaftar bersifat langsung: jika BPP daerah lebih tinggi dari BPP nasional, tarif untuk panel surya, bayu, biomassa, biogas, dan tenaga gelombang laut tidak boleh melebihi 85% dari biaya setempat (untuk sampah kota, panas bumi, dan tenaga hidro, tarifnya tetap 100%); apabila BPP setempat lebih rendah daripada BPP nasional, IPP dan PLN dapat menetapkan tarif yang disepakati bersama, kemungkinan besar 100% dari BPP setempat.

Pendekatan remunerasi ini bukanlah praktik yang umum diterapkan secara global (Gambar 3.3) dan dapat mencegah terjadinya penurunan harga yang menguntungkan konsumen dan menarik investasi. Skema FiT dan *feed-in-premium* (FiP) merupakan metode paling umum yang digunakan untuk menentukan tarif listrik energi terbarukan, meskipun jumlah negara yang menerapkan metode ini sedikit menurun dalam beberapa tahun terakhir akibat meningkatnya penerapan skema lelang. Di pasar yang menerapkan skema lelang, pembatasan harga *(price caps)* dapat diterapkan, tetapi pada umumnya batasan ini lebih terkait dengan penghitungan tingkat pengembalian *(rate of return)* yang disetujui, daripada biaya pembangkitan suatu sistem. Pengalaman internasional juga menunjukkan bahwa tarif energi terbarukan berkurang secara signifikan setelah suatu negara mencapai skala penyebaran tertentu. Dengan mengaitkan tarif energi terbarukan dengan BPP, Indonesia menciptakan hambatan untuk mencapai penurunan harga yang merupakan daya tarik investasi lebih lanjut.

Gambar 3.3. Negara-negara dengan skema FiT/FiP, lelang dan sertifikat remunerasi

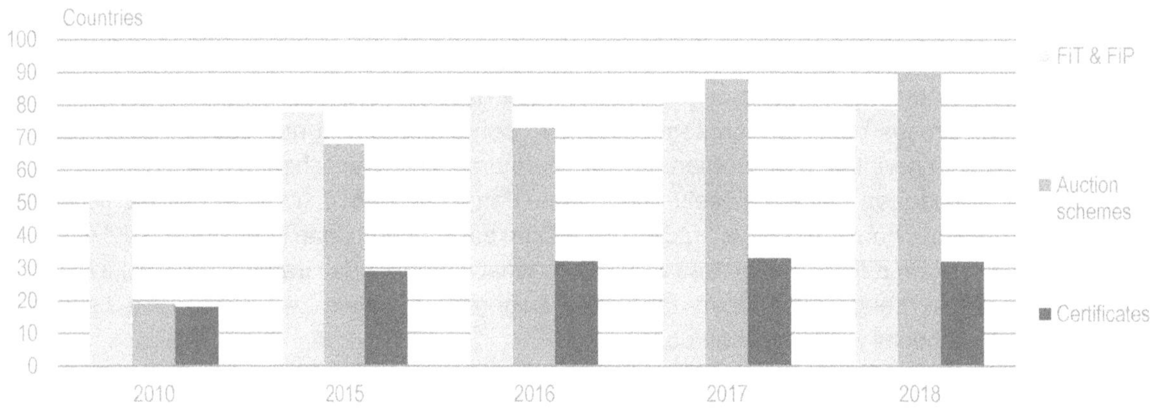

Sumber: (IEA, 2018[35]), Energi Terbarukan 2018: Analisis dan Prakiraan hingga 2023 *(Renewables 2018: Analysis and Forecasts to 2023).*

StatLink https://stat.link/9i6qph

Perubahan regulasi tentang penerapan BPP mendapatkan kritik luas dari pendukung energi terbarukan, yang menganggap bahwa struktur tarif tersebut menyulitkan dan berisiko bagi pengembang. Pemberian subsidi berkelanjutan untuk tarif listrik konsumen (**lihat Bab 5**) secara tidak langsung mendorong penggunaan batu bara murah, sehingga menurunkan BPP di banyak wilayah yang pada akhirnya menciptakan kondisi tidak seimbang untuk pembangkitan listrik energi terbarukan (Bridle et al., 2018[36]). Studi yang dilakukan oleh *Global Subsidies Initiative* menunjukkan bahwa jika subsidi batu bara (misalnya, melalui bantuan kredit dan kewajiban pasar dalam negeri) dicabut, tarif listrik dari pembangkit listrik tenaga batu bara akan naik sebesar USD 0,05 per kilowatt-jam kWh), sehingga membuat proyek listrik energi terbarukan menjadi lebih menarik dalam skema BPP saat ini (Attwood et al., 2017[37]). Walaupun tujuan pemerintah menurunkan BPP untuk memastikan tarif yang terjangkau dapat dipahami, pemberian subsidi bahan bakar fosil secara terus menerus tidak akan menciptakan keseimbangan yang sangat diperlukan untuk mencapai ambisi tersebut secara hemat biaya dan kompetitif.

Masih harus dilihat apakah langkah-langkah regulasi selanjutnya seperti peraturan presiden tentang listrik energi terbarukan akan membahas skema tarif BPP dan menimbulkan masalah terkait bankabilitas proyek listrik energi terbarukan. Rancangan regulasi diharapkan akan memperkenalkan lelang untuk proyek energi terbarukan berskala besar dan memperkenalkan kembali FiT untuk proyek berskala kecil. Ambang batas yang diharapkan adalah 10 MW dan komponen lokasi diantisipasi dalam struktur harga, meskipun tidak jelas apakah terdapat komponen lokasi untuk lelang dan FiT. Perlu juga dipertimbangkan bahwa remunerasi FiT akan dilakukan dalam dua tingkatan, dengan FiT yang lebih tinggi di awal PJBTL dan FiT yang lebih rendah menjelang berakhirnya perjanjian.

Pembayaran berlapis semacam itu tidak selalu umum dalam mekanisme remunerasi lain di seluruh dunia, tetapi seharusnya tidak menimbulkan kerugian dalam desain FiT. Transparansi harga dan keseimbangan antara tingkat penetapan harga dan faktor lain seperti kemudahan perizinan, persepsi stabilitas regulasi dan unsur kontrak terkait (misalnya, klausul arbitrase) merupakan unsur terpenting. Apabila dirancang dan diterapkan dengan cermat, peraturan presiden tentang energi terbarukan dapat memfasilitasi investasi di sektor energi terbarukan di level yang lebih tinggi di Indonesia, mengatasi beberapa masalah dalam regulasi yang berlaku saat ini yang menghalangi masuknya investasi ke dalam proyek listrik terbarukan.

Regulasi net-metering harus diubah agar mencerminkan ambisi terkait tenaga surya

Target RUEN adalah instalasi sekitar 6,5 GW pembangkit listrik tenaga surya, termasuk panel surya atap tersebarkan (*distributed rooftop solar)* dan pemerintah telah mencoba untuk mendorong pengembangan kapasitas tenaga surya melalui inisiatif "Satu Juta Panel Surya Atap *(One Million Rooftops Solar)*", yang mencapai lebih dari 2.300 pelanggan pada pertengahan tahun 2020, dengan total kapasitas mencapai 11,5 MW (MEMR, 2020[38]). Namun demikian, perubahan kerangka regulasi baru-baru ini tidak mencerminkan ambisi ini. Peraturan Menteri ESDM No. 49/2018[54] tentang pemanfaatan panel surya atap telah mengubah pengaturan *net-metering* dengan PLN. Berdasarkan peraturan tersebut, pelanggan diharuskan untuk mengajukan permohonan resmi untuk mendapatkan manfaat dari skema *net-metering*, di mana setiap listrik yang diekspor ke jaringan dihitung sebesar 65% dari tarif PLN yang berlaku. Dengan kata lain, jika panel atap memproduksi dan mengekspor 600 kWh, maka pelanggan hanya akan mendapat kredit 390 kWh (600x65%). Tarif 65% ini dijadikan patokan untuk membayar biaya infrastruktur jaringan yang mendukung aset pembangkitan. Tetapi, karena kalkulasinya jelas-jelas mendukung konsumsi di lokasi *(on-site consumption)* (di mana 100% dari produksi di lokasi *[on-site production]* dikurangkan dari tagihan akhir konsumen), skema *net-metering* tidak selalu memberikan insentif nyata kepada calon eksportir untuk produksi listrik energi terbarukan di tempat.

Praktik ini berbanding terbalik dengan kebijakan historis yang mengkreditkan "penghematan" dari produksi listrik tenaga panel surya atap, yang berarti setiap kWh listrik dikreditkan ke saldo konsumen selama satu tahun. Perubahan selanjutnya terhadap Peraturan Menteri ESDM No. 16/2019 (perubahan atas Peraturan Menteri ESDM No. 49/2018) diharapkan dapat meningkatkan perhitungan ekspor dari 65% menjadi 75%, dan menjadi 90% untuk konsumen yang memiliki baterai. Akan tetapi, aturan tarif ini masih belum sesuai dengan skema *net-metering* global. Bergantung pada kecanggihan pasar, di beberapa negara, ekspor daya dibayar sesuai dengan tarif FiT, sementara di negara lain ditetapkan pada harga tunai *(spot price)* per jam. Di Denmark, misalnya, daya apa pun yang diekspor dari tenaga panel surya atap akan dibayarkan pada harga pasar per jam dan tarif jaringan dihitung secara terpisah. India menggunakan struktur penyelesaian yang berbeda, bergantung pada negara bagian dan model bisnis yang digunakan. Secara umum, jika digunakan *net-metering*, *net* antara konsumsi dan produksi sendiri diselesaikan dengan tarif yang berlaku (yaitu, tarifnya menjadi 100% jika dibandingkan dengan Indonesia). Dalam hal *gross metering,* ekspor pembangkitan diselesaikan dengan tarif FiT, yang biasanya lebih rendah daripada tarif yang dikenakan untuk konsumsi.

Kurangnya transparansi tentang nilai ekspor tenaga surya di Indonesia, dengan mengintegrasikan tarif jaringan ke dalam penyelesaian ekspor listrik, mungkin telah menciptakan hambatan bagi investasi, selain mempersulit tolok ukur penetapan harga layanan jaringan dari PLN. Hal ini berlaku tidak hanya untuk instalasi panel surya atap berskala kecil (misalnya, pada bangunan tempat tinggal), melainkan juga untuk usaha dan industri yang jumlahnya semakin besar, yang ingin mendapatkan listrik energi terbarukan melalui pengadaan korporasi untuk energi terbarukan (**lihat Bab 5**). Walaupun pembangkit listrik terintegrasi *(captive power plants)* di suatu wilayah usaha mungkin berfungsi untuk beberapa konsumen, sejumlah besar pelanggan korporat yang mengupayakan listrik energi terbarukan memerlukan koneksi jaringan. Penetapan tarif ekspor *net-metering* pada tarif yang lebih rendah dapat dianggap merugikan energi terbarukan di lokasi (dibandingkan dengan investasi dalam langkah-langkah konservasi energi untuk mencapai kesetaraan dalam pembangkitan listrik di lokasi).

Penyelarasan kebijakan energi terbarukan dan efisiensi energi akan memengaruhi fleksibilitas sistem di masa yang akan datang

Secara resmi tidak dilakukan penyelarasan antara regulasi listrik energi terbarukan dan efisiensi energi di Indonesia, walaupun KEN dan RUEN mewajibkan otoritas perencanaan di Indonesia untuk memasukkan konservasi energi dalam perencanaan ketenagalistrikan. Oleh karena itu, pemodelan energi untuk RUEN dan RUPTL 2019-28 memasukkan target efisiensi energi dalam skenario penyediaan tenaga listriknya.

Hal ini penting, karena integrasi antara efisiensi energi dan listrik energi terbarukan merupakan kunci untuk mengurangi beban puncak kebutuhan listrik.

Dalam praktiknya, Indonesia berpengalaman menggabungkan efisiensi energi dan energi terbarukan sebagai bagian dari rencana pembangunannya, misalnya untuk mencapai 100% elektrifikasi di seluruh nusantara. Program Lampu Tenaga Surya Hemat Energi yang diluncurkan pada tahun 2017 merupakan bagian dari program pra-elektrifikasi di daerah dengan akses energi rendah. Setiap rumah tangga yang mengikuti program ini menerima empat lampu LED, berikut modul panel surya 20 *watt-peak* dan baterai litium yang mampu bertahan selama 60 jam. Meskipun relatif kecil dalam hal ukuran (program ini ditujukan untuk menjangkau 175.782 rumah tangga di 15 provinsi pada tahun 2018) dan skala (pasokan listrik), program ini menggarisbawahi pentingnya integrasi energi terbarukan dengan peralatan listrik hemat energi untuk memastikan akses energi yang aman dan andal. Bahkan, jika lampu pijar dengan *output* cahaya yang setara digunakan, rumah tangga akan membutuhkan enam hingga delapan modul panel surya tambahan dengan daya *watt-peak* yang sama (IEA, 2018[4]).

Inisiatif serupa yang disebut TaLis (Tabung Listrik) diluncurkan oleh Universitas Indonesia pada 2018 dengan menyediakan baterai portabel ringan dengan listrik 630 watt-jam untuk daerah pedesaan yang belum terlayani. Mengingat relatif kecilnya kapasitas baterai tersebut, penggunaan penerangan dan peralatan hemat energi menjadi sangat menentukan dalam hal seberapa sering rumah tangga perlu melakukan pengisian ulang.

Seiring dengan meningkatnya pangsa listrik energi terbarukan dalam bauran pembangkit listrik di Indonesia, perencanaan terpadu energi terbarukan dan kebijakan efisiensi energi menjadi sangat penting untuk memenuhi pasokan dan kebutuhan, yang merupakan tantangan sekaligus peluang dalam penetrasi listrik terbarukan di tingkat yang lebih tinggi (IEA, 2020[39]). Misalnya, penghematan listrik di satu daerah dapat meminimalkan kebutuhan kapasitas pembangkitan listrik tambahan, yang berpotensi memungkinkan pembangunan pembangkit listrik di tempat lain di daerah atau kawasan dengan akses listrik terbatas. Kombinasi antara informasi digital *real-time* dan sistem ketenagalistrikan juga dapat memberikan manfaat berupa peningkatan desentralisasi pasokan listrik.

Perencanaan dan kebijakan terintegrasi dapat memanfaatkan peluang yang muncul seperti model perdagangan listrik *peer-to-peer* yang dapat mengatasi masalah keseimbangan dan kejenuhan dalam sistem ketenagalistrikan, membuat sistem semakin fleksibel dan menyediakan layanan tambahan (IRENA, 2020[40]). Saat ini, tidak terdapat kebijakan *smart grid* atau pengelolaan sisi permintaan (*demand-side management*/DSM) di Indonesia, walaupun RUPTL PLN memiliki rencana untuk mengembangkan *smart grid* dan percontohan DSM di wilayah Jawa-Bali (PLN, 2019[29]). Selain itu, PLN meluncurkan beberapa program jaringan pintar *(smart grid)* pada tahun 2020, seperti pembangunan infrastruktur *metering* lanjutan, gardu induk digital, dan proyek percontohan komunitas pintar *(smart community pilot project)* di Karawang, luar kota Jakarta.

Indonesia harus mempertimbangkan peluang untuk menyelaraskan kebijakan dan peraturan efisiensi energi dan energi terbarukan untuk membantu meningkatkan fleksibilitas dan biaya sistem energi selanjutnya. Peningkatan kinerja energi dan respon di sisi permintaan juga akan semakin meningkatkan pemanfaatan pembangkitan listrik yang terdistribusi. Untuk memastikan hal tersebut terjadi secara terintegrasi, diperlukan sebuah portofolio kebijakan yang memberikan insentif pada partisipasi dan penghargaan pada fleksibilitas (misalnya, melalui sinyal harga dalam sebuah skema tarif listrik yang dinamis), yang mungkin memerlukan modifikasi terhadap peraturan yang ada (misalnya, skema *net-metering* saat ini).

Referensi

AEPCA (2000), *A Best Practice Guide to Energy Performance Contracts: reducing operating costs through guaranteed outcomes*, Canberra, https://www.eec.org.au/uploads/images/NEEC/Information%20Tools%20and%20Resources/Best%20Practice%20guide%20to%20EPC.pdf (accessed on 15 December 2020). [26]

Anh, T. (2020), "ESCO Vietnam has potential but faces challenges", *Vietnam Investment Review*, https://www.vir.com.vn/esco-vietnam-has-potential-but-faces-challenges-80370.html (accessed on 15 December 2020). [22]

AntiCSS (2019), *Anti-circumvention of standards for better market surveillance*, https://www.anti-circumvention.eu/about-project/project-introduction (accessed on 17 December 2020). [17]

Attwood, C. et al. (2017), *Financial Supports for Coal and Renewables in Indonesia*, Global Subsidies Initiative, International Institute for Sustainable Development, https://www.iisd.org/system/files/publications/financial-supports-coal-renewables-indonesia.pdf (accessed on 16 December 2020). [37]

BEE (2019), *Programmes: ESCOs*, Bureau of Energy Efficiency, https://beeindia.gov.in/content/escos-0#:~:text=Currently%2C%20127%20ESCOs%20are%20empaneled,tapped%20by%20ESCOs%20so%20far. (accessed on 15 December 2020). [23]

Bridle, R. et al. (2018), *Missing the 23 Per Cent Target: Roadblocks to the development of renewable energy in Indonesia*, Global Subsidies Initiative, International Institute for Sustainable Development (IISD), https://www.iisd.org/sites/default/files/publications/roadblocks-indonesia-renewable-energy.pdf (accessed on 15 December 2020). [36]

Burke, P. et al. (2019), *Overcoming barriers to solar and wind energy adoption in two Asian giants: India and Indonesia.* [31]

CLASP (2020), *Indonesia Residential End Use Survey*, Collaborative Labeling and Appliance Standards Program (CLASP), Washington, D.C., https://clasp.ngo/publications/indonesia-residential-end-use-survey (accessed on 15 December 2020). [1]

Energy Rating (2016), *Whitegoods Efficiency Trends 1993-2014*, Equipment Energy Efficiency (E3) programme, Australian Government, https://www.energyrating.gov.au/document/whitegoods-efficiency-trends-1993-2014 (accessed on 17 December 2020). [15]

Hadiputranto, H. (2019), *PLN re-opens prequalification process for Indonesian renewable projects*, Global Business Guide Indonesia, http://www.gbgindonesia.com/en/main/legal_updates/pln_re_opens_prequalification_process_for_indonesian_renewable_projects.php (accessed on 15 December 2020). [34]

Hakim, H. (2015), "Kementerian PUPR Dorong Pemda Gencarkan Bangunan Hijau (The PUPR Ministry Encourages Local Governments to Increase Green Buildings)", *Bisnis Indonesia*, https://ekonomi.bisnis.com/read/20150507/47/430566/kementerian-pupr-dorong-pemda-gencarkan-bangunan-hijau (accessed on 15 December 2020). [6]

Hermawan, J., I. Hermawan and J. Bahar (2015), "New PPP Regulations: PR No. 38/2015", *Mondaq*, https://www.mondaq.com/government-contracts-procurement-ppp/456354/new-ppp-regulations-pr-no-382015 (accessed on 15 December 2020). [25]

Hofer, K., D. Limaye and J. Singh (2016), *Fostering the Development of ESCO markets for energy efficiency*, Live Wire 2016/54, World Bank Group, https://openknowledge.worldbank.org/handle/10986/23949 (accessed on 15 December 2020). [27]

IDFI (2018), *Recommendations for the Public Procurement System of the Republic of Indonesia*, Institute for Development of Freedom of Information, https://openupcontracting.org/assets/2019/04/Indonesia-Brief-on-Public-Procurement.pdf (accessed on 15 December 2020). [33]

IEA (2020), *Data & Statistics*, Electricity Information, International Energy Agency, https://www.iea.org/data-and-statistics?country=INDONESIA&fuel=Electricity%20and%20heat&indicator=ElecGenByFuel (accessed on 15 December 2020). [10]

IEA (2020), *Power systems in transition: Challenges and opportunities ahead for electricity security*, OECD Publishing, Paris, https://dx.doi.org/10.1787/4ad57c0e-en. [39]

IEA (2019), *Energy Efficiency 2019*, International Energy Agency, Paris, https://dx.doi.org/10.1787/ef14df7a-en. [11]

IEA (2019), *Perspectives for the Clean Energy Transition: The Critical Role of Buildings*, International Energy Acency, Paris, https://webstore.iea.org/perspectives-for-the-clean-energy-transition (accessed on 16 December 2020). [19]

IEA (2018), *Energy Efficiency 2018: Analysis and outlooks to 2040*, International Energy Agency, Paris, https://dx.doi.org/10.1787/9789264024304-en. [4]

IEA (2018), *Renewables 2018: Analysis and Forecasts to 2023*, International Energy Agency, Paris, https://dx.doi.org/10.1787/re_mar-2018-en. [35]

IEA (2017), *Energy Efficiency 2017*, International Energy Agency, Paris, https://dx.doi.org/10.1787/9789264284234-en. [9]

IEA (2010), *Policy Pathway: Monitoring, Verification and Enforcement*, International Energy AGency, Paris, https://www.iea.org/reports/policy-pathway-monitoring-verification-and-enforcement-2010 (accessed on 15 December 2020). [3]

IEA-UNEP (2018), *2018 Global Status Report: Towards a zero-emission, efficient and resilient buildings and construction sector*, International Energy Agency, United Nations Environment Programme, https://webstore.iea.org/2018-global-status-report (accessed on 17 December 2020). [20]

IESR (2021), *Indonesia Energy Transition Outlook 2021 - Tracking Progress of Energy Transition in Indonesia*, https://iesr.or.id/pustaka/indonesia-energy-transition-outlook-2021 (accessed on 2 March 2021). [13]

IRENA (2020), *Peer-to-peer electricity trading: innovation landscape brief*, International Renewable Energy Agency, Abu Dhabi, https://www.irena.org/-/media/Files/IRENA/Agency/Publication/2020/Jul/IRENA_Peer-to-peer_trading_2020.pdf?la=en&hash=D3E25A5BBA6FAC15B9C193F64CA3C8CBFE3F6F41 (accessed on 15 December 2020). [40]

ISO (2020), *ISO survey of management system standard certifications*, International Organisation for Standardisation, https://isotc.iso.org/livelink/livelink?func=ll&objId=18808772&objAction=browse&viewType=1 (accessed on 15 December 2020). [5]

Letschert, V. et al. (2017), *Baseline Evaluation and Policy Implications for Air Conditioners in Indonesia*, Lawrence Berkeley National Laboratory, https://eta.lbl.gov/publications/baseline-evaluation-policy (accessed on 15 December 2020). [14]

MEMR (2020), *Data & Information of Energy Conservation 2019, 3rd Edition*, Directorate of Energy Conservation, Ministry of Energy and Mineral Resources, http://www.ebtke.esdm.go.id (accessed on 15 December 2020). [18]

MEMR (2020), *More Competitive Price, Key to Indonesia's One Million Rooftop Solar Systems*, Ministry of Energy and Mineral Resources, https://www.esdm.go.id/en/media-center/news-archives/harga-makin-kompetitif-pemerintah-optimis-wujudkan-satu-juta-surya-atap (accessed on 16 December 2020). [38]

MEMR (2020), *Penerapan SKEM Label Hemat Energi Pada Masa 'Normal Baru' (Application of Energy Saving Label SKEM in the 'New Normal' Period)*, Directorate of Energy Conservation, Ministry of Energy and Mineral Resources, https://www.esdm.go.id/id/berita-unit/direktorat-jenderal-ebtke/penerapan-skem-label-hemat-energi-pada-masa-normal-baru (accessed on 15 December 2020). [2]

MEMR (2019), *Data & Information of Energy Conservation 2018, 2nd Edition*, Directorate of Energy Conservation, Ministry of Energy and Mineral Resources, https://drive.esdm.go.id//wl/?id=cwFohj0AaWgwIWQMNr5Yu68d8ptxTg4o (accessed on 15 December 2020). [12]

MEMR (2017), *Investment Opportunity of Renewable Power Generation in Indonesia*, Directorate General of New, Renewable Energy and Energy Conservation; Ministry of Energy and Mineral Resources, https://fr.slideshare.net/AbdurrahmanArum/investment-opportunity-renewable-power-generation-in-indonesia-2017 (accessed on 15 December 2020). [28]

OPSS (2019), *Regulations: ecodesign of energy-consuming products*, Office for Product Safety & Standards, United Kingdom, https://www.gov.uk/guidance/placing-energy-related-products-on-the-uk-market (accessed on 17 December 2020). [16]

Pahnael, J., A. Soekiman and M. Wimala (2020), "Penerapan Kebijakan Insentif Green Building di Kota Bandung (Implementation of Green Building Incentive Policies in Bandung City)", *Jurnal Infrastruktur*, Vol. 6/1, pp. 1-13, http://dx.doi.org/10.35814/infrastruktur.v6i1.1315. [8]

PLN (2019), *Rencana Usaha Penyediaan Tenaga Listrik (RUPTL) PT. PLN 2019 - 2028 (PT PLN Power Supply Business Plan 2019-2028)*, PT Perusahaan Listrik Negara (Persero) , Jakarta, https://gatrik.esdm.go.id//assets/uploads/download_index/files/5b16d-kepmen-esdm-no.-39-k-20-mem-2019-tentang-pengesahan-ruptl-pt-pln-2019-2028.pdf (accessed on 16 December 2020). [29]

PLN (2017), *General Terms in IPP Business in PLN*, PT Perusahaan Listrik Negara (Persero) , Jakarta, https://web.pln.co.id/statics/uploads/2017/05/Buku-IPP.pdf (accessed on 16 December 2020). [30]

PwC (2018), *Power In Indonesia - Investment and Taxation Guide*, http://www.pwc.com/id (accessed on 19 July 2019). [32]

Rahman, R. (2019), "Poor customer awareness holds back green building projects - Business - The Jakarta Post", *The Jakarta Post*, https://www.thejakartapost.com/news/2019/02/20/poor-customer-awareness-holds-back-green-building-projects.html (accessed on 15 December 2020). [7]

STEC (2020), *List of Registered Energy Service Company (ESCO)*, Suruhanjaya Tenaga Energy Commission, https://www.st.gov.my/web/consumer/esco (accessed on 15 December 2020). [24]

Tumiwa, F. et al. (2019), *Industrial Energy Accelerator: Indonesia Diagnostic*, Industrial Energy Accelerator, https://www.industrialenergyaccelerator.org/wp-content/uploads/FINAL-Indonesia-Diagnostic_WEB.pdf (accessed on 15 December 2020). [21]

Catatan

[1] Undang-Undang Energi No. 30/2007

[2] Peraturan Pemerintah No. 79/2014

[3] Peraturan Presiden No. 22/2017

[4] Untuk informasi lebih lanjut, kunjungi: https://www.iea-4e.org/.

[5] https://united4efficiency.org/

[6] http://www.aseanshine.org/

[7] Peraturan Menteri Perindustrian No. 51/2015 menjelaskan batasan jumlah energi yang digunakan untuk memproduksi satu ton produk; bubur kertas *(pulp)* dan kertas (514/M-IND/Kep/12/2015), tekstil (515/M-IND/Kep/12/2015), semen (512/M-IND/Kep/12/2015) dan keramik (513/M-IND/Kep/12/2015)

[8] Untuk informasi lebih lanjut, kunjungi https://eeglobalalliance.org/three-percent-club.

[9] Peraturan Pemerintah No. 70/2009

[10] Peraturan Menteri ESDM No. 14/2012

[11] SNI ISO 50015/2014

[12] Standar Efisiensi Energi Nasional untuk Bangunan dan standarnya untuk: selubung bangunan (SNI 03-6389/2011); sistem pendingin udara (SNI 03-6390/2011); sistem penerangan (SNI 03-6197/2011) dan prosedur audit energi (SNI 03-6196/2011)

[13] Peraturan Menteri Pekerjaan Umum dan Perumahan Rakyat No. 02/PRT/M/2015

[14] Untuk informasi lebih lanjut, kunjungi https://edgebuildings.com/.

[15] Untuk informasi lebih lanjut, kunjungi: http://gbcindonesia.org/EN/download/doc_details/22-choosing-the-right-green-building-materials?tmpl=component

[16] Peraturan Gubernur DKI Jakarta No. 38/2012

[17] Peraturan Menteri ESDM No. 06/2011

[18] Peraturan Menteri ESDM No. 18/2014

[19] Peraturan Menteri ESDM No. 07/2015

[20] Peraturan Menteri ESDM No. 57/2017

[21] SNI 8476/2018

[22] Peraturan Menteri Perindustrian No. 13/2015

[23] Peraturan Menteri Perindustrian No. 13/2016

[24] Peraturan Menteri ESDM No. 01/2016

[25] https://asean.org/?static_post=agreement-on-the-asean-harmonized-electrical-and-electronic-equipment-eee-regulatory-regime-kuala-lumpur-9-december-2005

[26] SNI ISO 50006/2014

[27] SNI ISO 50002/2014

[28] Untuk informasi lebih lanjut, kunjungi: https://beeindia.gov.in/content/iame.

[29] Penghargaan Efisiensi Energi Nasional

[30] https://drive.esdm.go.id//wl/?id=cwFohj0AaWgwlWQMNr5Yu68d8ptxTg4o

[31] Peraturan Menteri ESDM No. 14/2016

[32] Peraturan Presiden No. 38/2015

[33] Undang-Undang Ketenagalistrikan No. 30/2009

[34] Peraturan Pemerintah No. 14/2012

[35] Peraturan Menteri ESDM No. 13/2013

[36] Peraturan Menteri ESDM No. 12/2016

[37] Peraturan Menteri ESDM No. 07/2016

[38] Keputusan No. 111/PUU-XIII/2015

[39] Peraturan Menteri ESDM No. 01/2015

[40] Peraturan Menteri ESDM No. 01/2006

[41] Keputusan No. 0022P/DIR/2018

[42] Peraturan Pemerintah No. 14/2012

[43] Peraturan Menteri ESDM No. 10/2017

[44] Peraturan Menteri ESDM No. 03/2015

[45] Peraturan Presiden No. 16/2018

[46] Peraturan Presiden No. 54/2010

[47] Peraturan Menteri ESDM No. 01/2015

[48] Peraturan Menteri ESDM No. 50/2017

[49] Peraturan Menteri ESDM No. 19/2016

[50] Peraturan Menteri ESDM No. 9/2018

[51] Peraturan Menteri ESDM No. 49/2017

[52] Peraturan Menteri ESDM No. 10/2018

[53] Peraturan Menteri ESDM No. 04/2020

[54] Peraturan Menteri ESDM No. 48/2018

4 Kebijakan investasi dan persaingan

Bab ini berisi kajian tentang kerangka investasi dan kompetisi di Indonesia dalam konteks energi bersih. Dalam bab ini dibahas tentang upaya pemerintah untuk menyamakan kedudukan antara perusahaan listrik negara dan produsen listrik independen, serta menciptakan proses pengadaan yang wajar, efisien dan transparan untuk energi terbarukan. Penilaian tentang aturan penanaman modal asing langsung di Indonesia ditampilkan dengan menyoroti jalan yang mungkin dapat ditempuh untuk membuatnya menjadi lebih menarik bagi investor asing di sektor energi bersih. Bab ini juga menjelaskan cara penting lainnya untuk meningkatkan kerangka investasi energi bersih, termasuk bagaimana memfasilitasi akses dan pengadaan lahan dan mengurangi biaya peralatan energi bersih (persyaratan tingkat kandungan dalam negeri) serta bagaimana memanfaatkan dengan lebih baik kerja sama pemerintah dengan badan usaha di sektor energi bersih.

Mengingat kebutuhan investasi energi bersih dan sumber daya pemerintah yang terbatas, Indonesia perlu mengundang investasi swasta dalam jumlah lebih besar, termasuk dari sumber asing, jika ingin mewujudkan tujuan energi bersihnya pada tahun 2025. Beruntung, potensi energi bersih Indonesia yang luar biasa membuatnya menjadi tujuan yang tentu saja menarik untuk Penanaman Modal Asing (PMA) Langsung *(Foreign Direct Investment)* di sektor energi bersih, sebagaimana tampak dari peningkatan tren pangsa energi terbarukan dalam PMA (walaupun dalam tingkat rendah) selama dekade terakhir. Namun demikian, PMA sektor energi bersih masih jauh dari yang seharusnya dan masih tetap jauh lebih kecil dibandingkan PMA sektor bahan bakar fosil.

Untuk membalikkan tren ini, diperlukan kerangka investasi dan kompetisi yang kuat yang dapat menyamakan kedudukan antara penanaman modal asing dan dalam negeri, milik negara dan swasta serta memungkinkan proses investasi yang transparan, jelas dan dapat diprediksi. Sementara itu, Indonesia perlu segera menghijaukan perekonomiannya dan membuka akses perusahaan ke energi bersih, jika tidak ingin menghadapi risiko kehilangan peluang investasi dari investor global yang semakin sadar dan berkomitmen terhadap keberlanjutan. Menyadari tantangan tersebut, Indonesia telah melakukan sejumlah aksi untuk membalikkan tren tersebut. Secara khusus, Indonesia mengesahkan UU Cipta Kerja pada Oktober 2020, yang diharapkan dapat memperbaiki kerangka investasi dan kompetisi di Indonesia, walaupun pada akhirnya dampaknya akan bergantung pada peraturan selanjutnya.

Penilaian dan rekomendasi

Indonesia harus meningkatkan transparansi dan persaingan sehat dalam proses pengadaan listrik PLN

Posisi dominan PLN dalam pengadaan listrik menjadi tantangan bagi banyak produsen listrik independen, terutama di bawah Peraturan Menteri ESDM No. 50 Tahun 2017 tentang pemanfaatan sumber energi terbarukan untuk penyediaan listrik, yang membuat proses pengadaan menjadi rumit, panjang dan suram. Hal ini terutama terjadi pada jalur Pemilihan Langsung *(Direct Selection)* yang dilakukan PLN, yang membatasi jumlah proses prakualifikasi selama dua tahun terakhir ini, dengan waktu proses yang sangat lama. Selain itu, untuk mendapatkan proyek yang bisa masuk dalam Rencana Usaha Pembangkit Tenaga Listrik (RUPTL) pengembang harus menghadapi tantangan khusus, mengingat kurangnya dasar hukum bagi kemitraan antara pengembang dan anak perusahaan PLN (untuk menghindari dimasukkan ke dalam RUPTL), sehingga hanya sedikit lembaga jasa keuangan yang bersedia memberikan pembiayaan untuk proyek-proyek tersebut. Pelaksanaan Peraturan Menteri ESDM No. 04/2020 serta penyusunan rancangan Undang-Undang Energi Baru dan Terbarukan yang sedang berjalan akan membantu meningkatkan aspek transparansi dan kompetisi dalam proses pengadaan, meskipun penerapan dan konsistensi selanjutnya dari peraturan tersebut akan sangat penting untuk meningkatkan investasi swasta dalam energi terbarukan.

Aturan tentang PMA untuk energi bersih di Indonesia masih terbatas walaupun reformasi sedang berjalan

Indonesia telah mengambil langkah-langkah positif untuk meningkatkan daya tarik aturan PMAnya untuk sektor energi bersih, terutama dengan melakukan penggantian peraturan daftar "negatif" investasi 2016 dengan Peraturan Presiden No10/2021 tentang Bidang Usaha Penanaman Modal (atau kerap disebut daftar "positif" investasi) sebagai upaya untuk meliberalisasi aturan PMA Indonesia. Daftar tersebut memungkinkan masuknya PMA (sampai dengan 100%) di sejumlah besar bidang usaha ketenagalistrikan, termasuk proyek 1-10 MW yang sebelumnya dibatasi hanya untuk 49% kepemilikan asing. Upaya tersebut sangat penting karena tingkat aliran masuk PMA di Indonesia (termasuk dalam sektor energi bersih) masih tertinggal dibandingkan di banyak negara tetangga. Namun demikian, Indonesia tetap memberlakukan batasan untuk mempekerjakan personel asing di posisi manajemen kunci dan menerapkan persyaratan modal minimum (Rp 10 miliar - sekitar USD 700.000) yang 200 kali lebih tinggi daripada yang dipersyaratkan untuk perusahaan-perusahaan dalam negeri. Akibatnya, aturan PMA Indonesia cenderung menciptakan hambatan masuk yang lebih besar bagi pengembang energi bersih asing yang berperan penting dalam pembangunan energi bersih, terutama di kepulauan timur dan pulau-pulau kecil di Indonesia (dimana skala proyek seringkali di bawah 10 MW), mengingat kapasitas pengembang lokal yang relatif kecil.

Persyaratan tingkat kandungan dalam negeri (TKDN) tetap tinggi dan membebani biaya investasi proyek

TKDN berpotensi menciptakan hambatan utama bagi IPP energi terbarukan. Indonesia menerapkan TKDN di sektor ketenagalistrikan, termasuk untuk beberapa teknologi energi terbarukan (tenaga surya, panas bumi, dan tenaga air) sebagai upaya untuk menumbuhkan basis manufaktur negara dan dengan demikian berkontribusi pada pembangunan industri yang lebih luas dan tujuan menciptakan lapangan kerja. Untuk panel surya, TKDN minimum naik dari 40% pada tahun 2012 menjadi 60% pada tahun 2019. Mengingat ukuran pabrikan lokal yang pada umumnya kecil dan kurangnya daya saing di pasar, persyaratan ini menyebabkan pengembang kesulitan untuk dapat memulai proyek. Harga yang lebih tinggi untuk komponen yang diproduksi dan dirakit di dalam negeri juga berarti bahwa TKDN dapat membebani biaya investasi proyek secara signifikan. Walaupun tujuan Indonesia untuk mendorong ekspansi industri dan menciptakan lapangan kerja patut dihargai, bukti global menunjukkan bahwa TKDN untuk tenaga bayu dan surya secara keseluruhan memiliki efek campuran (jika tidak negatif) terhadap pengembangan industri, lapangan kerja, dan penciptaan nilai. Dengan demikian, penghapusan TKDN secara bertahap, yang diikuti dengan langkah-langkah pendukung untuk meningkatkan kapasitas dan daya saing produsen lokal, dapat mengurangi biaya listrik energi terbarukan sambil tetap mendukung penciptaan lapangan kerja dan perluasan industri yang diinginkan.

Indonesia sedang berupaya meningkatkan akses lahan

Pengadaan tanah tetap menjadi salah satu hal terpenting dalam pengembangan proyek pembangkit listrik energi terbarukan, karena kurangnya kejelasan dalam pendaftaran tanah dan batas wilayah di Indonesia. Rencana tata ruang sektoral yang tidak konsisten dan seringkali tumpang tindih, serta administrasi lahan yang terfragmentasi, semakin menambah ketidakjelasan dan risiko tumpang tindih pada beberapa hak atas lahan proyek. Upaya Indonesia untuk memperjelas penguasaan lahan dan rencana tata ruang, misalnya dengan mengeluarkan Kebijakan Satu Peta serta menciptakan kerangka hukum (misalnya, Undang-Undang Pengadaan Tanah 2012), patut mendapatkan penghargaan. Langkah-langkah lebih lanjut tentang pengadaan tanah (misalnya, Peraturan Presiden No. 04/2016 tentang Percepatan Pembangunan Ketenagalistrikan dan Peraturan Presiden No. 38/2015 tentang KPBU) juga mempermudah proses ini. Selain itu, UU Cipta Kerja seharusnya membantu menyederhanakan dan memfasilitasi akses lahan, walaupun masih harus dilihat bagaimana hal ini pada akhirnya akan dilaksanakan.

Pemanfaatan kerja sama pemerintah dengan badan usaha (KPBU) untuk energi bersih

Indonesia telah membuat kerangka hukum komprehensif untuk KPBU, termasuk langkah-langkah khusus yang memungkinkan penanggung jawab proyek kerja sama menggunakan KPBU untuk proyek-proyek energi bersih. Dalam beberapa tahun terakhir, Indonesia telah mengambil langkah untuk mengubah keadaan ini dan menjalankan sejumlah proyek energi bersih. Di sektor efisiensi energi, ada tiga proyek penerangan jalan umum yang sedang berlangsung melalui pengaturan KPBU (misalnya, Proyek Penerangan Jalan Umum Surakarta). Di sektor ketenagalistrikan, beberapa proyek KPBU untuk mengubah sampah menjadi energi sedang dilaksanakan di lima kota, yang terbukti sangat bermanfaat untuk mencapai target ambisius Presiden untuk mengoperasikan 12 pembangkit listrik tenaga sampah di perkotaan pada tahun 2022. Namun demikian, terlepas dari upaya ini, penerapan pengaturan kontrak KPBU untuk energi bersih secara keseluruhan tetap sangat terbatas. Untuk memanfaatkan potensi KPBU yang cukup besar maka diperlukan upaya untuk mengatasi beberapa hambatan seperti terbatasnya kapasitas penanggung jawab proyek kerja sama di pemerintah untuk mengadakan dan melaksanakan kontrak tahun jamak.

Kotak 4.1. Rekomendasi kebijakan utama untuk investasi dan kompetisi

- Melakukan peralihan bertahap menuju sistem tender kompetitif untuk pengadaan energi terbarukan dengan memanfaatkan semua teknologi, mengembangkan pengalaman internasional dalam mengadakan tender-tender yang kompetitif untuk proyek panas bumi. Mempertimbangkan untuk memasukkan persyaratan pengadaan ke dalam Undang-Undang Energi Baru dan Terbarukan (yang saat ini dalam tahap penyusunan), yang akan melindungi pengembang dari kemungkinan perubahan peraturan akibat siklus politik. Mengembangkan peraturan dan pedoman pelaksanaan yang jelas untuk PLN untuk menjamin transparansi, prediktabilitas, dan kompetisi dalam proses pengadaan.
- Sebagai tindak lanjut dari reformasi yang sedang berjalan, perlu mempertimbangkan untuk melakukan penilaian secara berkala dan komprehensif terhadap aturan PMA di sektor energi bersih untuk memastikan keselarasan dan mendukung tujuan energi bersih. Mempertimbangkan untuk mengevaluasi batasan yang saat ini berlaku untuk ekuitas asing dalam proyek-proyek di bawah 1 MW dan pembatasan PMA lainnya seperti persyaratan modal minimum dan pembatasan tentang personel asing, yang tetap lebih tinggi dibandingkan dengan negara OECD serta Thailand dan Vietnam. Indonesia harus memastikan bahwa aturan yang saat ini berlaku dapat dijustifikasi (terutama dalam hal kapasitas dan sumber daya perusahaan dalam negeri) dan tidak berdampak terhadap tujuan energi bersih dan keterjangkauan energi, yang melibatkan pemangku kepentingan terkait dan memastikan bahwa masukan mereka dipertimbangkan secara matang.
- Mengevaluasi TKDN dan memastikan peraturan yang berlaku saat ini dapat mengurangi biaya proyek, karena hal ini akan berkontribusi terhadap pertumbuhan lapangan kerja sektoral, termasuk permintaan akan peralatan yang diproduksi. Untuk meningkatkan kapasitas dan daya saing manufaktur lokal, perlu memberikan dukungan kepada industri lokal melalui program penelitian dan pengembangan terarah, alih pengetahuan dan teknologi, serta kegiatan pelatihan dan peningkatan kapasitas.
- Mempercepat upaya dalam kerangka Kebijakan Satu Peta untuk mengurangi ketidakpastian akses lahan dan mengurangi hambatan pasar, yang membebani biaya proyek energi bersih. Sebagaimana halnya proyek KPBU, pengadaan lahan harus dilakukan sebelum tender proyek karena terbukti menentukan keberhasilan dalam tender tenaga surya yang baru-baru ini diadakan di Kamboja dan India. Mempertimbangkan untuk mengajukan proposal proyek kepada LMAN (Lembaga Manajemen Aset Negara) secara lebih aktif, untuk memperoleh manfaat dari pendanaan pengadaan tanah dalam Skema Pendanaan Tanah.
- Terus menerus meningkatkan pemahaman dan kapasitas penanggung jawab proyek kerja sama, termasuk pemerintah daerah dan PLN, untuk memulai, mengembangkan, dan memantau pelaksanaan perjanjian KPBU untuk proyek energi bersih. Secara khusus, Indonesia harus mengkaji peraturan pengadaan barang dan jasa pemerintah untuk mengatasi hambatan yang dihadapi instansi pemerintah dalam mengadakan kontrak dengan pengembang.

Menyeimbangkan posisi pemerintah dan investor swasta dalam infrastruktur energi bersih

PLN mendominasi semua segmen pasar ketenagalistrikan di Indonesia, dengan bertindak sebagai kuasi-monopoli (**lihat Bab 2**). IPP diizinkan untuk memiliki dan mengoperasikan aset pembangkit listrik tetapi sejauh ini hanya memainkan peran terbatas, karena sebagian besar kapasitas yang didominasi pembangkit berbahan bakar fosil dimiliki oleh PLN. Namun demikian, IPP memiliki dan mengoperasikan sebagian besar aset pembangkit energi terbarukan hidro berskala kecil (lihat Gambar 4.1). Walaupun secara hukum IPP diizinkan untuk menjual listrik secara langsung kepada konsumen (termasuk perusahaan dan rumah tangga) dalam wilayah usaha tertentu (disebut juga Pembangkit Listrik Swasta), sebagian besar tenaga listrik yang diproduksi oleh IPP dijual kepada PLN. Sebaliknya, PLN adalah pemilik dan operator tunggal infrastruktur transmisi dan distribusi listrik, yang tertutup untuk investasi swasta (terlepas dari adanya pengecualian yang jarang terjadi) (**lihat Bab 2**).

Gambar 4.1. Kepemilikan aset pembangkitan tenaga listrik di Indonesia, 2019

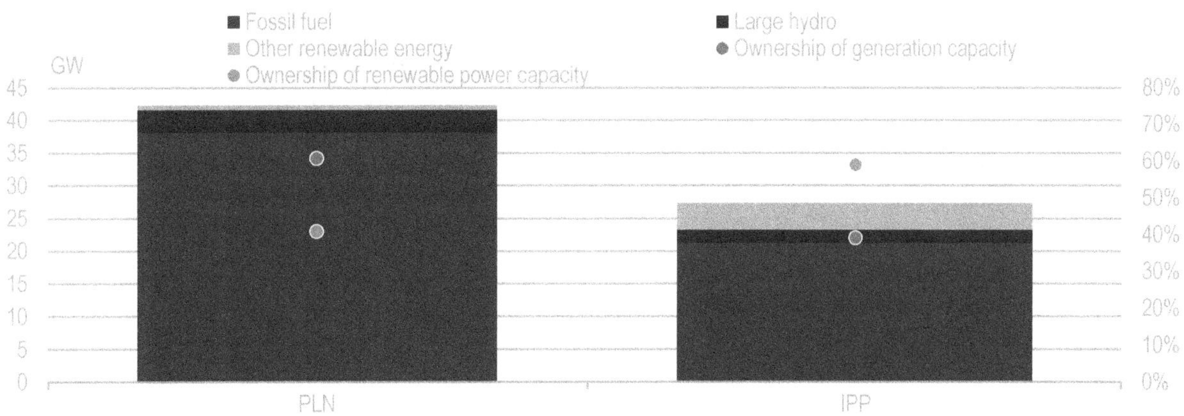

Catatan: "Large hydropower" (pembangkit listrik tenaga air besar) adalah proyek pembangkit listrik tenaga air dengan kapasitas >10 Mega Watt. GW=Giga Watt.
Sumber: Statistik ESDM dan PLN.

StatLink https://stat.link/0g7umf

Diperlukan upaya lebih besar untuk menciptakan keadaan yang seimbang antara IPP dan PLN

Banyak IPP yang melaporkan kesulitan dalam bertransaksi dengan PLN. Dalam sebuah konsultasi dengan pemangku kepentingan yang diadakan pada tahun 2019, beberapa IPP menyuarakan keprihatinannya seputar penerapan peraturan yang tambal sulam dan sewenang-wenang di tingkat daerah, sehingga menimbulkan kesulitan dalam mengembangkan proyek; hal ini juga mencerminkan potensi masalah koordinasi vertikal antara kantor pusat PLN dan daerah. Risiko pembatasan energi terbarukan juga menjadi perhatian utama investor IPP (Dutt, Chawla and Kuldeep, 2019[1]). Kurangnya transparansi dan kejelasan dalam aturan dan kriteria pengadaan listrik PLN (mulai dari mendapatkan proyek yang terdaftar dalam RUPTL hingga partisipasi dalam tender) juga dituding sebagai kendala yang dihadapi para pengembang energi terbarukan (lihat bagian selanjutnya).

Tidak adanya otoritas persaingan pasar ketenagalistrikan yang kuat, memiliki sumber daya yang baik, dan independen, mempersulit penanganan masalah ini secara adil dan transparan. Walaupun Kementerian ESDM (melalui Direktorat Jenderal Ketenagalistrikan) secara *de facto* bertindak sebagai regulator di bidang ketenagalistrikan, secara efektif Kementerian ESDM hanya memiliki kewenangan terbatas atas pengoperasian dan pengelolaan PLN (kinerjanya diawasi oleh Kementerian Badan Usaha Milik Negara) serta kewenangan atas hal-hal terkait persaingan. Selain itu, Kementerian ESDM tidak memiliki kemandirian politik sehingga menambah kekhawatiran investor. Sebaliknya, masalah persaingan (termasuk dalam tender pemerintah) menjadi tanggung jawab Komisi Pengawasan Persaingan Usaha Indonesia, yang dalam praktiknya hanya memainkan peran sangat terbatas di sektor ketenagalistrikan. Untuk mengatasi masalah ini, Indonesia membentuk Komite Manajemen Jaringan untuk jaringan Jawa-Bali-Madura pada tahun 2007, yang diketuai oleh sejumlah pemangku kepentingan terkait (termasuk PLN dan IPP) yang mengkaji aturan tentang jaringan dan pelaksanaannya, menerbitkan interpretasi dan pedoman tentang aturan jaringan, dan membuat rekomendasi perubahan atas aturan tentang jaringan. Namun, komite tidak memiliki kewenangan untuk menangani isu-isu terkait persaingan antara PLN dan pengembang swasta secara efektif.

Perlunya menciptakan proses pengadaan yang lebih transparan, jelas dan dapat diprediksi

Proses pengadaan PLN, yang dilakukan melalui penunjukan langsung (*direct appointment)* dan pemilihan langsung (d*irect selection)* (**lihat Bab 3)**, mengikuti rencana kapasitas pembangkitan dalam RUPTL (**lihat Bab 2**). Peraturan Menteri ESDM No. 50/2017 tentang Pemanfaatan Sumber Energi Terbarukan Untuk Penyediaan Listrik (diubah dengan Peraturan Menteri ESDM No. 4/2020) memungkinkan PLN memberikan proyek pembangunan pembangkit listrik tenaga panas bumi dan sampah (serta sebagian besar teknologi bahan bakar fosil) kepada IPP. Meskipun penunjukan langsung ini dapat dilakukan dalam bentuk tender pemerintah, sebagaimana halnya dengan sejumlah proyek panas bumi selama dekade terakhir, PLN tidak berkewajiban untuk melakukannya. Dalam hal pengembang mengajukan proposal proyek secara sukarela (untuk kemudian ditunjuk melalui penunjukan langsung), PLN bertanggung jawab untuk meninjau, menyetujui dan pada akhirnya membuat daftar proposal yang disetujui dalam RUPTL. Namun demikian, IPP yang mengajukan proposal proyek secara sukarela berdasarkan penunjukan langsung kadang-kadang menghadapi kesulitan untuk mendaftarkan proyek mereka dalam RUPTL.

Untuk semua teknologi energi terbarukan lainnya, pemilihan langsung memungkinkan PLN mengadakan pelelangan proyek kepada sejumlah pengembang proyek yang memenuhi syarat berdasarkan kuota kapasitas teknologi (ditentukan dalam RUPTL). Agar memenuhi syarat, pengembang harus ikut serta dalam proses prakualifikasi untuk dapat dipilih (atau memenuhi prakualifikasi) berdasarkan serangkaian kriteria yang telah ditentukan (**lihat Bab 3**). Walaupun tujuan proses ini adalah untuk menyaring pengembang dengan kredensial keuangan yang buruk dan pengalaman terbatas, selama bertahun-tahun proses prakualifikasi diadakan secara tidak teratur dengan kriteria yang berbeda-beda dari tahun ke tahun (PwC, 2018[2]). Pemilihan langsung juga memungkinkan PLN dengan bebas mengundang pengembang yang memenuhi syarat untuk memberikan penawaran proyek, sementara itu proposal proyek sukarela tidak diperbolehkan dalam pemilihan langsung.

Mekanisme pengadaan listrik PLN berdasarkan Peraturan Menteri ESDM No. 50/2017 cukup rumit, panjang dan tidak jelas. Selama dua tahun terakhir, sedikit sekali prakualifikasi yang diselenggarakan melalui mekanisme pemilihan langsung dan, jikapun dilakukan pemilihan langsung, hasilnya baru akan diumumkan lama setelah itu (misalnya satu tahun untuk prakualifikasi 2017) (Burke et al., 2019[3]). Kriteria prakualifikasi juga tidak jelas, tidak konsisten di sepanjang proses prakualifikasi dan hasilnya meragukan: pada tahun 2017, sekitar 27 perjanjian jual beli tenaga listrik (PJBTL) energi bersih tidak mencapai pemenuhan pembiayaan *(financial close)*, sebagian karena IPP yang menang tidak memiliki kelayakan kredit serta kemampuan untuk mengembangkan studi kelayakan yang kredibel (IESR, 2019[4]; PwC, 2019[5]). Akibatnya, beberapa pengembang memilih untuk bermitra dengan anak perusahaan PLN (karena tidak mengharuskan pencatatan dalam RUPTL). Akan tetapi, tanpa dasar hukum untuk kemitraan tersebut, hanya sedikit lembaga jasa keuangan atau lembaga pembiayaan pembangunan yang bersedia memberikan pembiayaan untuk proyek-proyek tersebut.

Sisi positifnya, Indonesia telah mengambil langkah-langkah untuk menyederhanakan proses pengadaan PLN melalui Peraturan Menteri ESDM No. 04/2020. Peraturan tersebut secara khusus membuka kembali kemungkinan untuk mengusahakan semua energi terbarukan melalui mekanisme penunjukan langsung berdasarkan persyaratan tertentu, misalnya jika hanya ada satu penawaran IPP. Ketentuan ini disambut baik, meskipun langkah-langkah lebih lanjut perlu diambil untuk menyederhanakan proses pengadaan, khususnya, untuk secara sistematis mengadopsi tender kompetitif terbuka untuk pengadaan energi terbarukan. Selain panas bumi, Indonesia telah merancang program tender kompetitif untuk proyek tenaga surya pada tahun 2013 (Peraturan Menteri ESDM No. 17/2013) tetapi peraturan tersebut kemudian dibatalkan karena tekanan dari PLN dan asosiasi manufaktur dalam negeri (Kennedy, 2018[6]). Berdasarkan pengalaman tersebut, Indonesia secara bertahap harus bergerak menuju sistem lelang kompetitif untuk pengadaan semua energi terbarukan, terutama sebagaimana lelang yang baru-baru ini diadakan di India (berdasarkan Misi Tenaga Surya Nasional) atau di Denmark (untuk tenaga bayu) yang terbukti berhasil menekan biaya energi terbarukan (**lihat Bab 5**).

Mendorong perlakuan setara kepada investor asing dan dalam negeri di sektor energi bersih

Perekonomian Indonesia yang dinamis dan besarnya pasar domestik menjadikan Indonesia sebagai tujuan utama PMA, dan tren ini mengalami peningkatan selama satu setengah dekade terakhir, meskipun terjadi perlambatan baru-baru ini. Walaupun sektor manufaktur dan jasa menjadi penerima PMA terbesar, sektor energi - termasuk energi bersih - juga menjadi sektor yang didambakan karena potensinya yang luar biasa. Namun demikian, akhir-akhir ini arus masuk PMA mengalami perlambatan dan tetap lebih rendah dibandingkan negara-negara tetangga seperti Vietnam dan Kamboja, yang berkontribusi terhadap peningkatan arus masuk PMA ke negara-negara ASEAN, di tengah ketegangan perdagangan AS-Cina, dan telah berintegrasi jauh lebih cepat dalam rantai nilai global dibandingkan Indonesia. Hal ini juga terjadi di sektor energi bersih, di mana pangsa aliran PMA *greenfield* dalam energi terbarukan di negara-negara seperti Kamboja, Laos atau Vietnam, telah jauh melampaui Indonesia selama satu setengah dekade terakhir (The Jakarta Post, 2019[7]; OECD, 2020[8]).

Menghadapi isu-isu tersebut, Presiden RI Joko Widodo kembali menegaskan komitmennya untuk mempercepat arus masuk PMA ke Indonesia dan meningkatkan kemudahan berusaha di dalam negeri. Menindaklanjuti komitmen tersebut dan dalam konteks krisis COVID-19, Indonesia mengesahkan UU Cipta Kerja pada Oktober 2020 sebagai upaya untuk menghapus sejumlah peraturan yang tumpang tindih, memperlonggar pembatasan PMA (termasuk dalam daftar negatif investasi) serta memusatkan dan menyederhanakan prosedur perizinan usaha dan pengadaan tanah. Terlepas dari sambutan baik terhadap langkah ini (meskipun menghadapi tentangan kuat dari tenaga kerja dan lembaga swadaya masyarakat), dampak undang-undang tersebut terhadap lingkungan usaha sektor energi bersih pada akhirnya akan bergantung pada peraturan pelaksana selanjutnya. Yang tidak kalah pentingnya, reformasi harus dilakukan tanpa merusak perlindungan lingkungan untuk proyek (termasuk konsultasi publik) dan harus mendukung upaya Indonesia untuk melestarikan perekonomian dan memperluas akses perusahaan ke energi bersih. Upaya ini sangat penting untuk memastikan agar Indonesia tidak mengalami ketertinggalan mengingat semakin tingginya kesadaran dan komitmen investor global terhadap keberlanjutan. Sebagai contoh, setelah disahkannya UU Cipta Kerja dan peraturan pelaksananya, kelompok 36 investor dengan aset yang dikelola sekitar Rp 4,1 triliun mendesak pemerintah untuk "mendukung konservasi hutan dan lahan gambut; menjunjung tinggi hak asasi manusia dan hak atas tanah adat masyarakat adat; mengadakan konsultasi yang tepat dengan kelompok lingkungan hidup dan lembaga swadaya masyarakat serta investor tentang Undang-undang tersebut dan implementasinya serta melakukan pendekatan jangka panjang untuk pemulihan perekonomian dari pandemi" (OECD, 2020[8]).

Indonesia sedang melakukan upaya besar untuk meliberalisasi aturan PMAnya untuk energi bersih

Sebelum tahun 2021, Indonesia memberlakukan sejumlah besar pembatasan terkait PMA, yang sebagian besar dicantumkan dalam daftar negatif investasi. Sebagaimana diamanatkan oleh UU Investasi 2007, daftar negatif investasi (terakhir diubah tahun 2016) mencantumkan sejumlah bidang usaha ketenagalistrikan yang tertutup untuk investasi swasta asing maupun dalam negeri serta terbuka dengan pembatasan tertentu (termasuk pembatasan kepemilikan asing) (lihat Tabel 4.1). Daftar ini kadang-kadang memberikan perlakuan yang lebih menguntungkan kepada investor ASEAN (dalam bentuk batas kepemilikan ekuitas yang lebih tinggi), walaupun ketentuan ini tidak berlaku untuk sektor tersebut di atas

Dengan disahkannya UU Cipta Kerja, konsep daftar negatif investasi diubah menjadi daftar positif investasi pada tahun 2021 seperti yang ditetapkan dalam Peraturan Presiden No.10/2021 tentang Bidang Usaha Penanaman Modal, sehingga meliberalisasi berbagai bidang usaha menjadi PMA. Prinsip umum daftar positif investasi adalah bahwa suatu bidang usaha terbuka 100% untuk PMA kecuali apabila ditentukan lain. Daftar baru tersebut mengelompokkan sektor usaha ke dalam tiga kategori besar: 1) sektor prioritas (ditentukan berdasarkan serangkaian kriteria), yang memperoleh manfaat dari sejumlah insentif fiskal dan non-fiskal (245 bidang usaha); 2) bidang usaha yang dialokasikan atau disediakan untuk kerja sama dengan investor lokal, khususnya koperasi dan usaha mikro, kecil, dan menengah (UMKM); dan 3) bidang usaha yang terbuka untuk PMA tetapi tunduk pada batasan atau persyaratan tertentu. Berdasarkan daftar ini, sebagian besar bidang usaha ketenagalistrikan diklasifikasikan sebagai "sektor prioritas" (lihat Tabel 4.1). Hal ini berarti bahwa IPP asing kini memenuhi syarat untuk menerima insentif fiskal tertentu (termasuk keringanan pajak *(tax allowance)* dan pembebasan pajak *(tax holiday)*) serta insentif non-fiskal (misalnya, kemudahan untuk memperoleh izin usaha, penyediaan infrastruktur pendukung, jaminan akan ketersediaan bahan baku, imigrasi dan lain-lain) (**lihat Bab 5**).

Namun demikian, proyek tenaga listrik di bawah 1 MW tetap tertutup untuk PMA, demikian pula jasa instalasi dan konstruksi tenaga listrik tertentu. Walaupun alasan pembatasan yang dilakukan Indonesia untuk mendorong pengembangan IPP dalam negeri berskala kecil dapat dipahami, kapasitas lokal dan kendala sumber daya dalam sektor energi bersih tetap harus diperhitungkan. Hal ini penting mengingat dalam beberapa tahun terakhir, sejumlah IPP dalam negeri berskala kecil menghadapi masalah serius terkait kapasitas dan kelayakan kredit (khususnya dalam proyek mini hidro dan mikro hidro) (IESR, 2019[4])

Tabel 4.1. Pembatasan ekuitas asing yang berlaku untuk bidang terkait energi terbarukan

Sektor Bisnis	Pembatasan ekuitas asing	
	Daftar negatif investasi 2016	Daftar positif investasi 2021
Jasa pengeboran panas bumi	95%	Sampai dengan 100%
Jasa pengoperasian dan pemeliharaan panas bumi	90%	Sampai dengan 100%
Pembangkitan tenaga listrik di bawah 1 MW	Tertutup untuk kepemilikan asing	Tertutup untuk kepemilikan asing dicadangkan untuk koperasi dan UMKM
Pembangkit listrik antara 1-10 MW	49%	Sampai dengan 100%
Pembangkit listrik tenaga panas bumi sampai dengan 10 MW	67%	Sampai dengan 100% Tertutup jika di bawah 1 MW
Pembangkit listrik melebihi 10 MW	95% (100% jika merupakan bagian dari KPBU selama periode konsesi)	Sampai dengan 100%
Jasa survei panas bumi	95%	Sampai dengan 100%
Konstruksi dan instalasi tenaga listrik: Instalasi penyediaan tenaga listrik	95%	Sampai dengan 100% (jika tegangan tinggi) Tertutup jika tegangan rendah/sedang

Sumber: Peraturan Presiden No. 44/2016 'Daftar Negatif Investasi". Peraturan Presiden No. 10/2021. PPP = *Public Private Partnerships* (Kerja Sama Pemerintah dengan Badan Usaha/KPBU).

Walaupun pelonggaran batas ekuitas asing merupakan upaya yang perlu dihargai, masih ada pembatasan lainnya terhadap PMA (yang juga berlaku untuk sektor energi bersih). Di antaranya, pembatasan mempekerjakan personel asing dalam jabatan manajemen kunci serta persyaratan modal minimum untuk perusahaan PMA (ditetapkan sebesar Rp 10 miliar atau sekitar USD 700.000 tidak termasuk tanah dan bangunan dan 25% diantaranya harus disetorkan penuh sebelum dimulainya usaha). Persyaratan modal tersebut 200 kali lipat dari yang dipersyaratkan untuk perusahaan dalam negeri. Suatu nilai yang luar biasa mengingat hanya sedikit negara yang memberlakukan persyaratan sedemikian tinggi (dan jarang bersifat diskriminatif) (OECD, 2020[8]). Namun demikian, pengecualian tertentu dapat diberikan di Kawasan Ekonomi Khusus. Persyaratan modal minimum dapat menimbulkan hambatan signifikan bagi IPP asing berskala kecil dan UKM dalam bidang energi bersih, terlepas dari besarnya potensi inovatif yang dapat ditawarkan oleh beberapa investor berskala kecil ini (OECD, 2015[9]).

TKDN menyebabkan kenaikan biaya investasi proyek

Indonesia tetap memberlakukan aturan TKDN ketat untuk sejumlah proyek energi bersih. Dalam upaya mendukung pengembangan industri nasional dan penciptaan lapangan kerja, Kementerian Industri telah menetapkan TKDN minimum untuk proyek listrik tenaga surya, panas bumi dan hidro (serta sebagian besar proyek berbahan bakar fosil dan infrastruktur jaringan) yang dianggap bagian dari pengadaan energi terbarukan. Secara khusus, Peraturan Menteri ESDM No. 05/2017 (yang merupakan perubahan atas Peraturan Menteri ESDM No. 53/2012 tentang TKDN untuk Infrastruktur Tenaga Listrik dan berdasarkan Peraturan Menteri Perindustrian No. 54/M-IND/Per/3/2012) mengenakan target TKDN minimum 40% untuk proyek panel surya di tahun 2017 yang meningkat menjadi 60% di tahun 2019. Mengingat terbatasnya kapasitas manufaktur lokal untuk komponen surya, pengembang proyek berjuang memenuhi target TKDN sekitar 43% pada tahun 2020.

Tabel 4.2. Penerapan TKDN untuk teknologi panas bumi, hidro dan surya.

	MW	TKDN (gabungan barang dan jasa)
Panel Surya	-	60% (ditetapkan 3.85% selama 2012-19)
Panas bumi	<5	42%
	5-10	40.45%
	10-60	33.24%
	60-110	29.21%
	>110	28.95%
Hidro (kecuali penyimpanan pompa)	<15	70.76%
	15-50	51.60%
	50-150	49%
	>150	47.6%

Sumber: Peraturan Menteri ESDM No. 05/2017 dan Peraturan Menteri ESDM No. 53/2012 berdasarkan Peraturan Menteri Perindustrian 54/M-IND/Per/3/2012.

Terdapat berbagai bukti bahwa TKDN meningkatkan biaya proyek secara signifikan, terutama apabila biaya produksi produsen dalam negeri lebih tinggi daripada pesaing internasionalnya, sehingga membuat biaya input perantara *(intermediate input)* lebih mahal. Hal ini terjadi dalam industri panel surya Indonesia dimana harga modul produksi lokal rata-rata adalah USD 0,47/Wp *(Watt peak)* dibandingkan dengan harga modul impor yang berkisar antara USD 0,25 - 0,37/Wp. Pada gilirannya, perbedaan harga ini turut menyebabkan perlambatan ekspansi pasar panel surya, sehingga membuat investasi hilir menjadi lebih mahal (IESR, 2019[4]). Menurut perkiraan IESR, dengan mengakses harga modul pada harga pasar internasional akan menurunkan Biaya Listrik Teraras (*Levelised Cost of Electricity*/LCOE) sampai dengan 50% (IESR, 2019[10]).

Terlepas dari penghargaan yang patut diberikan pada upaya penciptaan lapangan kerja dan pembangunan industri di Indonesia, bukti global menunjukkan bahwa TKDN bukanlah alat paling efektif untuk mewujudkan tujuan tersebut. Pengalaman dari Program Misi Surya Nasional *(National Solar Mission Programme)* India sejak tahun 2010, misalnya, menunjukkan bahwa proyek yang terkait dengan TKDN mencatat kenaikan biaya yang signifikan (*top-up* USD 68-88 juta per GW terpasang selama 2014-17) walaupun memiliki efek campuran (jangka pendek) keseluruhan pada produksi panel surya (khususnya kristal-silikon) selama 2010-17 (Probst et al., 2020[11]). Hal ini dapat dijelaskan melalui fakta bahwa segmen manufaktur dari produksi panel surya dan bayu, menghasilkan nilai dan lapangan kerja yang relatif lebih sedikit dibandingkan dengan kegiatan hilir (yaitu, pembangunan proyek, konstruksi, instalasi, operasi dan pemeliharaan). Memang, bukti dari rantai nilai produksi panel solar di AS menunjukkan bahwa lebih dari separuh nilai yang dihasilkan produksi surya terletak di bagian hilir produksi modul, dengan segmen yang juga mencakup sebagian besar lapangan kerja (70% untuk panel surya silikon-kristal). Dengan demikian, TKDN juga dapat menimbulkan dampak negatif terhadap penciptaan lapangan kerja sektor hilir dengan terpengaruhinya permintaan. Selain itu, TKDN juga dapat memperlambat integrasi Indonesia dalam rantai nilai global (OECD, 2015[12]).

Memfasilitasi akses lahan untuk proyek energi terbarukan

Pengembang proyek bertanggung jawab untuk memperoleh lahan lokasi proyek dan infrastruktur jaringan terkait untuk menghubungkan proyek ke gardu induk listrik terdekat (panjangnya antara 20 sampai 40 kilometer). Sebelum mengakses lahan, pengembang harus memperoleh izin lokasi, yang diberikan sesuai dengan infrastruktur listrik dan rencana tata ruang wilayah lainnya (mengacu pada rencana nasional) serta persetujuan dari Kementerian Lingkungan Hidup dan Kehutanan (KLHK) apabila proyek dibangun di hutan negara (yang merupakan dua pertiga dari wilayah darat Indonesia; lihat (OECD, 2019[13]) untuk informasi lebih terperinci tentang hutan negara). Kantor Badan Pertanahan Nasional (BPN) adalah satu-satunya badan yang bertanggung jawab untuk memberikan izin lokasi serta menerbitkan hak atas tanah untuk proyek ketenagalistrikan. Akan tetapi, dalam praktiknya, pengembang diberi kebebasan untuk bernegosiasi secara langsung dengan pemilik lahan untuk menyepakati harga beli atau sewa tanah (untuk luas tanah tidak lebih dari lima hektar). Selain itu, warga negara asing tidak diperbolehkan memiliki tanah dan dengan demikian, biasanya akan mengandalkan mitra lokal.

Pendaftaran tanah dan rencana tata ruang yang tidak jelas telah menciptakan ketidakpastian terkait penguasaan tanah *(land tenure)* dan menyebabkan berbagai sengketa tanah lokal. Pendaftaran tanah yang hanya mencakup 35% dari wilayah negara – sebagian besar di daerah perkotaan – menyebabkan banyak penduduk Indonesia memiliki hak atas tanah secara tidak resmi (atau melakukan kendali *de facto* atas tanah) sehingga menyulitkan pengembang untuk mengakses tanah (OECD, 2020[8]). Contohnya, proyek listrik tenaga bayu berskala terbesar kedua di Indonesia harus berhadapan dengan tidak kurang dari 500 pemilik tanah dan 100 petani bagi hasil (tersebar di 8 desa dan 4 kabupaten) untuk mengakses tanah (Kennedy, 2020[14]). Yang lebih buruk lagi, rencana tata ruang sektoral yang tidak konsisten dan sering tumpang tindih, serta administrasi tanah yang terfragmentasi menyebabkan pemberian hak atas tanah yang sama kepada sejumlah proyek infrastruktur, sehingga menyebabkan sengketa tanah (OECD, 2019[13]; Dutt, Chawla and Kuldeep, 2019[1]). Pengadaan tanah menjadi salah satu hal dalam pembangunan proyek energi terbarukan yang memerlukan penyelesaian terlama.

Menghadapi permasalahan tersebut, Indonesia telah mengambil langkah penting untuk meningkatkan penguasaan tanah dan memudahkan akses terhadap tanah. Reformasi pertanahan penting dimulai tahun 2019 melalui Kebijakan Satu Peta, yang bertujuan meningkatkan konsistensi dalam rencana tata ruang dengan menggunakan repositori data geospasial tersentralisasi (misalnya, penguasaan dan penggunaan tanah dan topografi) yang seharusnya membantu menghindari masalah hak atas tanah yang tumpang tindih (**lihat Bab 2**; (OECD, 2019[13])). Peraturan Menteri Agraria dan Tata Ruang No. 12/2017 tentang Percepatan Pendaftaran Tanah Sistematis Lengkap turut pula mempercepat upaya pendaftaran tanah. Langkah ini mendapat sambutan baik tetapi diperlukan waktu untuk penerapannya mengingat kapasitas pendaftaran tanah saat ini (OECD, 2020[8]). Dengan semangat yang sama, KLHK, pada tahun 2015, mengizinkan konsesi panas bumi di kawasan hutan lindung karena lebih dari separuh sumber daya panas bumi berada di kawasan tersebut (MEMR, 2017[15]). Walaupun dampak lingkungan dari pembangkit listrik tenaga panas bumi biasanya kecil, hal ini masih dapat menyebabkan beberapa gangguan pada ekosistem setempat, terutama jika tidak dilengkapi dengan sistem pengelolaan lingkungan yang kuat. (Dhar et al., 2020[16])

Selain itu, pemerintah telah melaksanakan sejumlah peraturan untuk memfasilitasi pengadaan tanah. Peraturan ini secara khusus termasuk UU No. 2/2012 tentang Pengadaan Tanah[1] yang memformalkan prosedur hukum pengadaan tanah dan membatasi durasinya menjadi 583 hari; Peraturan Presiden No. 04/2016 tentang Percepatan Pembangunan Infrastruktur Ketenagalistrikan, yang selanjutnya menjelaskan dan memformalkan pengadaan tanah untuk proyek infrastruktur ketenagalistrikan; serta Peraturan Presiden No. 38/2015 tentang Kerja Sama Pemerintah dengan Badan Usaha (KPBU), yang secara khusus mewajibkan penanggung jawab proyek kerja sama untuk melakukan pengadaan tanah sebelum tender proyek KPBU.

Untuk mencapai target energi bersih, diperlukan lahan lebih luas - sekitar 8.000 km2 untuk mengembangkan proyek 1,5 GW panel surya - sehingga Indonesia perlu meningkatkan upayanya untuk memfasilitasi akses lahan melalui penerapan UU Cipta Kerja (Kennedy, 2020[14]). Memastikan ketersediaan lahan sebelum tender proyek akan sangat penting untuk mengurangi waktu tunggu proyek dan mempercepat investasi. Pengalaman dalam memfasilitasi akses ke lahan untuk proyek jalan tol melalui LMAN (Lembaga Manajemen Aset Negara) dan dengan Skema Taman Tenaga Surya India *(India's Solar Park Schemes)* memberikan pembelajaran bermanfaat untuk sektor energi terbarukan di

Indonesia (lihat Kotak 4.2). Mengingat peran penting LMAN dalam mempercepat pembangunan proyek jalan tol, Kementerian ESDM dan PLN harus berperan lebih aktif dalam memperjuangkan proyek energi bersih strategis dan untuk mendapatkan dukungan dari LMAN. Selain itu, pengalaman India menunjukkan bahwa, di samping pendanaan, pengalihan tanah dan risiko evakuasi listrik kepada pemerintah dapat menjadi cara yang efektif untuk mempercepat pengembangan proyek energi bersih. Berdasarkan pengalaman ini (yang sebagian besar berkaitan dengan proyek skala besar), Indonesia juga perlu mempertimbangkan proyek energi bersih dengan skala lebih kecil, mengingat kendala ketersediaan lahan.

Kotak 4.2. Pengalaman dalam memfasilitasi pengadaan tanah untuk proyek energi terbarukan

Skema Pendanaan Tanah Indonesia untuk proyek strategis nasional

Menghadapi isu pengadaan tanah untuk proyek jalan tol dan proyek infrastruktur berskala besar lainya, Menteri Keuangan Indonesia meluncurkan Skema Pendanaan Pengadaan Tanah pada 2016 untuk membantu mendanai pengadaan tanah bagi proyek infrastruktur. Skema tersebut dikelola dan dioperasikan oleh Lembaga Manajemen Aset Negara (LMAN), yang dibentuk pada 2015 untuk mengelola barang milik negara agar menghasilkan dan meningkatkan manfaat finansial dan nonfinansial. Selain itu, sejak 2016 lembaga ini secara *de facto* bertindak sebagai bank tanah nasional (The Jakarta Post, 2017[17]).

Pendanaan pengadaan tanah berdasarkan skema dapat diberikan melalui dua cara: pencairan langsung, di mana LMAN memberikan ganti rugi secara langsung kepada pemilik tanah untuk tanah yang dibebaskan; dan pencairan tidak langsung, di mana pengembang proyek memperoleh pengembalian *(refund)* untuk pengeluarannya terkait pengadaan tanah. Agar memenuhi syarat Skema Pendanaan Pengadaan Tanah, proyek harus masuk dalam kategori "proyek strategis nasional" sebagaimana ditentukan dalam Peraturan Presiden No. 66/2020 tentang "Pendanaan Pengadaan Tanah Bagi Pembangunan Untuk Kepentingan Umum Dalam Rangka Pelaksanaan Proyek Strategis Nasional" (sebagai perubahan atas Peraturan Presiden No. 102/2016). Agar dapat dikategorikan sebagai proyek strategis nasional, proyek harus memenuhi serangkaian kriteria tertentu, termasuk tetapi tidak terbatas pada, memiliki peran strategis (termasuk ekonomi, kesejahteraan sosial, lingkungan dan lapangan kerja) dan memiliki nilai investasi di atas Rp 100 miliar (sekitar USD 7 juta). Dalam hal proyek ketenagalistrikan, proyek yang terdaftar dalam RUPTL seluruhnya diklasifikasikan sebagai proyek strategis sebagaimana ditetapkan dalam Peraturan Presiden No. 04/2016 tentang Percepatan Pembangunan Infrastruktur Ketenagalistrikan. Untuk memperoleh bantuan LMAN, proposal proyek hanya dapat diajukan oleh instansi pemerintah kepada Komite Percepatan Penyediaan Infrastruktur Prioritas (KPPIP), yang bertanggung jawab untuk mendukung dan menyetujui eligibilitas proyek strategis nasional untuk LMAN.

Sejak lahirnya Skema Pendanaan Pengadaan Tanah, LMAN telah mendukung 27 proyek jalan tol serta 26 bendungan di seluruh Indonesia. Namun demikian, sampai tahun 2021, tidak ada proyek energi bersih yang memperoleh dukungan dari LMAN karena baik Kementerian ESDM maupun PLN belum menyerahkan proyek yang terdaftar dalam RUPTL kepada KPPIP. Mengingat dukungan keuangan yang tak ternilai yang dapat diberikan LMAN untuk proyek energi bersih berbasis lahan (dan karenanya bisa membantu menurunkan biaya investasi), Kementerian ESDM dan PLN harus berupaya untuk memainkan peran yang lebih aktif dalam memperjuangkan proyek energi bersih yang strategis dan mendapatkan dukungan LMAN.

Skema Taman Surya di India

Evakuasi listrik dan pembebasan lahan menimbulkan risiko yang signifikan dalam pengembangan proyek ketenagalistrikan di India. Untuk meminimalkan risiko ini, pemerintah India menerapkan Skema Taman Surya pada 2015, yang terdiri atas pengamanan infrastruktur tanah dan evakuasi listrik sebelum tender kompetitif untuk taman surya berskala besar. Walaupun skema tersebut ditujukan secara eksklusif untuk panel surya selama 2015-19, pemerintah memperluas ruang lingkup skema tersebut ke energi terbarukan lainnya pada 2019 (Economic Times, 2019[18]).

Dengan mengikuti model *'plug-and-play'*, Skema Taman Surya mengalihkan risiko pembebasan lahan dan evakuasi listrik kepada Kementerian Energi Baru dan Terbarukan India (dan sejak 2019, kepada Kementerian BUMN, Solar Energy Corporation of India) sehingga Kementerian BUMN bertanggung jawab untuk melakukan pengadaan lahan dan mengembangkan infrastruktur evakuasi sebelum melakukan tender atas taman surya melalui lelang kompetitif. Hal ini dilakukan dengan imbalan biaya penggunaan, yang dalam praktiknya mewakili harga premium yang signifikan untuk proyek taman surya *vs.* taman non-surya, sehingga memicu kekhawatiran di antara pengembang tertentu. Namun demikian, Skema Taman Surya membantu mencapai skala ekonomi *(economies of scale)* yang cukup besar mengingat besarnya proyek taman surya dan menyumbang pada penurunan tarif listrik yang signifikan, dengan harga terendah untuk seluruh sektor panel surya yang terdaftar dalam lelang kapasitas taman surya.

Secara keseluruhan, skema taman surya India berperan penting dalam mempercepat pengembangan pasar listrik tenaga surya di negara tersebut, dengan peningkatan pangsa proyek taman surya dari 38% pada tahun 2015 menjadi sekitar 55% dari total kapasitas yang diberikan pada tahun 2017 (hampir meningkat 3 GW). Skema ini telah membantu menarik IPP internasional (yang merupakan 45% dari taman surya dibandingkan 17% dalam proyek energi terbarukan lainnya pada tahun 2017) serta IPP lokal berskala besar, dengan sarana untuk menanggung premi dan mengembangkan proyek berskala besar. Namun demikian, selama 2017-19, India berjuang untuk mempertahankan laju tinggi pembangunan taman surya di bawah skema tersebut karena tantangan untuk memperoleh sejumlah besar lahan yang dibutuhkan untuk mengembangkan proyek skala besar. Hal ini menyebabkan pangsa proyek taman surya turun menjadi 7% pada tahun 2019.

Walaupun adanya tantangan ini, Skema Taman Surya India memberikan pembelajaran yang berguna bagi Indonesia dalam memfasilitasi akses lahan, terlepas dari tantangan yang dihadapi dalam beberapa tahun terakhir. Pertama, pengalaman India menunjukkan bahwa mengalihkan risiko pengadaan tanah dan evakuasi listrik ke negara (di luar aspek pendanaan) dapat mempercepat investasi tenaga bersih. Kedua, hal ini juga menunjukkan bahwa fasilitasi pengadaan tanah harus diupayakan bersamaan dengan upaya untuk meningkatkan pengelolaan lahan dan mengurangi biaya agar efektif.

Source: (Chawla et al., 2018[19]) (MoF, 2020[20])

Memanfaatkan kerja sama pemerintah dengan badan usaha (KPBU) untuk energi bersih

Indonesia telah memanfaatkan KPBU di sektor energi bersih secara terbatas

Indonesia telah berupaya mengubah kerangka hukum dan kelembagaannya untuk KPBU untuk meningkatkan investasi sektor swasta dalam pembangunan infrastruktur melalui pengaturan KPBU, yang selama ini didominasi oleh BUMN. Untuk itu, Indonesia mendirikan sejumlah lembaga (misalnya, PT PII, PT SMI, LMAN) serta mengembangkan kerangka regulasi KPBU yang komprehensif dan terpadu pada tahun 2015 melalui Peraturan Presiden No. 38/2015 tentang kerja sama antara pemerintah dan badan usaha, dengan menunjuk Bappenas sebagai koordinator utama untuk KPBU. Peraturan Presiden tersebut secara khusus merumuskan tahapan pelaksanaan KPBU (mulai dari tahap studi pendahuluan sampai dengan pemenuhan pembiayaan *(financial closure)* dan menetapkan sejumlah sektor yang memenuhi syarat untuk KPBU, termasuk konservasi energi dan pembangkitan listrik. Peraturan tersebut memungkinkan pengusul proyek swasta untuk mengajukan proposal secara *solicited* maupun *unsolicited*, walaupun, dalam semua hal, proses seleksi harus dilakukan melalui tender terbuka dan kompetitif, yang didahului dengan evaluasi nilai manfaat uang *(value for money)* (menggunakan metode Pembanding Sektor Publik *(Public Sector Comparator)*[2]) (APEC, 2019[21]). Pada tahun 2016, Sekretariat Bersama KPBU didirikan untuk mengoordinir dan membantu kementerian lembaga, penanggung jawab proyek kerja sama *(government contracting agencies)* dan investor, dan berfungsi sebagai layanan satu atap *de-facto* untuk isu-isu terkait KPBU.

Peraturan tersebut juga memperkenalkan sejumlah instrumen untuk mendukung proyek-proyek KPBU. Secara khusus proyek-proyek dapat memperoleh manfaat dari jaminan pemerintah (melalui PT PII; **lihat Bab 6**); *Viability Gap Fund*, untuk meningkatkan kelayakan finansial proyek (penting karena hanya 10% proyek KPBU yang sepenuhnya layak secara finansial) melalui kontribusi sampai dengan 49% dari biaya konstruksi, peralatan, dan instalasi; Fasilitas Pengembangan Proyek untuk membantu proyek dalam tahap persiapan; serta dukungan konstruksi sebagian. Selain itu, peraturan tersebut mengatur pengadaan tanah sebagai kewajiban penanggung jawab proyek kerja sama (PJPK) dan memungkinkan proyek yang termasuk dalam kategori proyek strategis nasional mendapatkan keuntungan dari Skema Pendanaan Tanah (lihat Kotak 4.2 (APEC, 2019[21])).

Walaupun jumlah proyek infrastruktur yang dikembangkan melalui pengaturan KPBU mengalami peningkatan, hanya sedikit proyek terkait sektor energi bersih. Sejauh ini, beberapa proyek listrik tenaga sampah dikembangkan di lima kota, yang dapat memberikan efek demonstrasi yang besar dan membantu mewujudkan target Presiden untuk mengembangkan dan mengoperasikan 12 pembangkit listrik tenaga sampah di 12 kota pada tahun 2022 (yang jika digabungkan, akan menghasilkan listrik hingga 234 megawatt dengan menggunakan 16.000 ton limbah per hari). Di sektor konservasi energi, ada tiga proyek penerangan jalan umum yang sedang berjalan di kota Madiun, Lombok Barat, dan Surakarta (lihat Kotak 4.3). Walaupun dalam jumlah terbatas, proyek ini merupakan contoh yang menjanjikan dari model penghematan energi KPBU yang dapat direplikasi di kota lain dan membantu instansi pemerintah memahami proyek tersebut.

Secara keseluruhan, ditemukan sejumlah permasalahan kenapa hanya sedikit proyek energi bersih yang jalan dengan skema KPBU. Pertama, kontrak KPBU seringkali sangat rumit dan memerlukan koordinasi yang ekstensif dengan banyak pemangku kepentingan yang akhirnya membuat pelaksanaannya menantang. Kedua, pemerintah yang berkontrak masih sedikit memahami proyek energi bersih termasuk kurang memiliki kemampuan dan pengalaman untuk melaksanakan KPBU. Demikian pula, fakta bahwa dokumen dan prosedur KPBU saat ini masih diarahkan pada proyek infrastruktur konvensional yang berskala besar dan kurangnya standarisasi telah mempersulit pengembangan proyek efisiensi energi melalui model KPBU (**lihat Bab3 dan 5**).

Kotak 4.3. Proyek Penerangan Jalan Umum Surakarta

Proyek penerangan jalan Surakarta diprakarsai oleh pemerintah kota Surakarta pada tahun 2018 sebagai upaya untuk memperbaiki dan memperluas infrastruktur penerangan jalan umum sebelumnya yang mencakup sekitar 976 km (335 km di antaranya adalah jalan strategis). Proyek ini dilakukan setelah survei tahun 2016 yang menunjukkan kurangnya kualitas dan jumlah infrastruktur penerangan jalan umum. Selain itu, survei menunjukkan bahwa banyak lampu dan tiang tidak memenuhi standar nasional dan penghematan yang signifikan dapat dicapai dengan mengganti lampu yang ada dengan lampu LED yang lebih hemat energi. Di sisi lain, survei menunjukkan bahwa infrastruktur penerangan sebelumnya tidak memenuhi estimasi kebutuhan aktual sebanyak sekitar 31.890 titik lampu (dibandingkan 21.222 pada tahun 2016).

Proyek ini dipersiapkan melalui pengaturan KPBU (sesuai dengan Peraturan Presiden 38/2015) dengan pemerintah kota Surakarta sebagai PJPK. Pemerintah kota menyelesaikan dan menyerahkan Kajian Akhir Prastudi Kelayakan *(final business case)* kepada calon pengembang pada pertengahan 2020. Setelah proses prakualifikasi yang diselenggarakan pada akhir tahun 2020, tiga konsorsium perusahaan lokal dan internasional diharapkan mengajukan penawaran untuk konsesi 17 tahun tersebut. Pemenang lelang akan bertanggung jawab untuk membangun, mendanai, mengoperasikan dan memelihara penerangan jalan umum Surakarta. Tingkat pengembalian internal *(internal rate of return)* proyek ini diperkirakan sebesar 13,24% selama 17 tahun, lebih rendah dari tingkat yang diamati untuk efisiensi energi di Singapura dan Filipina, seringkali di atas 15 tahun. Informasi keuangan indikatif proyek dirangkum dalam tabel di bawah ini:

Tabel 4.3. Informasi pembiayaan proyek penerangan jalan umum Surakarta

Estimasi biaya pokok	USD 25.7 juta (17 tahun)
Tingkat utang	70%
Tingkat ekuitas	30%
IRR Proyek	13.24%
IRR Ekuitas	15%

Catatan: IRR= *Internal Rate of Return* (Tingkat Pengembalian Internal)*. Tingkat pengembalian internal adalah metrik keuangan yang digunakan untuk memperkirakan profitabilitas investasi potensial. Tingkat pengembalian internal ini adalah tarif diskonto yang menjadikan nilai bersih saat ini (*net present value*) dari semua arus kas setara dengan nol dalam analisis arus kas diskonto.

Proyek ini akan menerima bantuan dari Kementerian Keuangan melalui Fasilitas Pengembangan Proyek dan diharapkan mencapai penyelesaian keuangan *(financial close)* pada tahun 2022. Proyek ini juga akan menerima jaminan pembayaran Pemerintah yang dikelola oleh PT PII untuk menjamin pembayaran* ketersediaan layanan *(availability payment)* oleh Pemerintah Kota.

Gambar 4.2. Struktur pembiayaan proyek penerangan jalan umum Surakarta

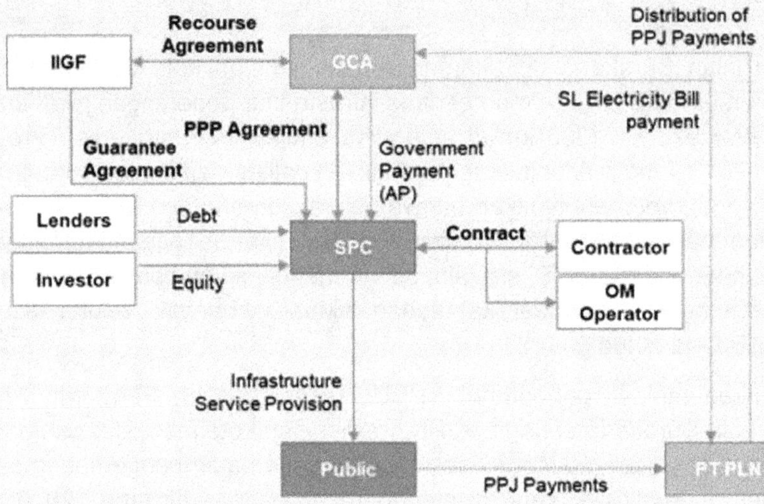

*AP=*Availability Payments* (Pembayaran Ketersediaan Layanan). GCA=*Government Contracting Agency* (Penanggung Jawab Proyek Kerja Sama/PJPK). OM= *Operation and Maintenance* (Operasi dan Pemeliharaan). PPJ= Pajak Penerangan Jalan atau *Street Lighting Tax.* SL= *Street Lighting* (Penerangan Jalan). SPC=*Special Purpose Company* (Badan Usaha Pelaksana/BUP).
Sumber Bappenas dan PT SMI.

Isu-isu lain terkait investasi

Isu-isu lain yang berkaitan dengan kekayaan intelektual, pelaksanaan kontrak dan perjanjian investasi berperan penting dalam menciptakan iklim regulasi investasi yang lebih sehat. Tinjauan Kebijakan Investasi OECD Indonesia 2020 mendatang membahas kemajuan Indonesia dalam isu-isu ini secara lebih terperinci dan mengidentifikasi bidang-bidang yang berpotensi dapat diperbaiki. Walaupun pesan laporan tidak secara spesifik ditujukan untuk energi bersih, pesan tersebut dapat memberi implikasi penting. Daftar berikut menyoroti pesan-pesan yang dipilih dari Tinjauan Kebijakan Investasi tentang isu-isu tersebut di atas yang berimplikasi pada energi bersih:

- UU Penanaman Modal 2007 menjamin "memberikan perlakuan yang sama kepada semua penanam modal dalam dan luar negeri, dengan tetap memperhatikan kepentingan nasional" dan memberikan "perlakuan yang sama kepada semua penanam modal yang berasal dari negara mana pun yang melakukan kegiatan penanaman modal di Indonesia sesuai dengan ketentuan peraturan perundang-undangan." (Pasal 6). Akan tetapi, sebagaimana dijelaskan dalam bab ini, jaminan perlakuan nondiskriminatif ini tidak selalu diterapkan dalam praktik di sektor energi bersih, walaupun reformasi yang berjalan saat ini masih berjuang menuju ke arah yang benar.
- Secara keseluruhan, mekanisme penyelesaian sengketa di Indonesia memiliki rekam jejak yang baik, walaupun terdapat persoalan tentang transparansi sistem peradilan dan perlakuan yang sama serta efektivitas pelaksanaan kontrak. Terkait dengan pelaksanaan kontrak, prosesnya sering kali tampak lebih lama dan lebih mahal dibandingkan praktik di beberapa negara tetangga. Bank Dunia, misalnya, menempatkan Indonesia di peringkat ke-139 dari 196 negara dalam hal "pelaksanaan kontrak"[3] sebagai bagian dari Indeks Kemudahan Berusaha. Terlepas dari upaya yang sedang dilakukan, akses dan efisiensi pengadilan setempat harus ditingkatkan untuk memastikan prediktabilitas dalam hubungan komersial serta memastikan proses pelaksanaan kontrak yang efektif dan jelas. Upaya ini

terutama penting untuk investasi energi bersih, mengingat banyak dan rumitnya pengaturan kontrak dalam pengembangan proyek.

- Indonesia memiliki 36 perjanjian investasi yang berlaku saat ini, mencakup sekitar 41% dari arus masuk PMA-nya (hampir setengah dari bagian tersebut dicakup dalam traktat Perjanjian Investasi Komprehensif ASEAN). Akan tetapi, sejumlah besar perjanjian ini berisi perlindungan investasi yang tidak jelas yang dapat menimbulkan konsekuensi yang tidak diinginkan. Sebagaimana di banyak negara, Indonesia mulai memperbarui dan menegosiasikan ulang beberapa perjanjian tersebut (misalnya 23 perjanjian diakhiri selama 2014-16) dan akan mengadakan perjanjian baru. Namun demikian, meskipun perjanjian investasi dapat memberikan perlindungan yang sangat dibutuhkan investor dan berkontribusi pada lingkungan bisnis yang lebih ramah, perjanjian ini seharusnya tidak menggantikan upaya untuk meningkatkan kerangka investasi saat ini (misalnya, aturan PMA, TKDN sistem peradilan, kekayaan intelektual, dan lain-lain) yang sebagaimana terbukti, dapat lebih efektif dalam mempercepat PMA (termasuk di sektor energi bersih).
- Secara keseluruhan, kerangka hukum kekayaan intelektual Indonesia cukup kokoh, mengalami perubahan secara teratur, dan selaras dengan standar internasional. Akan tetapi, diperlukan lebih banyak upaya untuk meningkatkan perlindungan dan pelaksanaan hak atas kekayaan intelektual, karena implementasi dan penegakan hukum yang berlaku saat ini secara keseluruhan masih lemah. Selain itu, untuk mendorong inovasi, pemrosesan aplikasi Kekayaan Intelektual yang saat ini memerlukan waktu lama, harus dipersingkat. Upaya ini sangat penting untuk mendorong inovasi energi bersih, yang pada akhirnya akan berkontribusi pada pemotongan biaya proyek - sebagaimana yang terjadi di India dimana pematenan hak atas panel surya mengalami peningkatan dramatis melalui Program Misi Surya Nasional *(National Solar Mission Programme)* di India - serta meningkatkan daya saing produsen di Indonesia.

Referensi

APEC (2019), *Peer Review and Capacity Building on APEC Infrastructure Development and Investment: Indonesia*, Asia Pacific Economic Cooperation, https://www.apec.org/Publications/2019/11/Peer-Review-and-Capacity-Building-on-APEC-Infrastructure-Development-and-Investment-Indonesia (accessed on 23 December 2020). [21]

Burke, P. et al. (2019), *Overcoming barriers to solar and wind energy adoption in two Asian giants: India and Indonesia.* [3]

Chawla, K. et al. (2018), *Clean Energy Investment Trends: Evolving Landscape for Grid-Connected Renewable Energy Projects in India*, CEEW and OECD/IEA, New Delhi. [19]

Dhar, A. et al. (2020), "Geothermal energy resources: potential environmental impact and land reclamation", *Environmental Reviews*, pp. 1-13, http://dx.doi.org/10.1139/er-2019-0069. [16]

Dutt, A., K. Chawla and N. Kuldeep (2019), *Accelerating Investments in Renewables in Indonesia Drivers, Risks, and Opportunities*, Council on Energy, Environment and Water. [1]

Economic Times (2019), *Govt modifies solar park scheme to ease land, evacuation constraints*, https://energy.economictimes.indiatimes.com/news/renewable/govt-modifies-solar-park-scheme-to-ease-land-evacuation-constraints/68374675 (accessed on 17 December 2020). [18]

IESR (2019), *Indonesia Clean Energy Outlook - Tracking Progress and Review of Clean Energy Development in Indonesia*, Institute for Essential Services Reform , Jakarta, http://www.iesr.or.id (accessed on 16 November 2020). [4]

IESR (2019), *Levelized Cost of Electricity in Indonesia - Understanding The Levelized Cost of Electricity Generation*, http://www.iesr.or.id (accessed on 6 April 2020). [10]

Kennedy, S. (2020), *Research: land use challenges for Indonesia's transition to renewable energy*, The Conversation, https://theconversation.com/research-land-use-challenges-for-indonesias-transition-to-renewable-energy-131767 (accessed on 6 November 2020). [14]

Kennedy, S. (2018), "Indonesia's energy transition and its contradictions: Emerging geographies of energy and finance", *Energy Research and Social Science*, Vol. 41, pp. 230-237, http://dx.doi.org/10.1016/j.erss.2018.04.023. [6]

MEMR (2017), *Lampu Hijau Untuk Geothermal Di Kawasan Konservasi (Green Light for Geothermal in Conservation Areas)*, https://ebtke.esdm.go.id/post/2017/03/16/1592/lampu.hijau.untuk.geothermal.di.kawasan.konservasi (accessed on 4 March 2021). [15]

MoF (2020), *National Strategic Project as Regional Public Goods in Indonesia*, https://www.djkn.kemenkeu.go.id/kanwil-sulseltrabar/baca-artikel/13173/National-Strategic-Project-as-Regional-Public-Goods-in-Indonesia.html (accessed on 21 December 2020). [20]

OECD (2020), *OECD Investment Policy Reviews: Indonesia 2020*, OECD Investment Policy Reviews, OECD Publishing, Paris, https://dx.doi.org/10.1787/b56512da-en. [8]

OECD (2019), *OECD Green Growth Policy Review of Indonesia 2019*, OECD Environmental Performance Reviews, OECD Publishing, Paris, https://dx.doi.org/10.1787/1eee39bc-en. [13]

OECD (2015), *Overcoming Barriers to International Investment in Clean Energy*, Green Finance and Investment, OECD Publishing, Paris, https://dx.doi.org/10.1787/9789264227064-en. [12]

OECD (2015), *Policy Guidance for Investment in Clean Energy Infrastructure: Expanding Access to Clean Energy for Green Growth and Development*, OECD Publishing, Paris, https://dx.doi.org/10.1787/9789264212664-en. [9]

Probst, B. et al. (2020), "The short-term costs of local content requirements in the Indian solar auctions", *Nature Energy*, Vol. 5/11, http://dx.doi.org/10.1038/s41560-020-0677-7. [11]

PwC (2019), *As many as 21 PPAs for new and renewable energy power plants planned to be signed this year*, https://www.pwc.com/id/en/media-centre/infrastructure-news/april-2019/planned-to-be-signed-this-year.html (accessed on 9 November 2020). [5]

PwC (2018), *Power In Indonesia - Investment and Taxation Guide*, http://www.pwc.com/id (accessed on 19 July 2019). [2]

The Jakarta Post (2019), *Foreign investments flow to neighbors instead of Indonesia: World Bank*, https://www.thejakartapost.com/news/2019/09/10/foreign-investments-flow-to-neighbors-instead-of-indonesia-world-bank.html (accessed on 20 November 2020). [7]

The Jakarta Post (2017), *LMAN gets down to business on promised land*, https://www.thejakartapost.com/news/2017/04/06/lman-gets-down-business-promised-land.html (accessed on 21 December 2020). [17]

Catatan

[1] Kemudian diubah dengan Peraturan Presiden No. 148/2015.

[2] Sebagai bagian dari penilaian nilai manfaat uang *(value-for-money)* dari proyek KPBU potensial (dibandingkan terhadap pengadaan tradisional atau pembangunan yang sepenuhnya dilakukan oleh pihak swasta/*fully-private development*), *'public sector comparator' (PSC)* adalah metode yang umum digunakan untuk memperkirakan biaya yang disesuaikan dengan risiko hipotesis *(hypothetical risk-adjusted cost)* dari proyek tersebut apakah akan dibiayai, dimiliki dan dilaksanakan oleh Pemerintah.

[3] Dimensi biaya indikator pelaksanaan kontrak mengacu pada rata-rata biaya perkara, *fee* jasa pengacara (apabila penggunaan pengacara diwajibkan atau umum) dan biaya pelaksanaan dinyatakan sebagai persentase dari nilai klaim. Waktu yang diperlukan untuk menyelesaikan suatu sengketa dihitung sejak penggugat memutuskan untuk mengajukan gugatan di pengadilan sampai dengan pembayaran dan termasuk saat berlangsungnya tindakan dan waktu tunggu di antaranya.

5 Promosi dan fasilitasi investasi

Bab ini membahas kebijakan promosi dan fasilitasi investasi yang berlaku di Indonesia. Bab ini juga menganalisis penggunaan insentif dan pembiayaan terarah untuk pengembangan efisiensi energi dan energi terbarukan serta memberikan informasi tentang praktik-praktik yang baik di negara lain. Bab ini menyoroti langkah-langkah penting yang dilaksanakan oleh pemerintah untuk memperbaiki lingkungan usaha bagi proyek energi bersih, serta wilayah yang memiliki peluang namun belum dimanfaatkan untuk menarik investasi lebih lanjut. Bab ini membahas pula peran pengadaan pemerintah untuk jasa efisiensi energi dan pengadaan energi bersih yang dilakukan perusahaan untuk meningkatkan instrumen berbasis pasar dan penanaman modal asing dalam proyek energi bersih serta mengidentifikasi tantangan dan memberikan rekomendasi untuk mengatasi tantangan tersebut.

Dalam beberapa tahun terakhir, pemerintah Indonesia telah meluncurkan berbagai perubahan regulasi dan langkah kebijakan untuk mendorong pengembangan energi bersih (**lihat Bab 3**). Pemerintah juga melakukan sejumlah reformasi dengan target memfasilitasi investasi, seperti pembuatan dan pengembangan sistem pengajuan perizinan berusaha terintegrasi secara elektronik (*Online Single Submission/OSS),* yang berfungsi untuk meningkatkan transparansi, menyederhanakan pengajuan perizinan, dan mempermudah proses pengembangan usaha. Langkah-langkah tersebut disertai dengan pemberian insentif terarah seperti pembebasan bea masuk untuk mesin untuk pemanfaatan energi terbarukan yang ditetapkan oleh Kementerian Keuangan (Kemenkeu) pada tahun 2010 dan penerapan pembebasan pajak *(tax holidays)* atau keringanan pajak *(tax allowances)* untuk proyek-proyek tertentu, membantu menstimulasi pertumbuhan investasi energi terbarukan dan efisiensi energi di Indonesia.

Promosi dan fasilitasi investasi secara keseluruhan berpusat pada Badan Koordinasi Penanaman Modal (BKPM). Secara khusus, peran BKPM mencakup koordinasi di berbagai kementerian dan badan usahalembaga terkait yang memengaruhi kebijakan investasi dan pelaksanaannya (OECD, 2020[1]). Dalam beberapa tahun terakhir, fokus BKPM adalah menyederhanakan pemberian perizinan, memfasilitasi proyek investasi dan meningkatkan kondisi untuk menarik investasi. Tugas yang tidak ringan, mengingat banyaknya pelaku kepentingan yang terlibat (**lihat Bab 2**).

Walaupun kemajuan dalam hal koordinasi, fasilitasi, dan promosi investasi terlihat cukup menggembirakan, tingkat investasi di bidang energi bersih saat ini masih belum memadai untuk memenuhi target ambisius Indonesia tahun 2025 dan setelahnya. Dalam praktiknya, prosedur dan persyaratan yang berlaku masih agak rumit, misalnya perlunya perizinan dan izin dari kementerian terkait dan pemerintah daerah untuk persyaratan yang tidak diproses melalui OSS. Peraturan baru yang berasal dari UU Cipta Kerja berfungsi untuk menyelaraskan dan mempermudah proses usaha lebih lanjut, dan peraturan pelaksana selanjutnya akan membantu memenuhi ambisi tersebut. Misalnya, versi baru OSS yang terintegrasi melalui bisnis portal tunggal dan pemberian perizinan berdasarkan penilaian berbasis risiko *(risk-based assessment licensing)* (dengan mempertimbangkan risiko kesehatan, keselamatan, keamanan lingkungan, dan sumber daya, sesuai dengan Peraturan Pemerintah No. 5 tahun 2021) diharapkan akan diluncurkan pada Juni 2021.

Oleh karena itu, untuk memastikan bahwa langkah-langkah kebijakan ini dapat menciptakan lingkungan yang mampu mendorong dan memfasilitasi investasi (sambil tetap memastikan kepatuhan terhadap persyaratan penilaian dampak lingkungan) penggunaan energi bersih di Indonesia harus terus ditingkatkan. Untuk mempromosikan dan memfasilitasi peningkatan investasi energi bersih, harus dilakukan upaya untuk mendorong dan memberi penghargaan kepada pelaksana awal, mengurangi hambatan bagi investor dan memberi insentif terhadap solusi inovatif dan layanan berbasis pasar.

Penilaian dan rekomendasi

Indonesia harus melanjutkan reformasi subsidi bahan bakar fosil

Kemajuan yang dicapai sejak 2014 patut dihargai, namun demikian penetapan harga pasar yang mencerminkan biaya untuk semua produk energi harus dilakukan untuk memenuhi target energi bersih Indonesia. Penghapusan sisa subsidi bahan bakar fosil tidak hanya akan menciptakan keadaan yang seimbang untuk proyek-proyek energi bersih, melainkan juga memberi sinyal kepada investor tentang komitmen kuat pemerintah untuk pengembangan energi bersih. Target reformasi juga dapat berupa pemberian dampak jangka panjang kepada rumah tangga miskin, misalnya dengan mengarahkan dukungan keuangan secara bijaksana menuju efisiensi energi dan solusi energi terbarukan, dibandingkan dengan hanya memberikan subsidi tarif tahunan.

Waktu yang tersisa menuju target 2025 memang singkat, tetapi aksi-aksi jangka pendek dapat dilakukan untuk menyelesaikan proyek

Indonesia dapat mendorong dan memfasilitasi pengembangan energi bersih dengan fokus pada perluasan penerapan insentif pajak berbasis biaya dan mengakselerasi aturan depresiasi. Dukungan lebih terarah terhadap proyek energi bersih dapat juga dikembangkan, misalnya dengan menggunakan dana Perseroan Terbatas Sarana Multi Infrastruktur (PT SMI) untuk menyediakan mekanisme mitigasi risiko atau peningkatan kredit untuk menurunkan persyaratan agunan bagi pengembang proyek energi terbarukan atau dengan merancang prosedur khusus dalam penjaminan risiko yang diberikan PT Penjaminan Infrastruktur Indonesia/PT PII (*Infrastructure Guarantee Fund*/IIGF) Indonesia untuk proyek-proyek efisiensi energi. Insentif dan mekanisme dukungan ini dapat membantu mengatasi hambatan pasar dan mendorong penerapan solusi dan layanan energi bersih. Jika langkah-langkah tersebut dilengkapi dengan sinyal kebijakan jangka panjang, seperti peningkatan progresif persyaratan kinerja energi, jalur proyek energi bersih hingga tahun 2025 dan setelahnya akan tercipta.

Kurangnya insentif menjadi alasan untuk mengadopsi peraturan yang bersifat sukarela

Melengkapi langkah-langkah regulasi dengan hibah atau insentif keuangan dapat menciptakan pendekatan *"carrot and stick"* – dengan mendorong adopsi produk yang efisien untuk kemudian melepaskan produk yang paling tidak efisien - yang telah terbukti berhasil di negara lain seperti Denmark, Jepang dan Australia. Kurangnya kredit pajak atau insentif keuangan lainnya di Indonesia saat ini membatasi penerapan efisiensi energi, terutama karena sebagian besar standar yang berlaku saat ini bersifat sukarela. Pemberian insentif akan mendorong penerapan peraturan yang bersifat sukarela seperti kode nasional untuk bangunan non-residensial, menciptakan momentum dan kepercayaan di pasar yang kemudian dapat digunakan untuk transisi menuju persyaratan wajib dan memperluas regulasi ke sektor lain, seperti bangunan tempat tinggal. Instrumen berbasis pasar, seperti sertifikat penghematan energi yang dapat diperdagangkan (atau sertifikat putih) yang digunakan di Eropa, juga dapat mendorong penerapan solusi efisiensi energi dan praktik-praktik terbaik.

Penyaluran pembiayaan dan investasi untuk efisiensi energi memerlukan dukungan lebih terarah

Sampai saat ini, pemerintah belum menjadikan pembangunan efisiensi energi sebagai targetnya. Secara khusus, rendahnya kapasitas di pasar untuk mengusulkan proyek-proyek yang *"bankable"* menciptakan hambatan besar dalam pembiayaan dan investasi. Untuk memperbaiki situasi ini, Indonesia dapat memberikan dukungan yang lebih terarah kepada pemangku kepentingan yang terlibat dalam mempersiapkan proyek efisiensi energi, seperti pedoman informasi dari Otoritas Energi Berkelanjutan Irlandia (Sustainable Energy Authority of Ireland)1 untuk pelaku sektor publik dan swasta dalam penyusunan kontrak kinerja energi. Dukungan tambahan mencakup langkah-langkah oleh perusahaan jasa energi (ESCO), seperti pelatihan lanjutan tentang audit energi berstandar investasi dan pengembangan sertifikasi pemantauan dan evaluasi pihak ketiga. Langkah-langkah ini membantu memastikan lingkungan investasi yang terstandarisasi tanpa mengharuskan investor memperlakukan pembiayaan secara kasus per kasus.

Kepercayaan pasar akan tercipta jika pemerintah menunjukkan dukungannya kepada proyek energi bersih

Dukungan melalui produk pembiayaan seperti Kredit Usaha Rakyat, yang memberikan skema jaminan dan suku bunga bersubsidi untuk usaha kecil, dapat membantu mengatasi hambatan seperti tingginya persyaratan agunan, sehingga memudahkan pelaku usaha untuk membangun atau memperluas penawarannya. Upaya pemerintah harus berfokus pada perluasan dukungan keuangan untuk pengembangan energi bersih, dengan fokus langsung untuk menjamin keberhasilan proyek-proyek dengan mengatasi risiko dan yang mendorong replikasi pasar. Pemerintah dapat membantu memulai pasar melalui inisiatif seperti proyek percontohan ESCO dengan perusahaan milik negara (misalnya, dengan memperluas cakupan PT PII saat ini di luar model kerja sama pemerintah dengan badan usaha [KPBU]). Pemerintah juga dapat berfokus pada penerapan solusi energi bersih di kluster tertentu, misalnya, melalui kemitraan dengan industri padat energi untuk memfasilitasi pengadaan energi terbarukan. Upaya untuk mendemonstrasikan keberhasilan penerapan akan meningkatkan kepercayaan pasar dan menciptakan kondisi yang lebih menarik untuk pembiayaan dan investasi energi bersih.

Dukungan yang diberikan harus dapat meminimalkan hambatan terhadap pembiayaan dan investasi energi terbarukan

Kendala yang menghambat pertumbuhan pasar listrik energi terbarukan di Indonesia harus diatasi. Salah satu contohnya adalah kerangka kerja untuk *power wheeling*, yang memperumit dan mempersulit pengadaan pembangkit listrik energi terbarukan di luar lokasi *(off-site)* perusahaan. Sistem penghitungan *feed-in tariffs* untuk *net-metering* yang berlaku saat ini tidak memberikan transparansi penghitungan biaya dan membuat energi terbarukan kehilangan keunggulannya, dibandingkan dengan pembangkit lainnya. Risiko yang ada, seperti kurang transparannya harga perjanjian jual beli tenaga listrik (PJBTL) serta ketidakpastian di seputar perubahan kebijakan pemerintahan *(government and force majeure/GFM)* dan bencana alam *(natural force majeure/NFM),* turut menciptakan ketidakpastian bagi investor dan menyebabkan tingginya biaya modal bagi investor proyek energi bersih. Untuk mengatasi hambatan semacam ini diperlukan aturan dan proses yang transparan (misalnya, untuk *power wheeling*) yang akan melengkapi dukungan yang sedang diberikan untuk pengembangan bisnis energi terbarukan, memastikan kecukupan permintaan untuk proyek energi terbarukan di satu sisi dan pasar yang adil dan kompetitif yang menawarkan solusi di sisi lain.

Inovasi Indonesia dalam mendukung investasi energi terbarukan

Salah satu contohnya adalah proyek yang baru-baru ini diumumkan antara Perusahaan Listrik Negara (PLN), dan perusahaan energi terbarukan yang berbasis di Abu Dhabi, Masdar, untuk mengembangkan pembangkit listrik tenaga surya terapung di Waduk Cirata dengan kapasitas 145 megawatt (MW) pada sistem jaringan Jawa-Bali (Harsono, 2020[2]). Proyek ini akan menjadi sistem hibrida, yang terletak di badan waduk di belakang pembangkit listrik tenaga hidro, yang dirancang menggunakan *smart controllers* untuk memastikan bahwa tenaga hidroelektrik dapat menyeimbangkan variabilitas produksi dari panel surya, sehingga membuat instalasi tersebut lebih fleksibel, andal, dan hemat biaya dengan kapasitas untuk menambah kapasitas selanjutnya. Proyek ini juga menggambarkan peluang sinergis potensial untuk mengatasi masalah akses lahan yang sulit dalam pengembangan energi terbarukan. Upaya untuk memberikan solusi yang *bankable*, termasuk penerapan sertifikat energi terbarukan (*renewable energy certificates*/REC) yang dikembangkan oleh PLN, akan meningkatkan daya tarik Indonesia sebagai tujuan pembiayaan dan investasi energi bersih.

Upaya jangka panjang harus berfokus untuk menciptakan kondisi pasar yang fleksibel dan dinamis

Upaya ini membutuhkan pengawasan dan perencanaan yang terkoordinasi, serta pengelolaan tantangan yang terus menerus muncul untuk menjamin keseluruhan fasilitasi dan kesesuaian investasi energi bersih secara keseluruhan (misalnya, jaringan dan aset pembangkit). Upaya jangka menengah hingga jangka panjang harus berfokus pada penerapan keuangan inovatif dan mekanisme berbasis pasar seperti kontrak kinerja penghematan energi, sertifikat energi terbuka dan dapat diperdagangkan, dan model *energy-as-a-service.* Semuanya ini akan memungkinkan keterlibatan besar-besaran modal swasta dalam proyek energi bersih, dengan catatan bahwa Indonesia mampu mengatasi kesenjangan dan kelemahan yang menghambat pengembangan pasar (misalnya, memastikan proses yang transparan dan langsung untuk pengurusan lisensi dan perizinan proyek energi terbarukan). Penerapan mekanisme berbasis pasar mungkin juga memerlukan dukungan pemerintah untuk menjamin operabilitasnya, misalnya dengan memberikan jaminan risiko atau produk asuransi hingga pasar cukup mengenal dan nyaman dengan instrumen keuangan tersebut.

Kotak 5.1. Rekomendasi kebijakan utama terkait promosi dan fasilitasi investasi

- Meninjau peraturan operasional PLN tentang *power wheeling* yang saat ini berlaku dan dibandingkan dengan praktik-praktik terbaik internasional untuk akses jaringan listrik guna mengembangkan proses yang lebih transparan yang sesuai dengan konteks spesifik Indonesia dan yang mendorong pengadaan listrik energi terbarukan yang lebih besar oleh perusahaan, terutama dari bisnis yang ingin melakukan pengadaan pembangkitan *off-site renewable*.
- Mengamanatkan lembaga publik dan pemerintah daerah untuk mengidentifikasi peluang penghematan energi untuk mendukung dimulainya pasar efisiensi energi, sekaligus memungkinkan keterlibatan pemerintah dalam pengadaan solusi dan layanan tersebut. Upaya ini mencakup relaksasi aturan terkait kontrak tahun jamak atau mengidentifikasi praktik-praktik akuntansi yang sesuai yang memungkinkan pemerintah terlibat dalam investasi efisiensi energi tersebut.
- Mengidentifikasi pengungkit seperti mekanisme penjaminan risiko yang membantu proyek energi bersih dan investor untuk mengatasi risiko pembiayaan, dan mengatasi kekurangan dana melalui PT PII untuk memberikan dukungan yang lebih tepat sasaran untuk proyek energi bersih. Dukungan ini dapat berupa kerja sama dengan mitra untuk menciptakan dana khusus energi bersih atau fasilitas berbagi risiko sebagaimana yang didukung oleh Bank Pembangunan Industri berskala Kecil di India (Small Industries Development Bank of India/SIDBI) untuk membantu menurunkan biaya modal dan memobilisasi investasi untuk efisiensi energi dan energi terbarukan.
- Memperbaiki lingkungan investasi energi bersih dengan mempercepat pengambilan keputusan dan memfasilitasi solusi berbasis pasar. Pembangunan OSS baru-baru ini mampu menyediakan akses yang sederhana dan langsung ke aturan dan pedoman untuk memfasilitasi pengembang proyek dan keterlibatan investor, selain memprioritaskan koordinasi di seluruh instansi pemerintah yang terlibat dalam proyek energi bersih.
- Memperjelas maksud dari tujuan jangka pendek, menengah, dan panjang terkait regulasi energi, subsidi, aturan perpajakan, dan insentif terarah lainnya, misalnya dengan menetapkan tujuan ini dalam peraturan presiden tentang energi terbarukan. Memastikan transparansi kebijakan sehingga memungkinkan pengembang proyek, lembaga keuangan, dan investor yang sedang mempertimbangkan atau terlibat dalam pengembangan energi bersih membuat keputusan dan penilaian risiko yang tepat, agar pemanfaatan energi terbarukan dan efisiensi energi tersebar dengan luas.
- Mempertimbangkan untuk menyelaraskan penghitungan *Feed-in-Tariff (FiT)* dengan praktik *net-metering* internasional, memastikan bahwa struktur tarif jaringan listrik tidak menimbulkan hambatan yang tidak sehat dalam pemanfaatan energi terbarukan. Mempertimbangkan perluasan insentif untuk pengembangan listrik energi terbarukan, seperti pembebasan pajak untuk investasi energi bersih berskala besar, guna memfasilitasi dan mendorong investasi pada skala yang lebih kecil.

Reformasi subsidi energi dan penetapan harga karbon

Subsidi energi, termasuk subsidi bahan bakar fosil dan tarif listrik, merupakan bagian besar dari belanja pemerintah Indonesia, yang mencapai 4% dari produk domestik bruto (PDB) sejak 2005 (Gambar 5.1). Namun demikian, angka ini tidak pasti karena Indonesia tidak melakukan inventarisasi yang komprehensif atas subsidi dan biaya terkait lainnya.

Namun demikian, reformasi merupakan langkah yang tidak dapat dihindari, mengingat beban fiskal subsidi yang cukup besar (OECD, 2019[3]), dan akhirnya pemerintah mulai melakukan reformasi besar-besaran pada 2014, misalnya dengan mengaitkan harga bahan bakar transportasi dalam negeri dengan harga internasional dan menerapkan subsidi listrik yang lebih tepat sasaran. Hasilnya, belanja pemerintah dengan cepat turun sehingga terjadi pengamatan sebesar sekitar USD 9 miliar atau 8% dari pendapatan negara pada tahun 2015 saja (IEA, 2017[4]).

Gambar 5.1. Pengeluaran pemerintah untuk subsidi konsumsi energi, 2007-19

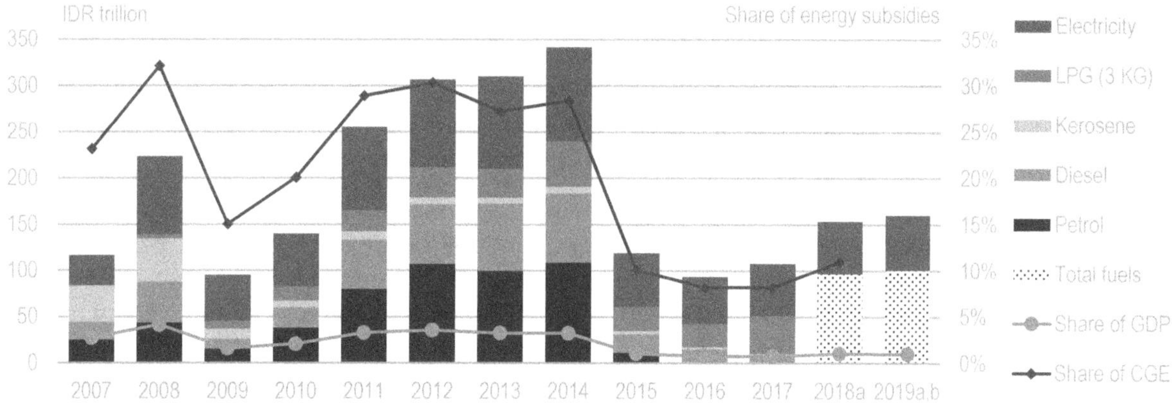

Catatan: LPG = *liquefied petroleum gas*; CGE = *central government expenditure* (pengeluaran pemerintah pusat); a) tidak tersedia laporan terperinci tentang subsidi bahan bakar;
b) data mengacu pada anggaran terencana.
Sumber: (OECD, 2019[3]) *Green Growth Policy Review of Indonesia 2019*; MoF (2019), *Indonesia's Effort to Phase out and Rationalise its Fossil-fuel Subsidies: A Report on the G20 Peer-review of Inefficient Fossil-fuel Subsidies that Encourage Wasteful Consumption in Indonesia.*

StatLink https://stat.link/30tgra

Pada tahun 2016, 12 kelas pelanggan penerima subsidi listrik dihapuskan, dengan sasaran rumah tangga berpenghasilan tinggi dan sebaliknya tetap mempertahankan subsidi untuk dua kelas konsumsi terendah pelanggan listrik 450 volt-ampere (VA) dan 900 VA. Efek awal dari reformasi subsidi listrik, selain memotong belanja subsidi tahunan pemerintah sekitar USD 5,6 miliar (IEA, 2017[4]), adalah penurunan sekitar 7% konsumsi listrik rumah tangga secara keseluruhan (Burke and Kurniawati, 2018[5]). Reformasi berikutnya direncanakan akan menghapus subsidi untuk pelanggan listrik 900 VA, tetapi akhirnya pemerintah mengumumkan untuk tetap mempertahankan tarif listrik tersebut sampai sekurang-kurangnya tahun 2019 karena khawatir akan menimbulkan kerusuhan sosial (OECD, 2019[3]). Pemerintah berencana pula untuk menyesuaikan tarif pelanggan listrik 450 VA yang tidak terdaftar dalam basis data rumah tangga miskin dan rentan, tetapi reformasi tersebut belum terlaksana (Afut Syafril and Sri Haryati, 2020[6]; Massita Ayu, 2020[7]).

Pemerintah juga telah berupaya meningkatkan mekanisme subsidi LPG, yang diperkirakan akan merugikan pemerintah sekitar USD 664 juta dalam bentuk dukungan fiskal kepada industri batu bara pada tahun 2015 (Bridle et al., 2018[8]). Sama halnya dengan reformasi subsidi listrik, reformasi LPG hanya akan menyasar rumah tangga miskin dan rentan, meskipun sampai saat ini subsidi harga LPG tetap diberlakukan.

Secara umum, bahan bakar fosil masih memperoleh manfaat dari sejumlah insentif fiskal seperti insentif pajak untuk industri pertambangan dan pengolahan. Produksi bahan bakar fosil juga didukung melalui kewajiban pasar domestik *(domestic market obligations/DMO),* yang mengharuskan produsen minyak, gas alam, dan batu bara menjual sebagian produksinya (umumnya antara 15% dan 25%) ke pasar domestik dengan harga diskon besar (OECD, 2019[3]). Pembangkit listrik tenaga batu bara juga dapat memperoleh manfaat dari dukungan pinjaman preferensial, jaminan pinjaman dan kredit bersubsidi, dan pada tahun 2020, pemerintah mengumumkan rencananya untuk melanjutkan pengembangan industri hilir batu bara, yang dapat meningkatkan pengeluaran untuk mendukung industri batu bara (Arinaldo et al., 2021[9]).

Dalam hal pemantauan, subsidi bahan bakar fosil saat ini diawasi setiap bulan, dengan memperhitungkan bahan bakar yang dikonsumsi dan jumlah subsidinya. Dengan demikian ini akan memastikan bahwa penyaluran subsidi diberikan dalam kuota yang disepakati, dan kemudian penghitungan tersebut akan digunakan untuk merancang kebijakan subsidi dan rencana reformasi untuk tahun anggaran berikutnya. Perlu dicatat bahwa kebijakan kuota, anggaran dan subsidi seluruhnya berdasarkan persetujuan DPR.

Walaupun Indonesia telah mencapai kemajuan besar dalam mengurangi subsidi bahan bakar fosil dan tarif listrik sejak pertengahan tahun 2000-an, tidak semua reformasi harga diterapkan sebagaimana yang diumumkan dan dengan tetap menerapkan subsidi (termasuk dukungan tidak langsung seperti insentif pajak industri dan DMO) yang dapat menahan transisi Indonesia ke sistem energi yang berkelanjutan (OECD, 2019[3]). Strategi yang jelas dan transparan tentang rencana dan komitmen pemerintah untuk menindaklanjuti reformasi subsidi energi dengan demikian akan memberikan sinyal penting ke pasar, membantu mendorong efisiensi energi dan investasi energi terbarukan.

Pemerintah juga sedang mempertimbangkan penerapan harga karbon pada bahan bakar fosil, setelah beberapa tahun melakukan pembahasan. Makalah hijau yang diterbitkan oleh Kemenkeu pada tahun 2009 mengidentifikasi opsi kebijakan yang akan membantu memenuhi komitmen perubahan iklim nasional, termasuk peluncuran penetapan harga karbon serta penghapusan subsidi energi secara bertahap (Keuangan, 2009[10]). Makalah ini mengusulkan penerapan pajak karbon awal pada pembakaran bahan bakar fosil untuk pembangkitan listrik dan instalasi industri berskala besar pada tahun 2014, meskipun tidak ada undang-undang yang diterbitkan untuk memberlakukan pajak tersebut. Meskipun demikian, Peraturan Presiden No. 77 Tahun 2018 memberikan kerangka hukum perdagangan karbon dan pemerintah mempelajari mekanisme penetapan harga karbon potensial, termasuk sistem *cap-and-trade* untuk sektor ketenagalistrikan, industri bubur kertas (pulp) dan kertas, serta sektor semen (OECD, 2019[3]).

Beberapa diskusi dan studi dengan dukungan dari kerja sama internasional seperti Program Kemitraan untuk Kesiapan Pasar (*Partnership for Market Readiness*/PMR)[2], juga telah dilakukan sebagai upaya untuk meningkatkan kesiapan pasar karbon di Indonesia dan membuka hubungan domestik dengan pasar karbon lainnya. Selain itu diadakan pula diskusi antar kementerian sepanjang tahun 2020 dengan topik penetapan harga karbon dan peraturan presiden mungkin akan dikeluarkan pada tahun 2021.

Pada bulan Maret 2021, Kementerian ESDM mengumumkan bahwa pihaknya akan memulai uji coba awal tentang skema perdagangan karbon untuk sektor ketenagalistrikan (Meilanova, 2021[11]). Sekitar 80 pembangkit listrik bertenaga batu bara akan berpartisipasi dalam uji coba tahun pertama, termasuk 19 pembangkit dengan kapasitas pembangkitan listrik berkapasitas di atas 400 MW dan 51 pembangkit lainnya dengan kapasitas antara 100 MW dan 400 MW. Untuk memantau peserta, Direktorat Jenderal Ketenagalistrikan Kementerian ESDM menciptakan sebuah alat pemantauan yang disebut APPLE (Aplikasi Pelaporan dan Perhitungan Emisi). Peserta yang melampaui batas emisi dimungkinkan untuk: mengganti bahan bakar (misalnya, menggunakan *biodiesel co-firing*); mengubah kapasitas pembangkitan menjadi listrik energi terbarukan; atau mengganti teknologi yang sudah tua agar pembangkit listrik menjadi lebih efisien. Saat ini sedang disusun aturan lebih lanjut untuk pelaksanaan uji coba tersebut

Selain itu, Menteri ESDM Arifin Tasrif meluncurkan kategori baru untuk Penurunan dan Perdagangan Emisi Gas Rumah Kaca pada ajang Penghargaan Subroto Bidang Efisiensi Energi 2021 (Riana, 2021[12]). Penghargaan ini bertujuan memberikan imbalan kepada pembangkit listrik yang berpartisipasi dalam uji coba perdagangan karbon dan mereka yang telah berhasil mengurangi tingkat emisinya. Uji coba dan penghargaan tersebut dimaksudkan sebagai alat pembelajaran untuk pengembangan skema perdagangan emisi yang lebih luas sesuai yang diharapkan dalam peraturan presiden tentang penetapan harga karbon.

Insentif terarah dan dana investasi efisiensi energi

Insentif pajak adalah salah satu alat yang umum digunakan untuk menarik investasi dalam pembangunan. Di Indonesia, insentif untuk mendukung investasi di dalam negeri termasuk yang paling liberal di kawasan (OECD, 2020[1]). Sayangnya, insentif pajak tersebut tidak khusus diberikan untuk pengembangan efisiensi energi.

Pada prinsipnya, pembebasan pajak *(tax holiday)* yang diberikan untuk investasi di subsektor industri tertentu dapat digunakan untuk investasi efisiensi energi, tetapi tidak secara eksplisit dicatat sebagai pengeluaran yang memenuhi syarat. Dengan demikian, kebijakan pajak pertambahan nilai barang mewah (PPN) secara teori dapat mempertimbangkan efisiensi energi sebagai salah satu dasar untuk menentukan tarif pajak (misalnya, PPN kendaraan mewah dapat bervariasi bergantung pada emisi dan efisiensi penggunaan bahan bakar), tetapi sekali lagi kebijakan ini tidak secara spesifik berlaku untuk efisiensi energi.

Insentif lain, seperti manfaat pajak daerah untuk konstruksi bangunan berwawasan lingkungan tersedia di beberapa kota tetapi dalam ukuran dan ruang lingkup yang agak terbatas (APEC, 2017[13]). Misalnya, persyaratan kinerja energi yang ditetapkan Pemerintah Kota Bandung untuk bangunan kecil mencakup insentif melalui pengurangan pajak tanah dan properti untuk bangunan yang memenuhi peringkat bintang dua dan tiga (Pahnael, Soekiman and Wimala, 2020[14]). Selain Bandung, tidak ada lagi pemerintah daerah di Indonesia yang memberikan insentif keuangan khusus (misalnya, jalur kredit khusus, pembiayaan konsesi atau pembiayaan proyek), sehingga hal ini menyebabkan semakin sedikitnya pembiayaan untuk proyek.

Kurangnya insentif menimbulkan tantangan lain yang berpengaruh terhadap investasi efisiensi energi

Perkembangan dalam penyusunan dan penerapan regulasi efisiensi energi baru, seperti standar kinerja energi minimum (SKEM) yang direncanakan untuk sepuluh kategori perkakas dan peralatan elektronik baru, sangat menggembirakan, sama halnya dengan peningkatan kepatuhan terhadap regulasi dalam beberapa tahun terakhir (**lihat Bab 3**). Meningkatnya pemantauan, verifikasi dan pelaksanaan kebijakan efisiensi energi akan membantu meningkatkan penerapan dan kepatuhan, tetapi kurangnya insentif (misalnya, skema rabat, penurunan pajak, dan pembebasan PPN) tidak mampu mendorong pengadopsi awal dan tidak mampu membentuk kesadaran pasar tentang solusi efisiensi energi.

Pemberian insentif berperan penting dalam menciptakan pendekatan *"carrot and stick"* untuk efisiensi energi yang telah terbukti berhasil di banyak negara. Misalnya, pemerintah Italia membuat program insentif pada tahun 2010 dengan menawarkan pengurangan pajak sebesar 50 persen untuk penggantian peralatan elektronik rumah tangga seperti lemari es, mesin cuci, pengering, oven, dan *freezer* dengan unit baru yang lebih efisien. Demikian pula Meksiko yang memberikan subsidi dengan dana pemerintah kepada konsumen sebagai pengganti sebagian pembelian lemari es dan pendingin udara baru yang hemat energi. Contoh lain, adalah program *"Carbon Cashbag"* di Korea, yang memberikan kredit untuk produk hemat energi dan rendah karbon yang kemudian dapat digunakan untuk mendapatkan potongan harga transportasi umum, telah digunakan untuk mendorong penerapan efisiensi energi (de la Rue du Can et al., 2014[15]), sementara pendekatan yang lebih inovatif dapat dilihat dalam skema pembiayaan berdasarkan upah yang diluncurkan oleh Ghana untuk meningkatkan aksesibilitas dan keterjangkauan peralatan elektronik hemat energi sesuai dengan standar efisiensi energi baru dan peraturan pencantuman label negara tersebut (U4E, 2020[16]).

Kurangnya insentif (misalnya, penurunan pajak properti atau kenaikan tunjangan modal) akhirnya gagal mendorong perusahaan, pemilik fasilitas, dan manajer aset untuk mengupayakan efisiensi energi, meskipun mereka menyadari arti pentingnya. Program-program seperti keringanan pajak di Jerman untuk renovasi bangunan agar hemat energi dapat membantu mendorong pemilik aset dan manajer properti untuk terlibat dalam kegiatan penghematan energi (IEA-UNEP, 2019[17]). Sementara itu, kesadaran dan insentif mungkin tidak cukup untuk mengatasi hambatan tambahan seperti tidak memadainya kapasitas sumber daya manusia (misalnya, untuk melaksanakan audit energi tingkat investasi) sehingga diperlukan upaya peningkatan kapasitas yang dapat membuka peluang efisiensi energi yang *"bankable"* (**lihat Bab 7**).

Lembaga jasa keuangan utama pada umumnya kurang memahami pengertian dan manfaat (finansial) dari langkah-langkah efisiensi energi, yang termasuk juga kekurangpahaman bagaimana menata produk keuangan untuk investasi tersebut, dan lembaga tersebut tidak selalu memiliki insentif nyata untuk mengupayakan proyek efisiensi energi. Faktanya, bahkan ketika lembaga-lembaga telah memiliki pemahaman, regulasi kredit (yang dibentuk untuk melindungi terhadap praktik pemberian pinjaman yang berisiko) tidak memberikan insentif kepada mereka untuk membiayai proyek-proyek tersebut. Jadi, walaupun saat ini bank mungkin menjadi penyandang dana utama proyek efisiensi energi di Indonesia, pada umumnya dana diberikan melalui pembiayaan perusahaan (bukan pembiayaan proyek) kepada pelanggan yang sudah ada dan biasanya mewajibkan agunan sebesar 80-120% dari biaya proyek (APEC, 2017[13]).

Menanggapi hal tersebut, pemerintah Indonesia mendukung sejumlah kegiatan untuk mencoba memperbaiki situasi ini, misalnya dengan membuat Program Kemitraan Konservasi Energi *(Partnership Program on Energy Conservation)*, yang mendukung penyerapan efisiensi energi dengan melakukan audit energi yang didanai pemerintah untuk bangunan dan industri. Melalui program ini, 28 audit energi berstandar investasi *(investment grade energy audit)* telah dilakukan sejak 2014 untuk melihat profil peluang efisiensi energi dan kebutuhan investasi. Di sektor keuangan, Otoritas Jasa Keuangan, regulator jasa keuangan Indonesia, juga telah melakukan upaya signifikan yang didukung oleh Kementerian ESDM untuk meningkatkan kesadaran dan melakukan peningkatan kapasitas, misalnya dengan menyusun pedoman untuk proyek efisiensi energi dan menjalankan modul pelatihan untuk meningkatkan pengetahuan tentang teknologi efisiensi energi untuk perbankan lokal.

Pemerintah juga telah mengumumkan niatnya untuk meluncurkan sejumlah langkah yang mendukung investasi efisiensi energi sebagai bagian dari pemutakhiran Peraturan Pemerintah tahun 2009 tentang Konservasi Energi, yang diharapkan selesai pada tahun 2021. Langkah-langkah tersebut meliputi: pendetilan lebih dalam terhadap model bisnis ESCO; dukungan untuk meningkatkan audit energi berstandar investasi serta protokol pengukuran dan verifikasi; insentif fiskal dan non-fiskal untuk pengembangan efisiensi energi; persyaratan wajib pengelolaan energi untuk pengguna dan penyedia energi berskala besar tertentu; program peningkatan kapasitas yang lebih baik; dan upaya lain untuk memitigasi risiko proyek efisiensi energi.

Selain langkah-langkah tersebut, pemerintah dapat memberikan insentif lebih lanjut pada investasi efisiensi energi melalui inisiatif yang ada, terutama dengan secara jelas menargetkan pengembangan efisiensi energi untuk mengatasi hambatan pengembangan proyek efisiensi energi melalui skema tersebut. Misalnya, jaminan PT PII dan fasilitas pengembangan proyek PT SMI sebetulnya telah mengetahui bahwa efisiensi energi adalah jenis proyek yang memenuhi syarat, tetapi jarang digunakan untuk efisiensi energi (karena biasanya dicapai melalui pengadaan konvensional). Hal ini sebagian disebabkan oleh kerangka kerja KPBU yang persyaratan uji tuntasnya dapat membuat pengadaan pemerintah untuk layanan dan solusi efisiensi energi menjadi rumit dan mahal (**lihat Bab 3**), sehingga sulit untuk mengakses jaminan yang dirancang untuk memiliki unsur kepemilikan pemerintah. Jika hambatan ini dapat diatasi, misalnya melalui dokumentasi KPBU standar untuk memfasilitasi proses pengadaan pemerintah maka akan mengatasi permasalahan jaminan risiko dan akan membuka mekanisme dukungan keuangan lainnya untuk pengembangan efisiensi energi.

Pemerintah juga dapat mempertimbangkan membentuk dana efisiensi energi khusus yang dapat mendukung pembiayaan konsesi jangka panjang dan/atau fasilitas berbagi risiko untuk mengatasi hambatan seperti kurangnya agunan untuk ESCO dan pemilik fasilitas yang bermaksud membiayai investasi efisiensi energi. Contohnya, ini bisa melalui SDG Indonesia One Blended Finance Platform yang dikelola oleh PT SMI, bekerja sama dengan pemodal potensial seperti Green Climate Fund atau Bank Pembangunan Asia. Dana tersebut dapat digunakan sebagai jalur kredit dengan mitra keuangan dengan menggunakan daftar proyek dan/atau teknologi yang memenuhi syarat, yang secara bersamaan akan membantu membangun kesadaran dan kepercayaan dalam solusi tersebut di pasar, sebagaimana yang terjadi di negara lain seperti India (Kotak 5.2). Dana tersebut dapat dibangun melalui pendekatan "pemberian pinjaman plus *(lending plus)*", dengan menyediakan dukungan non-keuangan (misalnya bantuan teknis atau dukungan dalam mempersiapkan struktur kontrak) jika diperlukan. Upaya ini mungkin sangat membantu dalam memulai pasar efisiensi energi yang masih baru di Indonesia.

Kotak 5.2. Dukungan pembagian risiko sebagian mendorong pertumbuhan jasa efisiensi energi di India

Seperti halnya Indonesia, India memiliki potensi besar yang belum dimanfaatkan dalam bidang pengembangan efisiensi energi akibat hambatan pasar yang menghalangi akses ke pembiayaan, seperti risiko yang dirasakan oleh bank umum. Untuk membantu memobilisasi modal untuk investasi dalam inisiatif efisiensi energi, Pemerintah India dan Bank Dunia melalui Fasilitas Lingkungan Global *(Global Environment Facility)* meluncurkan perjanjian hibah dan jaminan sebesar USD 43 juta pada tahun 2015 untuk mendukung Fasilitas Pembagian Risiko Parsial *(Partial Risk Sharing Facility/ PRSF)* yang dikelola oleh Bank Pembangunan Industri Kecil India (*Small Industries Development Bank of India*/SIDBI). Perjanjian ini dibuat berdasarkan pengalaman SIDBI dalam mendukung pembiayaan efisiensi energi dan investasi melalui berbagai bentuk dukungan keuangan (misalnya jalur kredit, pinjaman mikro, jaminan dan pendekatan "kredit plus *(credit plus)*" yang menyediakan layanan keuangan dan konsultasi teknis).

Program PRSF bertujuan mengubah pasar efisiensi energi India dengan mendorong dan memungkinkan peningkatan investasi dalam proyek efisiensi energi, terutama melalui ESCO dan kontrak kinerja layanan energi. Secara khusus, program ini bertujuan untuk menjembatani kesenjangan akibat struktur kontrak yang rumit, kurangnya agunan atau aset berwujud, dan terbatasnya pengalaman pasar dengan ESCO.

Untuk mengatasi hambatan ini, program PRSF telah mendukung pinjaman yang dijamin oleh berbagai lembaga jasa keuangan yang berpartisipasi dengan menggunakan jaminan kredit parsial untuk menutupi sebagian dari risiko gagal bayar (hingga 75%) yang dihadapi saat memberikan pinjaman untuk proyek efisiensi energi yang memenuhi syarat. Komponen bantuan teknis juga menyediakan kegiatan peningkatan kapasitas dan dukungan operasional lainnya untuk mempersiapkan proyek untuk pembiayaan.

Sejak tahun 2020, program ini telah memberikan sekitar USD 14 juta jaminan untuk total investasi proyek sebesar hampir USD 50 juta (Bharti, 2020[18]). Proyek-proyek ini membantu menunjukkan keberlangsungan ESCO dan kontrak kinerja penghematan energi di India, misalnya untuk melakukan langkah-langkah efisiensi energi untuk penerangan jalan, sekolah, rumah sakit, fasilitas pembangkit, dan industri. Indonesia dapat melakukan upaya untuk menciptakan fasilitas atau mekanisme dukungan serupa, yang akan membantu membangun kepercayaan kepada model penghematan energi dan meningkatkan pembiayaan ke pasar ESCO yang saat ini masih terbatas dan dalam tahap awal.

Pengadaan pemerintah untuk investasi efisiensi energi dapat mendorong permintaan pasar

Saat ini, pengadaan pemerintah untuk investasi di sektor efisiensi energi di Indonesia masih terbatas. Dukungan finansial dari pemerintah, yang pada dasarnya ditujukan untuk KPBU, sebagian besar untuk proyek infrastruktur berskala besar, walaupun pemerintah saat ini sedang mempersiapkan beberapa strategi untuk mendorong pelaksanaan proyek berskala kecil dengan skema KPBU. Selain itu, pemerintah daerah dan badan usaha publik tidak dapat dengan mudah terlibat dalam pengaturan kontrak berjangka waktu lebih dari satu tahun, karena regulasi anggaran, sehingga membatasi pengadaan efisiensi energi daerah, misalnya melalui kontrak kinerja penghematan energi. (**lihat Bab 3**).

Namun demikian, ada beberapa contoh pengadaan pemerintah untuk efisiensi energi, misalnya proyek pengadaan pemerintah untuk penerangan jalan umum yang saat ini sedang dilaksanakan di seluruh Indonesia. Program ini mendanai penggantian 12.437 lampu jalan halogen dengan lampu *light-emitting diode (LED)* di 93 kota dan kabupaten, termasuk penggunaan 5.005 lampu jalan LED bertenaga surya (MEMR, 2020[19]). Program ini dibiayai melalui anggaran negara tahunan dan dilaksanakan melalui pengadaan yang dikelola oleh lembaga pengadaan pemerintah, yaitu Lembaga Kebijakan Pengadaan Barang/Jasa Pemerintah.

Proyek serupa untuk penerangan jalan umum yang menggunakan model KPBU dilaksanakan di Surakarta (**lihat Bab 4**). Program ini belum sepenuhnya dilaksanakan, tetapi menggambarkan potensi keterlibatan pemerintah untuk mempercepat penerapan efisiensi energi di Indonesia, serupa dengan KPBU yang berhasil dan program pengadaan publik lainnya di negara lain. Misalnya, di India, *Energy Efficiency Services Limited* super ESCO milik pemerintah menerapkan pengadaan massal untuk memasok LED hemat energi ke pasar dengan harga kurang dari USD 1, yang 80% lebih rendah dari harga pasar sebelumnya, berkat pembelian massal sekitar 330 juta LED (IEA, 2018[20]). Di Amerika Serikat, pemerintah federal yang mewakili daya beli yang cukup besar, memiliki aturan pengadaan yang mengharuskan pembelian peralatan ENERGY STAR yang memiliki efisiensi tinggi (IEA, 2019[21]).

Pemerintah Indonesia juga dapat menciptakan peluang bisnis untuk layanan efisiensi energi dan penyedia teknologi dengan menciptakan momentum di pasar. Sebagai contoh, pemerintah dapat memberikan mandat kepada fasilitas milik negara seperti sekolah dan rumah sakit untuk ikut serta dalam proses pengadaan produk hemat energi yang transparan dan terstandardisasi (misalnya, melengkapi dengan LED dan peralatan AC efisiensi tinggi) atau layanan efisiensi energi (misalnya, melalui model ESCO). Proyek-proyek ini tidak hanya membantu mencapai konservasi energi (dan penghematan keuangan terkait) untuk badan usaha publik, tetapi juga akan membantu pasar mengenali bagaimana penghematan energi yang dimonetisasi dapat digunakan untuk mendanai proyek-proyek efisiensi energi, yang sangat penting untuk pengembangan pembiayaan proyek di Indonesia.

Instrumen berbasis pasar dapat membantu mempromosikan investasi efisiensi energi

Instrumen berbasis pasar seperti kewajiban penghematan energi untuk industri atau utilitas, program sertifikat putih/*white certificate program* (atau sertifikat hemat energi), dan mekanisme lelang efisiensi energi tidak diterapkan di Indonesia. Instrumen ini dapat menjadi alat yang efektif untuk mendorong investasi dalam langkah-langkah efisiensi energi, membantu menciptakan pendekatan berbasis pasar (misalnya, yang dapat diperdagangkan) untuk mencapai penghematan energi melalui pendekatan berbasis pasar dan hemat biaya yang diterapkan di negara-negara lain (IEA, 2017[22]).

Misalnya, di Cina, *State Grid Corporation* membuat ESCO di seluruh 26 provinsi dalam wilayah layanannya untuk merespons program kewajiban energi 2010 nasional, sementara *Southern Grid Company* juga membentuk satu perusahaan ESCO, yang melingkupi keempat provinsi di dalam wilayah layanannya. ESCO ini menerapkan proyek efisiensi energi, menyediakan layanan energi dan konsultasi khusus, serta membantu menyelenggarakan lokakarya dan seminar yang melibatkan pelanggan dalam program efisiensi energi. Antara tahun 2012 dan 2016, kedua perusahaan jaringan tersebut berhasil melampaui target penghematan listrik kumulatifnya (sekitar 55 gigawatt-jam pengurangan listrik) sebesar lebih dari 13 gigawatt-jam penghematan tambahan (IEA, 2018[23]).

Walaupun saat ini tidak terdapat instrumen berbasis pasar di Indonesia, pemerintah telah bekerja sama dengan Bank Dunia dan Program Pembangunan PBB (*United Nations Development Programme*) sejak tahun 2013 melalui program PMR (Preparation Market Readiness). Terdapat beberapa keterlambatan dari jadwal semula, namun program tersebut akhirnya tetap berjalan dengan pemangku kepentingan dari sektor ketenagalistrikan dan industri sejak akhir tahun 2017 untuk mempertimbangkan isu-isu penerapan harga karbon dan mempersiapkan kapasitas dan kesiapan Indonesia untuk menerapkan instrumen berbasis pasar seperti sertifikat efisiensi energi dan program pembatasan dan perdagangan (*cap and trade programme).*

Pada saat pemerintah mempersiapkan pemutakhirannya tentang Peraturan Pemerintah tentang Konservasi Energi di tahun 2009, termasuk mengumumkan persyaratan wajib pengelolaan energi untuk pengguna dan penyedia energi berskala besar tertentu, pemerintah dapat mempertimbangkan untuk mengembangkan insentif dan instrumen berbasis pasar (misalnya, sertifikat penghematan energi yang dapat diperdagangkan) untuk mendukung pengembangan proyek efisiensi energi di Indonesia. Upaya ini akan membantu mengatasi hambatan dalam pengembangan efisiensi energi seperti keengganan pemilik fasilitas untuk membiayai proyek efisiensi energi. Kombinasi kewajiban kinerja energi dan penerapan instrumen berbasis pasar juga akan mendorong pengguna energi berskala besar untuk memetik "hasil yang dekat dan mudah dikembangkan" dalam waktu dekat, sementara peningkatan terprogram terhadap persyaratan penghematan energi dari waktu ke waktu akan mendorong identifikasi solusi efisiensi energi yang hemat biaya di masa yang akan datang.

Promosi pasar jasa energi dapat membuka peluang pengembangan efisiensi energi

Pasar jasa energi di Indonesia cukup terbatas. Beberapa ESCO yang beroperasi di dalam negeri (MEMR, 2019[24]) cenderung menjadi perusahaan teknik berskala kecil yang menyediakan jasa kepada industri atau perusahaan, misalnya untuk mengidentifikasi peluang penghematan energi (APEC, 2017[13]). Sebagian besar ESCO tersebut memiliki modal dan akses yang sangat terbatas terhadap pembiayaan korporasi karena kurangnya agunan, sehingga membatasi potensi pertumbuhan ESCO.

Pertumbuhan pasar jasa energi semakin terbatas akibat rendahnya pemahaman pasar terhadap model ESCO dan buruknya kredibilitas yang dirasakan, misalnya karena kapasitas sumber daya manusia yang tidak memadai untuk menyusun audit energi berstandar investasi yang tepat dan verifikasi pihak ketiga. Pembatasan ini sebagian disebabkan oleh kurangnya ketentuan regulasi (misalnya, kontrak kinerja penghematan energi yang terstandarisasi) yang ditargetkan dalam pengembangan pasar jasa energi di Indonesia, karena Kementerian ESDM mencabut peraturannya yang bertujuan mengatur dan mempromosikan pasar ESCO (**lihat Bab 3**).

Praktik yang baik di negara-negara lain menunjukkan pentingnya kerangka regulasi dalam menangani kontrak jasa energi yang kuat secara hukum. Misalnya, Biro Pengaturan dan Pengawasan Listrik dan Air Dubai (*Dubai's Regulatory and Supervisory Bureau for Electricity and Water*) meluncurkan kerangka regulasi untuk ESCO pada tahun 2014 yang mengatur sistem resmi untuk menyetujui ESCO, sambil juga menetapkan metode terstandarisasi untuk mengukur dan mendokumentasikan penghematan energi dan menetapkan standar kontrak kinerja energi serta mekanisme penyelesaian sengketa yang jelas dan transparan untuk (Construction Week, 2014[25]). Di negara-negara lain, aturan akuntansi (misalnya, untuk skema *ring-fencing* dalam penghematan) dan kebijakan lain seperti pembatasan utang publik dan defisit bahkan diubah untuk menghapuskan hambatan regulasi yang menghalangi keterlibatan investor dalam kontrak kinerja energi.

Sebagaimana disebutkan sebelumnya, peraturan tentang pembiayaan publik di Indonesia tidak mengizinkan lembaga pemerintah daerah untuk mengadakan kontrak tahun jamak. Secara resmi, Peraturan Presiden No. 38 tahun 2015 tentang KPBU mengizinkan bentuk kontrak tahun jamak tertentu, tetapi tidak secara khusus menyebutkan ESCO. ESCO dapat berpartisipasi dalam proyek KPBU melalui struktur pembayaran yang tersedia namun masih memerlukan penjelasan lebih detil oleh kementerian terkait (misalnya, dengan menyerahkan kepada Kementerian ESDM untuk mengatur ketentuan teknis untuk KPBU di sektor energi). Regulasi teknis ini harus selaras dengan ketentuan umum pengembangan KPBU dalam Peraturan Bappenas Nomor 02/2020. Secara keseluruhan, ketentuan ini membatasi perkembangan pasar yang baru lahir untuk layanan ESCO di Indonesia, dimana pasar ESCO yang paling kuat secara global umumnya hanya ada di manaketika terdapat banyak penggunaan sektor publik dari model bisnis layanan energi (misalnya, untuk gedung bangunan umum atau penerangan jalan umum yang menggunakan model kontrak pembayaran dari penghematan *(paid-from-savings contracting)*.

Pemerintah Indonesia dapat membantu menciptakan permintaan pasar ESCO melalui beberapa upaya, termasuk mengatasi pembatasan terhadap sektor publik untuk terlibat dalam kontrak kinerja penghematan energi, yang telah membantu mendorong pengembangan pasar ESCO seperti di negara lain. Pemerintah juga dapat memberikan pedoman hukum dan regulasi serta kontrak kinerja penghematan energi (misalnya, tentang perhitungan *baseline*, pengukuran penghematan energi, dan penyelesaian sengketa) untuk mendukung perusahaan agar terlibat dengan ESCO, hal ini dikarenakan pemerintah menurunkan ambang batas intensitas energi untuk industri dan mewajibkan pengelolaan energi yang lebih ketat oleh perusahaan-perusahaan tersebut.

Pemerintah juga dapat membangun kesadaran dan melakukan upaya peningkatan kapasitasnya, seperti pelatihan yang dilakukan dengan Bank Pembangunan Asia, berdasarkan audit energi berstandar investasi dan sertifikasi verifikator hemat energi. Selain itu, pemerintah dapat menyediakan dokumen dan pedoman kontrak standar untuk keterlibatan sektor publik dengan ESCO, sebagaimana yang digunakan di Australia. Inspirasi juga dapat diambil dari program inovatif di negara lain, seperti ColdHubs *cooling* sebagai model layanan di Nigeria (Kotak 5.3), di mana dukungan pemerintah Indonesia terhadap pengembangan model layanan energi serupa akan memungkinkan replikasi di pasar.

Pemerintah juga dapat memberikan dukungan pembiayaan terarah untuk mengatasi kelayakan kredit ESCO di dalam negeri. Misalnya, PT PII dapat memberikan jaminan kredit untuk penanggung jawab proyek kerja sama (misalnya, badan usaha milik negara). Hingga saat ini, ESCO hanya menerima dukungan yang sangat terbatas dari PT PII dan PT SMI. Namun, mengingat kesulitan ESCO untuk mengakses pembiayaan utang di Indonesia, dukungan dana tersebut (misalnya melalui jaminan risiko) dapat membantu mengatasi hambatan pembiayaan seperti tingginya agunan yang diminta (misalnya, 120% dari nilai pinjaman) dan suku bunga yang tinggi.

Kotak 5.3. Model ColdHubs meningkatkan solusi pendinginan hemat energi di Nigeria

Pembiayaan inovatif dengan model *cooling as a service (CaaS)*[3] telah menimbulkan daya tarik dalam beberapa tahun terakhir, sehingga membantu upaya efisiensi energi tanpa mengharuskan perusahaan menggunakan modal di awal secara langsung. Salah satu contoh adalah ColdHubs[4], sebuah usaha sosial di Nigeria yang bergerak dalam bidang desain, instalasi, uji fungsi, dan pengoperasian ruang pendingin *(walk-in cold rooms)* hemat energi yang menggunakan 100% tenaga surya untuk pertanian.

Secara khusus, ColdHubs menerapkan model *pay-as-you-go* untuk petani berskala kecil, dengan menyediakan fasilitas penyimpanan dingin bersama untuk menjaga produk dan barang tetap segar. Petani membayar sekitar USD 50 sen per hari untuk menyimpan makanan dalam krat berukuran 20 kilogram, di mana "hub" dioperasikan oleh operator perempuan setempat, yang menagih biaya dan membangun hubungan dengan kluster pertanian setempat. Tidak ada kontrak, sehingga menjadikan model ini sederhana dan mudah diakses, dengan tetap memberikan penyimpanan dingin yang sangat dibutuhkan untuk mengurangi risiko makanan busuk dan mendukung penghidupan petani setempat.

Pada tahun 2019, ColdHubs mengoperasikan 24 fasilitas yang melayani lebih dari 3.500 petani dan membantu menyelamatkan sekitar 24.000 ton makanan dari busuk (Cool Coalition, 2020[26]). Proyek CaaS serupa baru-baru ini diluncurkan di negara lain, seperti sistem pendingin untuk kegiatan pemancingan gurita di Kilwa, Tanzania[5]. Indonesia dapat mendukung pengembangan model pembiayaan yang sebanding dengan CaaS untuk memfasilitasi pemanfaatan teknologi hemat energi dan teknologi pendingin rendah karbon, khususnya di berbagai kepulauan Indonesia dengan kebutuhan yang sama akan penyimpanan dingin (misalnya untuk perikanan dan pertanian).

Insentif terarah dan lingkungan yang mendukung pembangkit listrik energi terbarukan

Indonesia telah menerapkan kombinasi insentif dan skema harga untuk mendorong pengembangan listrik energi terbarukan selama dekade terakhir. Sebagai contoh, Kemenkeu menerapkan pembebasan pajak (*tax holiday)* untuk investasi energi bersih dimana pembangkit listrik baru yang menghasilkan energi bersih dengan nilai investasi minimum Rp 100 miliar (sekitar USD 7 juta) memenuhi syarat untuk mendapatkan pembebasan pajak. Pembebasan ini berlaku antara 5-20 tahun untuk pembebasan pajak penghasilan badan, yang lamanya ditentukan berdasarkan nilai investasi. Insentif tambahan telah diberikan berdasarkan UU Cipta Kerja dan selanjutnya Peraturan Presiden No. 10/2020 tentang Kegiatan Usaha Penanaman Modal, yang mulai berlaku pada bulan Maret 2021 (Tabel 5.1). Pembebasan bea masuk dan PPN juga tersedia untuk komponen tertentu pembangkit listrik energi terbarukan.

Tabel 5.1. Insentif pajak sektor ketenagalistrikan berdasarkan Peraturan Presiden No. 10 Tahun 2021

	Pembebasan pajak *(Tax holiday)*	Pembebasan pajak mini *(Mini tax holiday)*	Keringanan pajak
Peraturan acuan	Peraturan Menteri Keuangan No. 130/PMK.010.2020 dan Peraturan BKPM No. 07/2020		Peraturan Pemerintah No. 78/2019; Peraturan Menteri Keuangan No. 96/PMK.010/2020
Kegiatan usaha yang memenuhi syarat	Pembangkit listrik energi baru dan terbarukan		Pembangkit listrik tenaga mikrohidro; pembangkit listrik minihidro dengan nilai investasi di bawah IDR 100 miliar (sekitar USD 7 juta)
Manfaat Pajak	Pengecualian pajak penghasilan badan CAPEX Minimum: IDR 500 miliar (sekitar USD 35 juta) antara 5 dan 20 tahun (bergantung pada besarnya CAPEX)	50% potongan pajak penghasilan badan CAPEX: IDR 100 miliar sampai dengan kurang dari IDR 500 miliar (USD 7 sampai dengan 35 juta) selama 5 tahun	Penghasilan bersih / laba sebelum pengurangan pajak sebesar 30% dari APEX, dengan cicilan selama 6 tahun sebesar 5% per tahun
Manfaat tambahan	50% potongan pajak penghasilan badan untuk 2 tahun berikutnya	25% potongan pajak penghasilan badan untuk 2 tahun berikutnya	Percepatan depresiasi / amortisasi Potongan pajak untuk dividen, diturunkan menjadi 10% (atau berdasarkan perjanjian pajak)

Catatan: CAPEX = *capital expenditure* (pengeluaran modal).

Sumber: Komunikasi OECD (April 2021) dengan BKPM tentang Peraturan Pelaksana Undang-Undang No. 11/2020 tentang Sektor Energi Bersih

Praktik pengadaan listrik energi terbarukan harus dapat mendorong investasi

Pemerintah juga telah menerapkan beberapa metode remunerasi energi terbarukan yang berbeda selama dekade terakhir, termasuk skema *feed-in-tariff* (FiT) sebelumnya dan sistem remunerasi terbaru yang diatur berdasarkan Peraturan Menteri ESDM No. 50/2017 dan yang lebih baru adalah Peraturan Menteri ESDM No. 04/2020 (**lihat Bab 3**). Langkah-langkah tersebut bertujuan untuk mendorong penggunaan listrik energi terbarukan, meskipun hal ini tidak selalu memberikan insentif nyata bagi pengembang proyek. Secara khusus, perubahan tahun 2017 memperkenalkan skema tarif yang kontroversial dengan menggunakan biaya rata-rata produksi listrik (Biaya Pokok Penyediaan atau BPP) yang terbukti menghalangi investasi energi terbarukan tertentu. Walaupun penghitungan BPP pada prinsipnya dirancang untuk memungkinkan energi terbarukan masuk ke dalam sistem kelistrikan dan berkontribusi pada turunnya harga rata-rata pembangkit listrik di sebagian besar negara, peraturan ini menetapkan plafon harga yang mungkin terlalu rendah untuk proyek listrik energi terbarukan agar mampu bersaing dengan bahan bakar fosil (Gambar 5.2).

Kurangnya transparansi dalam nilai ekspor listrik energi terbarukan di Indonesia juga dianggap sebagai penghambat investasi, yang dapat menyebabkan munculnya kerangka regulasi harga bayangan yang dapat menghalangi pengembang proyek. Regulasi lain di pasar ketenagalistrikan, seperti ruang negosiasi antara produsen listrik independen (IPP) dan PLN, juga tidak memberikan insentif yang kuat untuk berinvestasi dalam proyek energi terbarukan. Tidak adanya standar PJBTL berpotensi menimbulkan persaingan tidak sehat di antara investor dan negosiasi PJBTL yang rumit dapat menimbulkan kendala bagi pengembang baru untuk membangun bisnis mereka sendiri di Indonesia. Hambatan ini kemudian membatasi kemampuan Indonesia untuk memobilisasi investasi yang kompetitif dalam energi terbarukan dan berbanding terbalik dengan praktik terbaik di negara-negara lain yang mendukung keterlibatan investor (Kotak 5.4).

Perubahan alokasi risiko PJBTL yang diperkenalkan dalam Peraturan Menteri ESDM No. 10/2018 menimbulkan poin perdebatan baru. Risiko politik selalu menjadi pertimbangan dalam tahap awal pengembangan proyek energi bersih. Akan tetapi, di negara berisiko rendah, perubahan kebijakan tidak berdampak terhadap perjanjian yang ada, yang berarti aturan atau kebijakan baru tidak berlaku surut. Jaminan seputar perubahan kebijakan ini merupakan faktor penting dalam penilaian kelayakan ekonomi proyek (misalnya, perubahan akhir terhadap tarif), di mana sinyal perubahan yang diberikan jauh sebelumnya akan memberi waktu untuk mempersiapkan proyek (dan tidak berdampak terhadap proyek yang masih dalam proses pengembangan).

Gambar 5.2. Proyek energi terbarukan kemungkinan tidak kompetitif di daerah-daerah terpadat

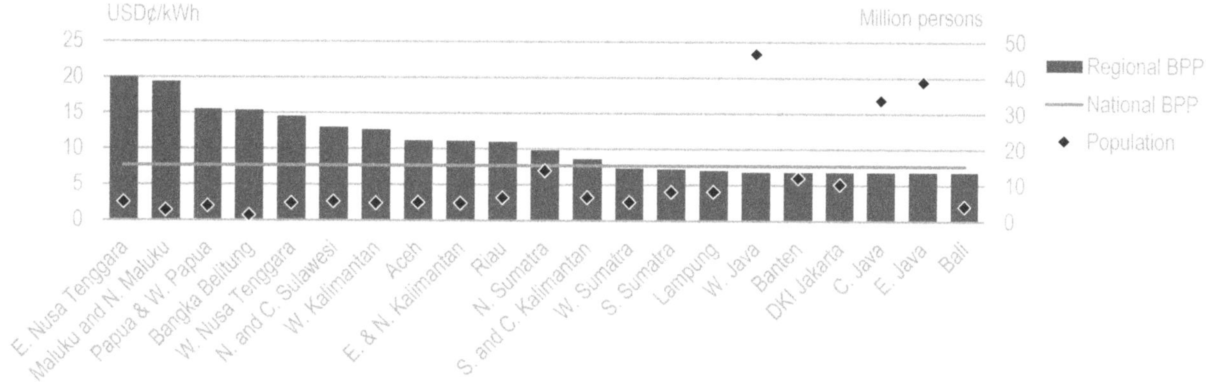

Catatan: kWh = *kilowatt-hour*; E = *East*; N = *North*, W = *West*; C = *Central*; S = *South*; asumsi nilai tukar: IDR 13.307 per USD; banyak provinsi memiliki beberapa jaringan listrik dengan biaya pembangkitan rata-rata yang berbeda. Untuk alasan penyederhanaan, gambar ini menampilkan biaya rata-rata di provinsi atau wilayah secara keseluruhan.

Sources: Adapted from (OECD, 2019[3]) *Green Growth Policy Review of Indonesia 2019*; Kementerian ESDM (2018), *Ministerial Decree* No. 1772 K/20/MEM/2018; BPS (2018), "*Population Projection by Province*, 2010-2035", *Statistics* Indonesia (*database*).

StatLink https://stat.link/1sjnpe

Kotak 5.4. Pengadaan listrik yang transparan di Meksiko berhasil memecahkan rekor penurunan harga

Meksiko meluncurkan reformasi energi pada tahun 2013, dengan memberi kesempatan kepada sektor swasta untuk partisipasi dalam sektor ketenagalistrikan dan memperkenalkan pasar ketenagalistrikan yang kompetitif untuk *capacity and clean certificates*. Pada tahun 2015, Kementerian Energi menerbitkan aturan lelang energi jangka panjang untuk mendukung pengembangan listrik energi terbarukan, di mana lelang dan PJBTL yang dihasilkan dirancang untuk membantu pembangkit listrik menghindari risiko harga yang tidak stabil, sehingga memperoleh manfaat dari pendapatan yang stabil untuk membiayai investasi mereka (Rio, 2019[27]).

Meksiko mengadakan tiga lelang yang sukses untuk energi terbarukan pada tahun 2015, 2016, dan 2017. Lelang tersebut dijalankan oleh operator sistem yang terpisah *(unbundled)* CENACE, yang memungkinkan perusahaan milik negara inkumben untuk bersaing secara setara dengan investor lain. Lelang tersebut menghasilkan penurunan harga progresif, yang mencetak rekor pada saat itu (BNEF, 2016[28]), dan menarik beberapa investor internasional.

Salah satu fitur utama lelang adalah bahwa penetapan harga menampilkan komponen lokasi, yang akan meningkatkan atau menurunkan nilai penawaran, bergantung pada keramahan sistem. Akibatnya, walaupun harga beberapa proyek lebih mahal, proyek akan tetap dipilih walaupun ada yang lebih murah, jika proyek tersebut memiliki nilai lebih untuk sistem (misalnya, karena proyek terletak di lokasi yang langka listrik). Dampaknya, terjadi penurunan biaya sistem secara keseluruhan dan harga yang dihasilkan dari lelang pertama adalah USD 47,8 per megawatt-hour (MWh), sementara harga diturunkan menjadi USD 33,5 per MWh pada lelang kedua dan kemudian menjadi USD 20,6 per MWh pada lelang ketiga.

Fitur penting lainnya adalah evaluasi di antara setiap putaran desain lelang. Evaluasi ini memungkinkan perbaikan progresif dari sistem pelelangan untuk memastikan masuknya sebanyak mungkin penawaran kompetitif. Selain itu, ketiga lelang telah direncanakan sebelumnya, sehingga para pengembang dapat melihat alur proyek yang jelas, sehingga memungkinkan mereka untuk menilai kasus bisnis dalam mengembangkan proyek di Meksiko.

Secara total, ketiga lelang tersebut menghasilkan USD 9 miliar investasi, yang berasal dari delapan negara berbeda. Lelang tersebut diikuti oleh lebih dari 50 peserta, sehingga menjamin persaingan sehat yang berhasil memecahkan rekor. Pendekatan ini menunjukkan peran penting desain pengadaan dalam memfasilitasi investasi pengembangan listrik energi terbarukan yang kompetitif dan menarik.

Secara umum, stabilitas kebijakan dan kepastian yang dapat diperkirakan sebelumnya, termasuk tidak adanya perubahan kebijakan yang berlaku surut merupakan ciri utama dari persepsi risiko yang rendah. Stabilitas ini juga penting untuk mengurangi biaya modal investasi dalam energi terbarukan. Secara teori, Peraturan Menteri ESDM No. 10/2018 menjelaskan isu-isu yang muncul terkait dengan peraturan sebelumnya tentang GFM, bahwa penyelesaian alokasi risiko *(risk-allocation)* melalui negosiasi kasus per kasus dapat meningkatkan persepsi risiko dan risiko riil investasi bagi pengembang. Biasanya, tanpa harus diminta, PJBTL tidak dinegosiasikan sehingga komitmen keuangan telah dibuat sebelumnya oleh pengembang ketika menyusun PJBTL. Dengan demikian, berdasarkan revisi peraturan tahun 2018, pengembang proyek harus berhadapan dengan risiko ketidakpastian akibat keadaan kahar (*force majeure)* walaupun telah mengeluarkan uang untuk mempersiapkan proyek. Keadaan ini membuat pengembang jera untuk mempertimbangkan proyek ketenagalistrikan dan kemungkinan menurunkan persepsi *bankability* untuk proyek.

Perpanjangan PJBTL dalam hal terjadi bencana alam (NFM) juga bukan merupakan praktik terbaik internasional. Biasanya, pembayaran kompensasi diberikan kepada pemilik aset ketika terjadi gangguan berkepanjangan. Pembayaran ini memberikan insentif kepada perusahaan jaringan agar beroperasi seefisien mungkin dalam memperbaiki pemadaman, dengan membatasi waktu pemadaman, sambil tetap memprioritaskan perbaikan berdasarkan efisiensi sistem. Sepanjang PLN memberikan kompensasi untuk gangguan yang timbul, satu-satunya risiko yang dihadapi investor adalah kelayakan kredit PLN. Akan tetapi, jika tidak dijelaskan dalam peraturan tentang waktu pembayaran kompensasi atau jika risiko pemadaman yang berkepanjangan dibebankan kepada pemilik aset, maka ketentuan ini akan berdampak negatif terhadap *bankability* PJBTL dan meningkatkan keseluruhan biaya modal untuk investasi di sektor energi terbarukan.

Secara singkat, meskipun perubahan kebijakan dalam beberapa tahun terakhir bertujuan untuk menyederhanakan lingkungan regulasi untuk pengembangan listrik energi terbarukan, perubahan tersebut sebenarnya dapat menimbulkan dampak disinsentif bagi pengembang proyek dan investor. Aturan dan proses yang transparan (misalnya, melalui PJBTL yang terstandarisasi) akan mengurangi hambatan ini, tetapi untuk menjamin keberhasilan, kondisi pasar harus dapat mengatasi isu *bankability* proyek energi terbarukan melalui pengelolaan risiko dan remunerasi secara konsisten dan wajar.

Proses perizinan proyek listrik energi terbarukan dapat diperbaiki untuk memfasilitasi pengembangan

Selain PJBTL serta masalah terkait risiko dan remunerasi, proses perizinan untuk proyek listrik terbarukan di Indonesia, secara teori relatif mudah. Sebelum sebuah badan usaha dapat mengoperasikan aset pembangkit listrik, badan usaha tersebut harus memperoleh Izin Usaha Penyediaan Tenaga Listrik

(IUPTL). IUTPL memungkinkan badan usaha menyediakan tenaga listrik untuk kepentingan publik dan izin ini berlaku selama 30 tahun dan dapat diperpanjang. Izin ini juga memungkinkan badan usaha menyediakan tenaga listrik untuk kepentingan sendiri dengan kapasitas lebih dari 200 kilovolt, berlaku selama 10 tahun dan dapat diperpanjang.

Mengingat perkiraan masa pakai aset energi terbarukan, proses untuk memperoleh perizinan yang berlaku selama 30 tahun biasanya tidak sulit. Namun, masa pakai 10 tahun dari izin penyediaan tenaga listrik untuk kepentingan sendiri mungkin sedikit agak singkat untuk beberapa bisnis. Jika proses perpanjangan dianggap mudah dan hampir bisa dipastikan berhasil, perpanjangan seharusnya tidak menjadi masalah utama.

Indonesia telah mengambil langkah positif dalam beberapa tahun terakhir untuk menyederhanakan proses perizinan melalui sistem OSSnya, yang telah membantu pengembangan proyek energi bersih (misalnya, melalui pemantauan proses persetujuan untuk Analisis Manajemen Dampak Lingkungan (AMDAL). Pengajuan IUPTL di Indonesia juga lebih mudah melalui pengajuan aplikasi dalam sistem OSS. OSS juga memfasilitasi bisnis yang baru didirikan untuk mendapatkan Nomor Induk Berusaha (NIB), sebagaimana disyaratkan oleh Peraturan Pemerintah No. 24 tahun 2018. .

Investor memberikan umpan balik bahwa proses perizinan masih relatif rumit, terutama untuk unsur-unsur yang saat ini tidak tercakup dalam sistem OSS. Langkah-langkah tambahan dapat lebih meningkatkan atau menyederhanakan pengembangan proyek. Misalnya, proses untuk mendapatkan Izin Mendirikan Bangunan (IMB) atau izin konstruksi cukup memakan waktu dan biaya (misalnya, untuk pembangkit listrik tenaga bayu). Masalah pertanahan juga perlu ditangani secara lebih efektif dan timbul kesadaran umum akan pentingnya menangani hal ini, misalnya melalui kebijakan Satu Peta yang diharapkan dapat berperan penting untuk mengatasi hambatan dalam pembebasan lahan (**lihat Bab 4**). Langkah-langkah tambahan, seperti rencana portal tunggal untuk penilaian berbasis risiko dan perizinan bisnis dalam arsitektur OSS daring baru, seharusnya membantu meminimalkan kesulitan ini dan yang tidak kalah pentingnya, penyederhanaan prosedur perizinan hendaknya tidak memperlemah perlindungan lingkungan dan sosial.

Untuk mengatasi hambatan perizinan yang bersifat administratif ini, negara lain telah membuat apa yang disebut "layanan satu atap *(one-stop shop)*" untuk perizinan dan lisensi. Layanan satu atap ini sering kali mewajibkan berbagai prosedur pengarsipan untuk proyek pembangunan, seperti analisis mengenai dampak lingkungan, izin lahan, izin usaha, dan persyaratan khusus konteks lainnya, melalui sebuah portal terpusat. Dengan cara ini, investor memiliki satu titik kontak untuk mendapatkan lisensi dan izin yang diperlukan untuk berinvestasi dalam aset energi terbarukan, sehingga sangat memudahkan prosesnya. Fasilitas ini merupakan faktor pendukung utama dalam mengurangi biaya modal untuk investasi dalam energi terbarukan dan oleh karenanya harus dipertimbangkan sebagai solusi yang memungkinkan untuk membangun perubahan positif dalam sistem OSS.

Pengadaan listrik energi terbarukan oleh korporasi menjadi peluang yang belum dimanfaatkan

Sekitar 70 perusahaan di Indonesia telah menyatakan komitmennya terhadap pemanfaatan energi terbarukan melalui inisiatif kampanye RE-100 global[6]. Meskipun hal ini menggembirakan, tetapi tidak cukup untuk mendukung pencapaian target energi terbarukan Indonesia pada 2025, termasuk pemanfaatan kapasitas energi terbarukan sebesar 45 gigawatt (GW). Investasi swasta, termasuk aliran modal dari luar negeri, sangat penting untuk memenuhi estimasi kebutuhan investasi sebesar USD 95-100 miliar pada 2025 (dan lebih dari USD 525 miliar pada tahun 2050)[7]. Namun, upaya untuk mendorong dan mengaktifkan sumber energi terbarukan korporasi di Indonesia masih terkendala sejumlah hambatan.

Saat ini, industri dan perusahaan dapat menghasilkan listrik sendiri di Indonesia. Aset yang menghasilkan listrik untuk keperluan sendiri (bukan untuk dijual ke PLN) dikenal sebagai pembangkit listrik swasta (PLS, kadang-kadang disebut sebagai pembangkit listrik tertahan). Sebagaimana diatur dalam UU

Ketenagalistrikan tahun 2009, PLS/PPU diizinkan untuk menghasilkan listrik untuk keperluan konsumsi di lokasi, termasuk untuk digunakan oleh penyewa di kawasan industri. Izin yang diberikan kepada PLS/PPU termasuk izin untuk menjual listrik langsung kepada pelanggan akhir, tetapi untuk melakukan penjualan ini, PLS/PPU dengan kapasitas lebih besar dari 200 kilovolt harus memiliki izin operasi yang memerlukan persetujuan dari menteri, gubernur, atau Walikota terkait. PLS/PPU juga harus memiliki IUTPL serta izin Wilayah Usaha Kelistrikan.

Peraturan Menteri ESDM No. 1/2017 (**lihat Bab 3**) juga memungkinkan PLS/PPU untuk membuat koneksi cadangan ke jaringan PLN, tetapi untuk mendapatkannya diperlukan biaya yang tinggi dan persyaratan sebagai berikut:

- biaya sambungan: berdasarkan undang-undang dan peraturan menteri yang ada
- biaya kapasitas: dihitung sebagai total daya yang dihasilkan x 40 jam x tarif listrik
- biaya energi: diterapkan untuk listrik yang dikonsumsi ketika PLS/PPU beroperasi secara paralel, baik sebagai biaya normal atau biaya energi darurat, yang berlaku dalam situasi darurat yang mengakibatkan PLS/PPU membutuhkan listrik yang dipasok oleh PLN

Peraturan Menteri ESDM No. 01/2015 juga mengizinkan pembangkitan listrik di luar wilayah usaha, melalui ketentuan tentang kerja sama pemanfaatan jaringan listrik (untuk transmisi atau distribusi). Akan tetapi, pembangkitan listrik di luar wilayah usaha harus disalurkan melalui jaringan PLN berdasarkan skema *power wheeling agreement*, dan saat ini tidak ada peraturan pelaksana atau pedoman teknis tentang *power wheeling* yang dapat digunakan untuk menetapkan biaya koneksi jaringan dan persyaratan pemanfaatan jaringan. Akibatnya, *power wheeling agreement* jarang diadakan dan apabila dapat digunakan, prosesnya perlu ditingkatkan (misalnya, dengan mempertimbangkan perjanjian tripartit dengan PLN yang memungkinkan pembeli korporasi menemukan model yang sesuai).

Tersedia pula *net-metering* (misalnya, untuk panel surya atap), tetapi daya yang diekspor ke jaringan ditetapkan pada 65% dari BPP listrik. Walaupun jumlah pelanggan panel surya atap berkembang dari 351 pada 2018 menjadi lebih dari 2000 pada Juni 2020, beberapa investor beranggapan bahwa struktur penetapan harganya (yang memperhitungkan layanan fasilitas terkait dengan keandalan dan kualitas daya) menyebabkan investasi dalam penyediaan tenaga listrik untuk keperluan sendiri menjadi tidak ekonomis. Biaya jaringan untuk IPP juga dapat menurunkan jumlah perusahaan yang berinvestasi. Faktanya, tarif ekspor yang rendah telah memotivasi beberapa pembangkit tenaga lisrik untuk keperluan sendiri keluar dari jaringan dan sebagai gantinya, berinvestasi dalam solusi penyimpanan listrik. Rancangan perubahan Peraturan Menteri ESDM berdasarkan UU Cipta Kerja diharapkan dapat meningkatkan perhitungan ekspor dari 65% menjadi 75%, dan menjadi 90% untuk konsumen dengan kapasitas baterai. Akan tetapi, aturan tarif ini masih belum sesuai dengan skema *net-metering* global (**lihat Bab 3**).

PLN sedang mempertimbangkan cara meningkatkan investasi sektor swasta dalam kapasitas listrik energi terbarukan. Salah satu upaya yang dapat dilakukan termasuk Produk Layanan PLN baru yang dikembangkan dengan Akselerator Investasi Energi Bersih untuk menyediakan sistem pelacakan Sertifikat Energi Terbarukan *(Renewable Energy Certificate/REC)* bagi pelanggan yang ingin memperoleh listrik bersih. REC dapat digabungkan dengan pembelian listrik atau dapat dibeli sebagai produk terpisah *(unbundled)*. REC dihitung sebagai daya per 1 MWh dan dapat dijual dalam waktu satu tahun setelah produksinya. Ini berarti bahwa REC akan kedaluwarsa setelah satu tahun dan pelacakan sertifikatnya mengikuti standar internasional dengan menggunakan register APX, Inc. *Tradable Instrument for Global Renewables.*

REC PLN saat ini dihargai Rp 35.000 (sekitar USD 2,50) dan tersedia baik untuk pelanggan PLN maupun bukan pelanggan PLN. Jika inisiatif yang menjanjikan berlanjut menuju praktik yang berlaku secara internasional, pasar REC PLN akan memberikan daya tarik kepada industri yang menghargai energi berkelanjutan untuk masuk ke Indonesia, yang pada gilirannya dapat mendorong pemerintah menciptakan target energi terbarukan yang lebih ambisius.

Perkembangan lebih lanjut untuk menjamin keberhasilan pasar REC meliputi ketentuan yang memungkinkan produsen energi terbarukan memperoleh sertifikat untuk produksinya dan menjualnya melalui kompetisi yang wajar dengan sertifikat dari PLN. Dalam struktur PLN saat ini, tidak jelas apakah IPP dapat mensertifikasi energinya untuk mendapatkan REC yang dapat dijual ke atau melalui sistem PLN. Sertifikasi ini akan menjadi prasyarat dalam sistem yang baru untuk menarik investasi dalam pengembangan energi terbarukan, karena tidak semua investor ingin bertransaksi melalui PLN. Sistem REC terbuka juga akan selaras dengan praktik-praktik terbaik internasional.

Terlepas dari kemajuan REC yang menjanjikan, opsi dan insentif Indonesia untuk pembeli korporasi masih belum dapat dibandingkan dengan negara lain. Energi terbarukan yang terhubung dengan *off-grid captive* dan *on-site captive* mungkin berfungsi dengan baik untuk beberapa perusahaan, tetapi perusahaan tanpa akses ke energi terbarukan di sekitarnya memiliki keterbatasan. Bahkan perusahaan yang mampu melakukan *captive production*, masih akan mengalami kesulitan untuk memenuhi 100% kebutuhan listriknya, mengingat kendala dalam total kapasitas produksinya secara lokal – yang umumnya hanya mencapai sekitar 10-15% dari kebutuhan listrik. REC menjadi penting bagi perusahaan, sama halnya dengan PJBTL dan ketersediaan mekanisme pengadaan lainnya, seperti tarif hijau *(green tariff)*. Opsi ini tidak benar-benar tersedia di Indonesia dan membatasi sumber pasokan listrik yang luas bagi pelanggan yang ingin memenuhi target energi terbarukan.

Pendekatan *"carrot and stick"* juga dapat mendorong keterlibatan perusahaan dalam mengupayakan sumber energi terbarukan. Pendekatan ini terbukti berhasil dengan baik di negara lain, seperti Australia, di mana skema target energi terbarukan dengan insentif keuangan (misalnya, subsidi surya) dan kewajiban industri membantu menurunkan harga tunai *(spot prices)* untuk sertifikat pembangkit listrik terbarukan dan menyebabkan 3,5 GW kapasitas pembangkitan terbarukan baru di 2020, dengan dukungan PJBTL korporasi (Kay, 2020[29]).

Insentif untuk investasi dalam integrasi energi terbarukan dan infrastruktur jaringan listrik masih dapat ditingkatkan

Integrasi energi terbarukan dalam bauran listrik di Indonesia menunjukkan tingkat yang agak rendah. Pangsa energi terbarukan dalam kapasitas pembangkitan listrik pada tahun 2019 adalah 9,15% (IEA, 2020[30]). Dari kapasitas terpasang energi terbarukan, tenaga bayu dan surya masing-masing mencapai 150 MW dan 140 MW. Dengan jumlah energi terbarukan yang relatif rendah di dalam sistem, maka hal itu hanya akan menimbulkan sedikit dampak atau tidak berdampak sama sekali karena fluktuasi produksi dari pembangkit tersebut[8] (Gambar 5.3). Misalnya, sistem Jawa-Bali memiliki permintaan puncak sistem *(system peak demand)* sekitar 25 000 MW. Bahkan apabila seluruh kapasitas terpasang listrik energi terbarukan tahun 2019 di Indonesia terletak di Jawa-Bali, jumlahnya hanya mewakili 1,2% dari total beban puncak.

Gambar 5.3. Tingkat integrasi energi terbarukan di berbagai negara tahun 2019

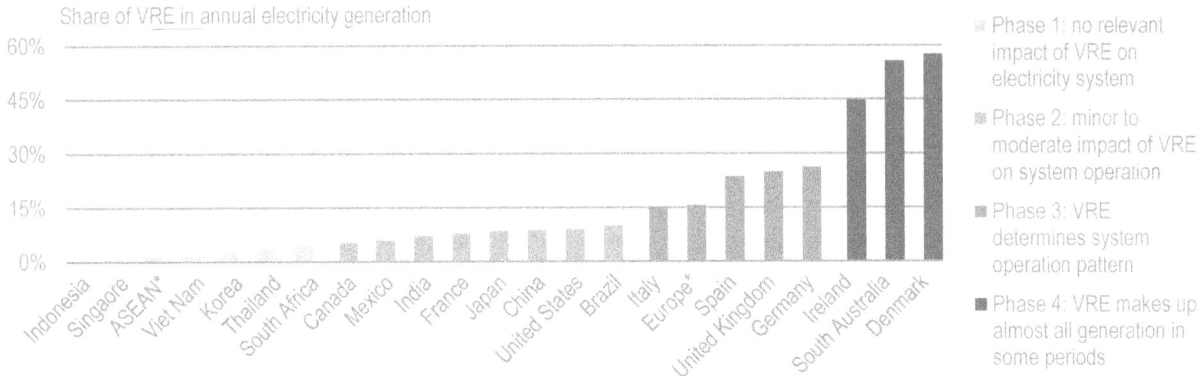

Catatan: VRE = *variable renewable energy* (energi terbarukan variabel); ASEAN = *Association of Southeast Asian Nations* (Perhimpunan Negara-Negara Asia Tenggara); * menunjukkan rata-rata di seluruh negara.

Sumber: Diadaptasi dari (IEA, 2020[31]), Sistem Ketenagalistrikan dalam transisi: Tantangan dan peluang ke depan untuk ketahanan listrik *(Power systems in transition: Challenges and opportunities ahead for electricity security)*.

StatLink https://stat.link/tyg6i5

Badan Energi Internasional *(International Energy Agency/IEA)* mengembangkan sebuah kerangka kerja untuk menyoroti berbagai tantangan integrasi sistem, yang bergantung pada tahap transisi di suatu negara. Tantangan di tahap yang lebih rendah biasanya dapat diatasi dengan perubahan kecil pada praktik operasi dan dengan memberikan beberapa insentif ekonomi (Gambar 5.4). IEA menilai Indonesia masih dalam Tahap 1, di mana tidak ditemukan dampak yang terukur pada sistem ketenagalistrikan yang ada (walaupun wilayah di dalam negara dapat berbeda dari negara tersebut secara rata-rata). Meskipun Indonesia mungkin berada di Tahap 1, Indonesia tetap harus mempersiapkan diri menuju tahap berikutnya, terutama mengingat target energi terbarukan Indonesia yang ambisius, di mana kerangka kerja kebijakan dan insentif pasar yang sesuai dapat memastikan kelancaran transisi bertahap.

Gambar 5.4. Tantangan transisi integrasi energi terbarukan dan opsi-opsi pendukung, menurut tahapan

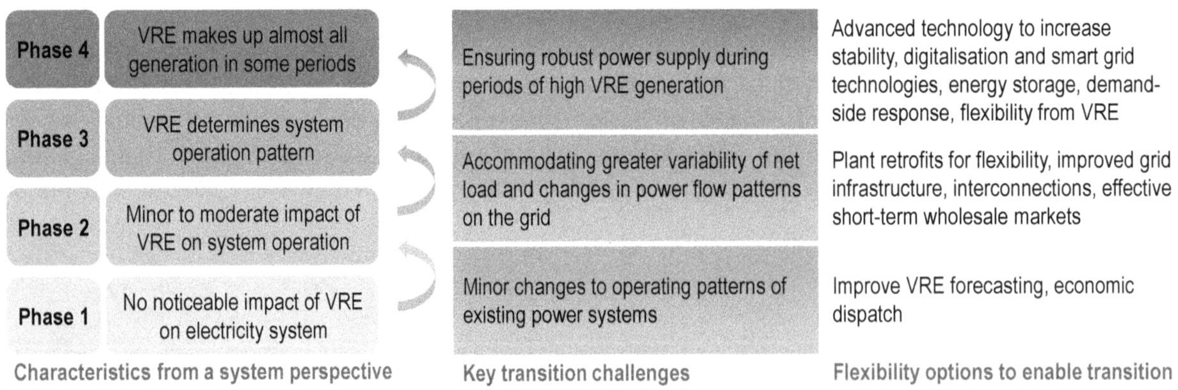

Sumber: Diadaptasi dari (IEA, 2018[32]), *Renewables 2018: Analysis and Forecasts to 2023.*

Saat ini, tidak tersedia insentif untuk memastikan pemanfaatan energi terbarukan yang ramah sistem di Indonesia dan praktik operasional secara keseluruhan diarahkan ke sistem yang sebagian besar terdiri atas pembangkit beban dasar *dispatchable (dispatchable baseload generation)*. Proses perencanaan di Indonesia secara historis melayani pembangkitan beban dasar ini, yang berarti bahwa tidak ada pendekatan yang dikembangkan untuk memastikan bahwa investasi jaringan listrik dilakukan sesuai dengan pengembangan sumber daya energi terbarukan. Salah satu contohnya dapat dilihat pada rencana usaha penyediaan tenaga listrik (RUPTL) PLN 2019-28: target 23% integrasi energi terbarukan yang tidak diimbangi rencana investasi untuk transmisi tenaga listrik karena nilainya turun 10%.

Jaringan listrik merupakan keharusan untuk menjamin keberhasilan integrasi sumber energi terbarukan karena penurunan rencana investasi jaringan dalam RUPTL menimbulkan kekhawatiran. Tidak jarang proyek tenaga surya terhenti karena kendala jaringan, terutama di luar Jawa-Bali (Hamdi, 2019[33]). Oleh karena itu, kaitan antara jaringan listrik dan perluasan energi terbarukan akan bermanfaat untuk memobilisasi investasi energi terbarukan.

Pendekatan perencanaan yang terintegrasi diperlukan untuk mengatasi potensi masalah terkait dengan kendala jaringan. Perencanaan ini meliputi pertimbangan permintaan listrik, pembangkitan dan perencanaan jaringan listrik secara menyeluruh untuk memastikan berfungsinya umpan balik yang responsif di sistem ketenagalistrikan Indonesia. Perencanaan tersebut akan memastikan bahwa investasi jaringan listrik yang diperlukan dilakukan sebelum energi terbarukan dimanfaatkan, mengingat pembangunannya memerlukan waktu lebih lama. Sebagai contoh, India dan Amerika Serikat sedang mengembangkan koridor hijau dengan jaringan yang mampu menampung energi terbarukan dalam jumlah besar (Kotak 5.5).

Proyek energi terbarukan di masa datang yang didasarkan perkiraan lelang berskala besar akan dirancang oleh PLN, yang berarti bahwa investasi energi terbarukan dapat diintegrasikan ke dalam sistem ketenagalistrikan yang lebih luas. Prosedur perencanaan yang tepat dapat memastikan seluruh sistem ketenagalistrikan menerima manfaat dari investasi tersebut. Pembangunan juga direncanakan sedemikian rupa sehingga menghindari gangguan untuk pembangkit energi terbarukan dan sistem ketenagalistrikan.

Kotak 5.5. Koridor hijau di India dipersiapkan sebagai tambahan kapasitas pembangkit listrik energi terbarukan

Beberapa negara bagian di India sangat kaya potensi energi terbarukan, di mana proyek energi tenaga surya dan bayu berskala besar dapat dibangkitkan dengan biaya rendah. Tetapi, energi terbarukan tersebut perlu disalurkan dari daerah yang kaya sumber daya dan didistribusikan ke seluruh negeri menuju pusat beban listrik. Untuk mewujudkan hal ini, India memperkenalkan konsep koridor hijau untuk mengembangkan jalur jtransmisi antar dan di dalam negara bagian untuk memanfaatkan daerah yang kaya sumber daya dan meningkatkan pembangkitan listrik energi terbarukan untuk seluruh wilayah negara. Selain itu, India akan mendirikan Pusat Manajemen Energi Terbarukan dan menerapkan metode prakiraan yang lebih maju.

Proyek koridor hijau menggambarkan pentingnya penyelarasan antara perencanaan transmisi dan pengembangan energi terbarukan, untuk membantu menghindari aset yang berpotensi "terlantar" akibat isu koneksi atau kapasitas jaringan listrik. Dengan jaringan listrik yang terencana dan dirancang dengan baik, alur proyek energi terbarukan tidak akan terhenti karena terhambat jaringan listrik, sehingga membantu menciptakan lingkungan menarik untuk pengembangan dan investasi proyek. Setelah dibangun, jaringan listrik yang dikembangkan dengan baik juga mempermudah integrasi energi terbarukan dari perspektif pengoperasian sistem.

Di Indonesia, pembangunan jaringan listrik antar pulau sangat penting untuk memanfaatkan dan mengintegrasikan energi terbarukan secara efisien dan efektif. Perencanaan sistem, termasuk pembangunan jaringan listrik akan meningkatkan keyakinan investor dan pada akhirnya menurunkan biaya modal untuk investasi energi terbarukan.

Sumber: (IEA, 2020[34])

Referensi

Afut Syafril, N. and Sri Haryati (2020), *Government extends electricity-relief scheme until September 2020*, Antara News, https://en.antaranews.com/news/151590/government-extends-electricity-relief-scheme-until-september-2020 (accessed on 18 December 2020). [6]

APEC (2017), *Energy Efficiency Finance in Indonesia Current State Barriers and Potential Next Steps*, https://apec.org/Publications/2017/10/Energy-Efficiency-Finance-in-Indonesia-Current-State-Barriers-and-Potential-Next-Steps (accessed on 8 April 2020). [13]

Arinaldo, D. et al. (2021), *Indonesia Energy Transition Outlook (IETO) 2021*, Institute for Essential Services Reform, Jakarta, https://iesr.or.id/en/pustaka/indonesia-energy-transition-outlook-ieto-2021 (accessed on 4 March 2021). [9]

Bharti, P. (2020), *SIDBI Green Climate & Sustainable Development Initiatives*, Small Industries Development Bank of India, Paris, https://www.slideshare.net/OECD_ENV/pawan-kumar-bharti-sidbi-green-climate-sustainable-development-initiatives-239052077 (accessed on 18 December 2020). [18]

BNEF (2016), "Mexico's second power auction results: Record low prices in Latin America", Bloomberg New Energy Finance, https://data.bloomberglp.com/bnef/sites/14/2017/01/BNEF_MexicosSecondPower_SFCT_FNL_B.pdf (accessed on 17 December 2020). [28]

Bridle, R. et al. (2018), *Missing the 23 Per Cent Target: Roadblocks to the development of renewable energy in Indonesia*, Global Subsidies Initiative, International Institute for Sustainable Development (IISD), https://www.iisd.org/sites/default/files/publications/roadblocks-indonesia-renewable-energy.pdf (accessed on 15 December 2020). [8]

Burke, P. and S. Kurniawati (2018), "Electricity subsidy reform in Indonesia: Demand-side effects on electricity use", *Energy Policy*, Vol. 116, pp. 410-421, http://dx.doi.org/10.1016/j.enpol.2018.02.018. [5]

Construction Week (2014), *Regulatory framework for ESCOs launched in Dubai*, https://www.constructionweekonline.com/article-26310-regulatory-framework-for-escos-launched-in-dubai (accessed on 9 February 2021). [25]

Cool Coalition (2020), *Meet The Global Cooling as a Service Prize Winner: ColdHubs*, United Nations Environment Programme, Kigali Cooling Efficiency Programme, https://coolcoalition.org/meet-the-global-caas-prize-winner-coldhubs/ (accessed on 18 December 2020). [26]

de la Rue du Can, S. et al. (2014), "Design of incentive programs for accelerating penetration of energy-efficient appliances", *Energy Policy*, Vol. 72, http://dx.doi.org/10.1016/j.enpol.2014.04.035. [15]

Hamdi, E. (2019), *Indonesia's Solar Policies: designed to fail?*, Institute for Energy Economics and Financial Analysis (IIEFA), Cleveland, https://ieefa.org/wp-content/uploads/2019/02/Indonesias-Solar-Policies_February-2019.pdf (accessed on 16 December 2020). [33]

Harsono, N. (2020), "UAE's Masdar to support development of Indonesia's largest solar power plant", *The Jakarta Post*, https://www.thejakartapost.com/news/2020/01/08/uaes-masdar-to-support-development-of-indonesias-largest-solar-power-plant.html (accessed on 16 December 2020). [2]

IEA (2020), *India 2020 Energy Policy Review*, OECD Publishing, Paris, https://dx.doi.org/10.1787/9faa9816-en. [34]

IEA (2020), *Power investment trends in indonesia*, International Energy Agency. [30]

IEA (2020), *Power systems in transition: Challenges and opportunities ahead for electricity security*, OECD Publishing, Paris, https://dx.doi.org/10.1787/4ad57c0e-en. [31]

IEA (2019), *Perspectives for the Clean Energy Transition: The Critical Role of Buildings*, International Energy Acency, Paris, https://webstore.iea.org/perspectives-for-the-clean-energy-transition (accessed on 16 December 2020). [21]

IEA (2018), *Energy Efficiency 2018: Analysis and outlooks to 2040*, International Energy Agency, Paris, https://dx.doi.org/10.1787/9789264024304-en. [23]

IEA (2018), *Perspectives for the Energy Transition: The Role of Energy Efficiency*, International Energy Agency, Paris, https://webstore.iea.org/perspectives-for-the-energy-transition-the-role-of-energy-efficiency (accessed on 18 December 2020). [20]

IEA (2018), *Renewables 2018: Analysis and Forecasts to 2023*, International Energy Agency, Paris, https://dx.doi.org/10.1787/re_mar-2018-en. [32]

IEA (2017), *Energy Efficiency 2017*, International Energy Agency, Paris, https://dx.doi.org/10.1787/9789264284234-en. [4]

IEA (2017), *Insights brief: energy utility obligations and auctions*, International Energy Agency, Paris, https://www.iea.org/reports/insights-brief-energy-utility-obligations-and-auctions (accessed on 18 December 2020). [22]

IEA-UNEP (2019), *2019 Global Status Report for Buildings and Construction: Towards a zero-emissions, efficient and resilient buildings and construction sector*, International Energy Agency, United Nations Environment Programme, Paris, https://www.iea.org/reports/global-status-report-for-buildings-and-construction-2019 (accessed on 18 December 2020). [17]

Kay, I. (2020), *Attracting Private Investment for Renewable Energy*, Australian Renewable Energy Agency (ARENA), https://www.slideshare.net/OECD_ENV/ppt-ian-kay-attracting-private-investment-for-renewable-energy (accessed on 16 December 2020). [29]

Keuangan, I. (ed.) (2009), *Economic and fiscal policy strategies for climate change mitigation in Indonesia : Ministry of Finance green paper*, Ministry of Finance, Republic of Indonesia : Australia Indonesia Partnership. [10]

Massita Ayu, C. (2020), *Good News is a Bad News: Indonesia's Electricity Subsidy - The Purnomo Yusgiantoro Center*, The Purnomo Yusgiantoro Center, https://www.purnomoyusgiantorocenter.org/good-news-is-a-bad-news-indonesias-electricity-subsidy/ (accessed on 18 December 2020). [7]

Meilanova, D. (2021), "ESDM Trials Carbon Trading in Steam Power Plants", *Bisnis.com*, p. 1, https://ekonomi.bisnis.com/read/20210318/44/1369262/esdm-uji-coba-perdagangan-karbon-di-pembangkit-listrik-tenaga-uap (accessed on 8 April 2021). [11]

MEMR (2020), *Data & Information of Energy Conservation 2019, 3rd Edition*, Directorate of Energy Conservation, Ministry of Energy and Mineral Resources, http://www.ebtke.esdm.go.id (accessed on 15 December 2020). [19]

MEMR (2019), *Data & Information of Energy Conservation 2018, 2nd Edition*, Directorate of Energy Conservation, Ministry of Energy and Mineral Resources, https://drive.esdm.go.id//wl/?id=cwFohj0AaWgwlWQMNr5Yu68d8ptxTg4o (accessed on 15 December 2020). [24]

OECD (2020), *OECD Investment Policy Reviews: Indonesia 2020*, OECD Investment Policy Reviews, OECD Publishing, Paris, https://dx.doi.org/10.1787/b56512da-en. [1]

OECD (2019), *OECD Green Growth Policy Review of Indonesia 2019*, OECD Environmental Performance Reviews, OECD Publishing, Paris, https://dx.doi.org/10.1787/1eee39bc-en. [3]

Pahnael, J., A. Soekiman and M. Wimala (2020), "Penerapan Kebijakan Insentif Green Building di Kota Bandung (Implementation of Green Building Incentive Policies in Bandung City)", *Jurnal Infrastruktur*, Vol. 6/1, pp. 1-13, http://dx.doi.org/10.35814/infrastruktur.v6i1.1315. [14]

Riana (2021), "Arifin Launched Subroto Award for Energy Efficiency 2021", *Pontas*, p. 2, https://pontas.id/2021/03/18/arifin-launching-penghargaan-subroto-bidang-efisiensi-energi-2021/ (accessed on 8 April 2021). [12]

Rio, P. (2019), *Auctions for the support of renewable energy in Mexico*, AURES II, European Commission, http://aures2project.eu/wp-content/uploads/2019/12/AURES_II_case_study_Mexico.pdf (accessed on 17 December 2020). [27]

U4E (2020), *ECOFRIDGES Green On-wage Financial Mechanism Launched in Ghana by the Energy Commission*, United for Efficiency (U4E), United Nations Environment Programme, https://united4efficiency.org/ecofridges-green-on-wage-financial-mechanism-launched-in-ghana-by-the-energy-commission-unep-and-base-to-make-environmentally-friendly-cooling-products-more-affordable/ (accessed on 16 December 2020). [16]

Catatan

[1] Untuk informasi lebih lanjut, kunjungi https://www.seai.ie/business-and-public-sector/business-grants-and-supports/energy-contracting/.

[2] Untuk informasi lebih lanjut, kunjungi https://www.id.undp.org/content/indonesia/en/home/projects/Partnership-for-Market-Readiness.html.

[3] Untuk informasi lebih lanjut tentang CaaS, kunjungi https://www.caas-initiative.org/.

[4] Untuk informasi lebih lanjut, kunjungi www.coldhubs.com/.

[5] Untuk informasi lebih lanjut, kunjungi https://wwf.panda.org/wwf_offices/tanzania/?349380/New-Project-to-Scale-Up-Efficient-Clean-Cooling-Systems-for-Octopus-Fisheries-Launched-in-Kilwa.

[6] https://www.there100.org/

[7] Kebutuhan investasi energi terbarukan sebagaimana disampaikan oleh Pak Suryadarma, Ketua Masyarakat Energi Terbarukan Indonesia (METI), dalam presentasinya dalam *Virtual review mission* CEFIM dalam Diskusi Kelompok Terarah tentang Pengadaan Energi Terbarukan Korporasi (13 Oktober 2020).

[8] Perlu dicatat bahwa rendahnya jumlah listrik terbarukan variabel dapat berdampak pada beberapa sistem berskala kecil.

6 Kebijakan pasar keuangan

Bab ini membahas status saat ini dan persyaratan pembiayaan energi bersih Indonesia di masa yang akan datang. Tinjauan keadaan pasar keuangan Indonesia dan perlunya memperdalam pengembangan pasar modal disajikan pula pada bagian ini. Bab ini menyoroti regulasi pasar keuangan, termasuk peran kebijakan keuangan berkelanjutan dan instrumen keuangan berkelanjutan terarah dalam memobilisasi pembiayaan untuk proyek energi bersih, serta pembahasan tentang peran pembiayaan pembangunan dalam memobilisasi modal swasta dan peluang inovasi kelembagaan untuk mengatalisasi pembiayaan dan investasi sektor swasta.

Untuk memenuhi kontribusi yang ditetapkan secara nasional (*nationally determined contribution*/NDC), Indonesia perlu memobilisasi investasi sekitar USD 220 miliar di sektor energi bersih dan transportasi berkelanjutan pada tahun 2030. Untuk mencapai tujuan ini, diperlukan sumber pembiayaan pemerintah dan swasta baik dari dalam negeri maupun luar negeri. Pasar keuangan yang berfungsi dengan baik akan berkontribusi secara signifikan dalam meningkatkan peluang investasi dan menurunkan biaya pendanaan. Untuk menciptakan ekosistem pembiayaan energi bersih yang dapat mendukung transisi energi bersih di Indonesia diperlukan kerja sama antara pemerintah, pasar keuangan, industri, dan lembaga pembiayaan pembangunan.

Untuk memobilisasi pembiayaan dari sektor swasta, pemerintah Indonesia telah bekerja sama dengan sektor keuangan untuk mengembangkan produk keuangan berkelanjutan di lingkungan perbankan, pasar modal, dan lembaga jasa keuangan non-perbankan. Kegiatan keuangan berkelanjutan yang dipimpin oleh Otoritas Jasa Keuangan (OJK) dan Kementerian Keuangan patut dihargai dan Indonesia berada di posisi penting di antara negara-negara berkembang besar dalam kegiatan keuangan berkelanjutannya. Bab ini membahas status saat ini dan persyaratan pembiayaan energi bersih Indonesia di masa yang akan datang; regulasi pasar keuangan termasuk peran keuangan berkelanjutan dan instrumen keuangan terarah berkelanjutan; dan peran lembaga pembiayaan pembangunan dan peluang inovasi kelembagaan untuk mempercepat pembiayaan dan investasi sektor swasta.

Penilaian dan rekomendasi

Tersedia kerangka pembiayaan yang terus menerus berkembang

Kegiatan pembiayaan berpusat pada Peta Jalan Keuangan Berkelanjutan OJK, yang pada Tahap I (2015-2019) meningkatkan kesadaran di kalangan lembaga jasa keuangan tentang pentingnya pembiayaan berkelanjutan dan memberikan kerangka dan pedoman regulasi yang komprehensif. Peta Jalan Tahap II (2020-2024) yang baru-baru ini dirilis berfokus pada membangun ekosistem pembiayaan berkelanjutan dengan memperkuat implementasi mitigasi risiko lingkungan, sosial, dan tata kelola (ESG) serta mendukung inovasi dan pengembangan jasa dan produk keuangan. Upaya ini akan membantu mengatur ulang sistem keuangan Indonesia untuk mendukung negara mencapai tujuan pembangunan berkelanjutannya (*sustainable development goals*/SDGs) dan Perjanjian Paris. Indonesia dapat belajar dari pengalaman negara lain dalam mengembangkan Taksonomi Pembiayaan Berkelanjutan sebagai bagian dari peta jalannya dan mempertimbangkan bagaimana taksonomi pembiayaan berkelanjutan negara lain yang ambisius akan memengaruhi daya tarik Indonesia sebagai tujuan penanaman modal asing langsung (*foreign direct investment*/FDI). Pemerintah berperan melalui kampanye informasi publik nasional tentang pentingnya mengintegrasikan pertimbangan ESG *(Environmental, Social, and Governance)* dalam keputusan investasi untuk mendorong tekanan publik agar lebih cepat mengadopsi kegiatan pembiayaan berkelanjutan dalam sektor jasa keuangan di Indonesia.

Regulasi tentang prinsip kehati-hatian berpotensi menimbulkan hambatan pembiayaan energi terbarukan

Regulasi tentang prinsip kehati-hatian yang mengatur industri jasa keuangan Indonesia seharusnya dapat lebih akomodatif untuk proyek pembangkit listrik energi bersih. Tingkat BMPK (Batas Maksimum Pemberian Kredit) saat ini dapat menciptakan hambatan dalam pembiayaan proyek energi terbarukan oleh lembaga jasa keuangan. Sejumlah lembaga jasa keuangan telah mencapai atau mendekati batas pemberian pinjaman resmi mengingat eksposur yang signifikan dengan PLN (Perusahaan Listrik Negara) dalam portofolio pinjaman mereka. Sebagai pembeli tunggal listrik, PLN atau anak perusahaannya terlibat dalam sejumlah besar proyek energi terbarukan (termasuk proyek pembangkit hidro berskala besar) dan karenanya proyek-proyek tersebut dikonsolidasikan sebagai bagian dari eksposur PLN dalam penghitungan batas ini. Pelonggaran rumus perhitungan ATMR (Aset Tertimbang Menurut Risiko) untuk energi terbarukan dapat dipertimbangkan untuk mendorong lembaga jasa keuangan meningkatkan pemberian pinjaman kepada proyek-proyek tersebut, walaupun harus dilakukan dengan pertimbangan yang cermat terkait potensi dampak sistemiknya. Selain mengatasi hambatan regulasi pasar keuangan untuk meningkatkan akses terhadap pemberian pinjaman dalam negeri, untuk memfasilitasi evaluasi proyek dan meningkatkan akses terhadap utang dalam negeri untuk proyek energi bersih, OJK dapat mempertimbangkan pelaksanaan "program kredit" yang bertujuan untuk menyatukan dan menstandarisasi aturan dan ketentuan kontrak lainnya, yang akan membantu memfasilitasi penilaian kredit sebagaimana yang berhasil diterapkan di sektor kelapa sawit.

Diperlukan keselarasan dengan Kementerian ESDM terkait kategori keuangan berkelanjutan untuk mengatasi inkonsistensi yang dapat menciptakan ketidakpercayaan pasar

Untuk mendukung perkembangan keuangan berkelanjutan di Indonesia, OJK menerbitkan Peraturan No. 60/2017 yang berisi kategori kegiatan yang dapat dibiayai melalui obligasi hijau. Pada 2019, lembaga keuangan Indonesia telah mendanai sekitar Rp 913 triliun (USD 64 miliar) investasi sehingga memenuhi definisi keuangan berkelanjutan sebagaimana diuraikan dalam Peta Jalan Keuangan Berkelanjutan OJK (OJK, 2021[1]). Walaupun kegiatan OJK untuk mendorong penerapan kegiatan keuangan berkelanjutan patut dihargai, namun karena Kementerian ESDM tidak terlibat dalam penetapan definisi ini, timbul inkonsistensi antara rencana energi bersih pemerintah dan definisi keuangan berkelanjutan. Hal ini mengurangi kepercayaan di antara lembaga jasa keuangan dan keengganan untuk mendanai proyek energi bersih tertentu dalam Rencana Umum Energi Nasional (RUEN) dan Rencana Listrik (RUPTL), yang tidak dicakup dalam peraturan OJK.

Indonesia: pemimpin obligasi hijau pemerintah sekaligus fintech inovator

Perkembangan yang menonjol dalam keuangan berkelanjutan di Indonesia adalah peran kepemimpinan negara dalam pasar obligasi berkelanjutan. Indonesia adalah negara pertama yang menerbitkan obligasi syariah hijau (sukuk) pemerintah pada tahun 2018. Selain itu, Indonesia merupakan inovator *fintech (finansial technology)*, yang telah menyelesaikan obligasi hijau/sukuk ritel pertama di dunia pada tahun 2019. Penerbitan sukuk hijau ritel oleh pemerintah bertujuan untuk mengembangkan basis investor yang lebih berkelanjutan dan membantu meningkatkan kesadaran, terutama di kalangan milenial tentang pentingnya berinvestasi di tengah solusi perubahan iklim seperti energi bersih dan teknologi lain untuk mengatasi berbagai tantangan lingkungan. Sistem pembelian daring berhasil menarik dan memungkinkan investor dari 34 provinsi untuk bergabung dengan kelompok milenial, yang merupakan 56% dari investor pertama kali, dan memberikan pembelajaran yang bermanfaat untuk negara lain.

Pasar modal memiliki potensi yang signifikan untuk membiayai proyek energi bersih

Upaya lain dapat juga dilakukan untuk lebih mengembangkan instrumen pasar modal untuk membiayai proyek berwawasan lingkungan. Upaya ini perlu dibarengi dengan pengembangan regulasi yang mendorong keragaman produk keuangan dan membantu upaya untuk lebih memperdalam pasar modal Indonesia, yang jika dibandingkan dengan negara ASEAN lainnya seperti Malaysia dan Thailand, masih relatif kecil mengingat skala ekonominya. Upaya untuk lebih mengembangkan instrumen pasar modal juga akan membantu meningkatkan ketersediaan modal jangka panjang dan mencakup pasar pembiayaan infrastruktur primer maupun sekunder. Instrumen tersebut harus membahas isu skala yang diperlukan untuk menarik modal internasional dan mencakup produk-produk seperti sekuritas beragun aset *(asset backed securities)*, obligasi terkait keberlanjutan *(sustainability-linked bonds)*, dan dana energi bersih.

Sektor keuangan tertinggal dalam bidang energi bersih terlepas dari aksi kuat pemerintah

Perkembangan terkini tentang keuangan berkelanjutan terlihat cukup menjanjikan, walaupun lembaga-lembaga jasa keuangan Indonesia menghadapi sejumlah tantangan dalam hal perluasan portofolio keuangan berkelanjutannya, terutama yang berkaitan dengan pembiayaan proyek energi terbarukan dan efisiensi energi. Tantangan ini meliputi kurangnya pemahaman tentang proyek energi terbarukan dan efisiensi energi; kurang memadainya informasi; risiko yang dianggap tinggi; kurangnya instrumen pembiayaan dan dana yang sesuai; dan terbatasnya akses terhadap keuangan berkelanjutan untuk mendukung proyek. Pemerintah perlu meningkatkan ketersediaan data dan menyusun protokol pemantauan dan pelaporan; mendukung peningkatan kapasitas di antara staf lembaga keuangan dan mengembangkan keuangan inovatif untuk membantu menarik investor dan perusahaan. Sejumlah pembelajaran yang dapat dipetik dari negara-negara di Eropa, Australia dan Afrika Selatan, antara lain bagaimana inisiatif di negara-negara tersebut dapat mendukung penyerapan pembiayaan berkelanjutan untuk investasi di sektor energi bersih.

Persyaratan agunan yang tinggi menyulitkan akses terhadap pembiayaan, khususnya untuk pengembang proyek berskala kecil

Efisiensi energi dan beberapa proyek energi terbarukan, terutama di wilayah kepulauan timur Indonesia yang kurang berkembang pada umumnya dikelola oleh pengembang proyek berskala kecil dengan kemampuan keuangan dan pengalaman terbatas dalam penataan pembiayaan proyek. Tanpa riwayat kredit yang memadai, para pengembang proyek ini seringkali mengalami kesulitan dalam mengakses pembiayaan termasuk persyaratan agunan yang tinggi dari bank umum yang nilainya dapat melebihi nilai proyek dan seringkali di luar kemampuan para pengembang proyek tersebut. Tujuan pembangunan berkelanjutan *(sustainable development goal/SDG) Indonesia One Fund* dapat digunakan untuk mendukung skema penjaminan yang bertujuan untuk memitigasi risiko proyek dan membantu pengembang proyek mengatasi persyaratan agunan serta membangun pengalaman dan kepercayaan di antara lembaga jasa keuangan baik dalam proyek efisiensi energi maupun energi terbarukan. Dana ini harus menyasar proyek dengan struktur replikabilitas yang baik sehingga dapat mengatasi risiko yang saat ini tidak dapat dievaluasi oleh pasar secara memadai sehingga di masa yang akan datang, setelah proyek-proyek ini mampu menunjukkan kelayakan finansialnya, dapat diambil alih oleh pasar tanpa perlu melakukan mitigasi risiko.

Perlu peningkatan kapasitas dan dukungan lebih lanjut untuk membangun kepercayaan investor

Upaya untuk melibatkan para pelaku sektor jasa keuangan dalam pengembangan energi bersih menunjukkan beberapa kemajuan, tetapi diperlukan pelatihan tambahan dan upaya peningkatan kapasitas untuk membiasakan para pelaku sektor jasa keuangan tersebut dengan aspek kelembagaan dan operasional proyek energi bersih, serta untuk memahami risiko proyek dan mendapatkan kepercayaan dalam pendanaannya. Pembelajaran dapat diperoleh dari fasilitas pembiayaan yang disiapkan untuk mendukung industri biodiesel seperti dana minyak sawit mentah, yang telah berhasil membuka peluang pembiayaan untuk sektor biodiesel dan menciptakan pasar yang berkembang.

Kurangnya pembiayaan proyek dalam negeri untuk energi bersih meningkatkan biaya pendanaan

Tantangan pembiayaan penting lainnya adalah ketidaksesuaian antara masa pakai proyek, yang berkisar antara 20 hingga 40 tahun untuk aset energi terbarukan, dan kurang tersedianya pembiayaan jangka panjang, yang pada umumnya diberikan dengan tenor rata-rata 5 hingga 7 tahun. Tidak terdapat pasar utang dalam negeri jangka panjang sehingga pembiayaan proyek tanpa jaminan *(non-recourse)* dengan mata uang lokal jarang diberikan di Indonesia. Instrumen menarik untuk pembiayaan proyek energi bersih ini, norma yang berlaku di negara-negara anggota OECD dan di beberapa pasar utama lainnya, merupakan faktor lain yang dapat dikaitkan dengan semakin tingginya biaya yang diperlukan untuk proyek energi bersih.

Kotak 6.1. Rekomendasi kebijakan utama terkait kebijakan pasar keuangan

- Mengkaji peraturan dan praktik perbankan, seperti batas pemberian pinjaman yang berlaku dan persyaratan agunan tinggi untuk mengidentifikasi opsi yang dapat dipilih untuk mengatasi hambatan ini. Proyek energi bersih dapat diperlakukan sebagai proyek kategori khusus sehingga dapat mengatasi permasalahan BMPK yang dihubungkan dengan tingginya eksposur lembaga keuangan ke PLN dan dapat didukung dengan skema peningkatan kredit atau asuransi *off-taker*. Untuk membantu pengembang proyek mengakses pembiayaan utang dan memenuhi persyaratan ekuitas, perlu dipertimbangkan adanya opsi seperti skema jaminan, struktur atau fasilitas inovatif. OJK juga dapat bekerja sama dengan bank dalam menetapkan struktur pembiayaan proyek untuk energi terbarukan dan proyek efisiensi energi yang dapat distandarisasi dan direplikasi secara luas di berbagai bank.
- Mendukung penerbitan obligasi hijau (sukuk hijau) korporasi dan daerah sebagai kesempatan untuk memanfaatkan perkembangan pesat pasar obligasi hijau (dan sukuk hijau) global yang menawarkan sarana pembiayaan yang menarik bagi pengembang proyek energi bersih untuk menghimpun pembiayaan utang berjangka panjang. Indonesia dapat membangun pengalamannya dengan obligasi hijau/sukuk hijau negara dan mempertimbangkan sejumlah langkah untuk memfasilitasi akses ke pasar ini, termasuk insentif untuk menutupi biaya penerbitan, peningkatan atau jaminan kredit, kampanye informasi untuk meningkatkan kesadaran perusahaan dan pemerintah daerah dan agregasi proyek berskala kecil ke dalam struktur yang lebih besar
- Menyelaraskan definisi keuangan berkelanjutan untuk memastikan bahwa target yang diuraikan dalam RUEN dan Rencana Pembangunan Jangka Menengah (RPJMN) Kementerian Perencanaan Pembangunan Nasional (Bappenas) 2020-24 mendatang sesuai dengan peraturan OJK untuk lembaga jasa keuangan. OJK harus meminta masukan dari Kementerian ESDM, Bappenas, dan lembaga terkait lainnya untuk menetapkan taksonomi keuangan berkelanjutan nasional, karena hal itu akan memengaruhi modal yang dibutuhkan untuk membiayai proyek energi bersih. Masukan ini juga dapat membantu mengatasi isu inkonsistensi yang menghambat akses keuangan
- Mempertimbangkan unsur perencanaan berbeda berdasarkan pengalaman internasional (yaitu Uni Eropa (UE), Perancis dan Jepang) dalam pengembangan Taksonomi Keuangan Berkelanjutan Indonesia, untuk mengidentifikasi kegiatan ekonomi dan menetapkan lingkungan dan tujuan lain yang terkait dengan taksonomi tersebut. Taksonomi tersebut harus memungkinkan kerangka kerja yang dapat disesuaikan untuk mengatasi perubahan teknologi dan inovasi, dan harus mempertimbangkan kegunaan oleh pengguna akhir, emiten dan investor. Taksonomi yang mudah digunakan akan dapat diadopsi dan diterapkan oleh pasar dengan mudah, dengan tetap memperhitungkan ketersediaan data untuk memfasilitasi verifikasi.
- Koordinasi lintas kementerian terkait untuk memastikan bahwa tarif dan struktur kontrak, misalnya persyaratan perjanjian jual beli tenaga listrik (PJBTL), menjamin visibilitas jangka panjang yang sesuai tentang arus pendapatan yang diperlukan bank untuk memberikan pinjaman tanpa jaminan (*non-recourse*) jangka panjang secara langsung ke proyek. Mekanisme

mitigasi risiko mungkin juga diperlukan untuk proyek pertama guna membantu lembaga keuangan mendapatkan kepercayaan dalam struktur pembiayaan baru ini. Pemerintah harus mempertimbangkan untuk menciptakan ekosistem yang akan membantu lembaga keuangan meningkatkan portofolio pinjaman untuk proyek energi bersih dan terlibat dalam jaringan lembaga keuangan IKBI (Inisiatif Keuangan Berkelanjutan Indonesia) yang mendukung keuangan berkelanjutan untuk membantu mengidentifikasi dan menerapkan solusi untuk mengatasi berbagai risiko pembiayaan. Selain itu, pemerintah dapat membantu pasar mendapatkan pengalaman dan kepercayaan dalam membiayai proyek energi terbarukan dan efisiensi energi di antara solusi iklim lainnya seperti pengelolaan limbah dan air bersih.

- Melakukan penilaian pasar terperinci terkait kebutuhan dan tantangan pembiayaan serta peluang untuk mengukur dan mengidentifikasi instrumen pembiayaan yang sesuai yang memenuhi persyaratan pasar. Evaluasi ini harus berisi pertimbangan untuk mendirikan fasilitas keuangan berkelanjutan khusus yang dapat membantu mengatasi hambatan saat ini untuk meningkatkan pembiayaan yang terjangkau untuk proyek energi bersih. Fasilitas tersebut dapat didirikan di salah satu lembaga keuangan publik yang sudah ada yang memiliki mandat untuk mendukung investasi ramah iklim, seperti Badan Pengelola Dana Lingkungan (BPDLH) atau PT Sarana Multi Infrastruktur (PT SMI).
- Mempertimbangkan penggunaan fasilitas tersebut di atas sebagai perantara untuk memberikan dukungan dan layanan konsultasi, menyusun portofolio gabungan proyek efisiensi energi, dan mengelola seluruh proses transaksi (misalnya melalui standardisasi kontrak). Fasilitas tersebut dapat mencakup dukungan keuangan, seperti hibah dengan penggantian agunan, jaminan atau asuransi terhadap risiko penghematan energi, untuk membantu mengatasi hambatan pembiayaan model layanan energi.

Memperkuat dan memperdalam pasar keuangan lokal

Utang sektor swasta Indonesia (sebagai bagian dari PDB) merupakan yang terendah di Asia Tenggara, yang mencerminkan ketertinggalan sektor keuangan negara secara keseluruhan (Gambar 6.1). Sebagaimana di banyak negara, perbankan umum menguasai sebagian besar aset gabungan sektor keuangan dan merupakan sumber pembiayaan utang terbesar di Indonesia, termasuk untuk infrastruktur energi bersih (lihat Gambar 6.2). Sektor perbankan negara juga secara khusus terfragmentasi ke dalam sekitar 110 bank umum (8 di antaranya milik asing) dan 1.512 bank perkreditan rakyat, walaupun sebenarnya agak terkonsentrasi mengingat empat bank umum terbesar di Indonesia menguasai sekitar sepertiga dari aset agregat bank.

Bank BUMN relatif sehat, dengan rasio kecukupan modal yang tinggi (sekitar 23% pada September 2020, sebagian besar di atas persyaratan Basel III sebesar 8%) dan tingkat kredit macet yang rendah (3,1%), meskipun sedikit meningkat akibat krisis COVID-19. Akan tetapi, bank umum cenderung beroperasi secara konservatif karena sangat bergantung pada simpanan jangka pendek (pendanaan ritel), sehingga membatasi kemampuannya untuk menyediakan pembiayaan jangka panjang untuk investasi (karena risiko ketidaksesuaian antara aset dan liabilitas) (IMF, 2018[2]). Pada bulan September 2020, berdasarkan Data Statistik Perbankan bulanan OJK, sekitar seperempat portofolio bank umum digunakan untuk membiayai investasi.

Selain perbankan umum, basis investor insitutisi di Indonesia[1] tetap sangat kecil (lihat Gambar 6.2 dan sejauh ini memainkan peran sangat terbatas dalam pembiayaan proyek infrastruktur, apalagi sektor energi bersih. Pada tahun 2020 aset yang dikelola dana pensiun dan perusahaan asuransi mencapai masing-masing sekitar 3% dan 5% dari PDB (Bank Indonesia, 2020[3]; World Bank, 2020[4]).

Gambar 6.1. Sektor jasa keuangan Indonesia berada dalam tahap pengembangan awal dan didominasi perbankan

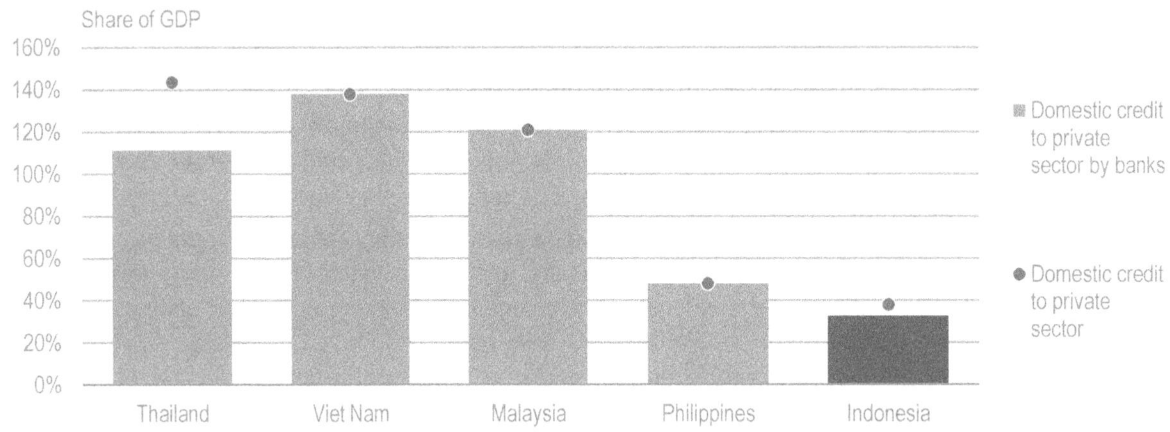

Sumber: World Bank(2020[5]), World Development Indicators.

StatLink https://stat.link/n6cmu4

Gambar 6.2. Penguasaan aset sektor jasa keuangan Indonesia berdasarkan jenis lembaga jasa keuangan, per Oktober 2020

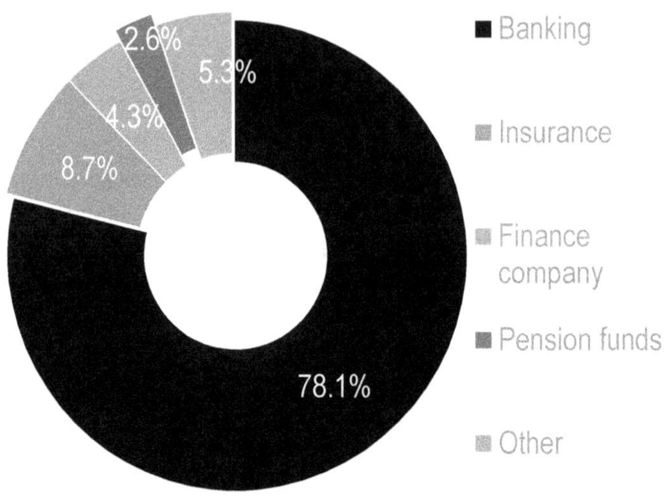

Catatan: "Lainnya" trermasuk lembaga penjaminan, perusahaan pembiayaan infrastruktur, lembaga pembiayaan mikro, dan perusahaan broker asuransi.
Sumber: Bank Indonesia (Oktober 2020).

StatLink https://stat.link/sbkxg1

Estimasi kebutuhan investasi Indonesia untuk infrastruktur selama 5 tahun berikutnya sesuai dengan RPJMN 2020-24 mencapai IDR 5,957 triliun (sekitar USD 412 miliar) (Bloomberg, 2019[5]), mewakili lebih dari separuh aset sektor jasa keuangan Indonesia yang pada tahun 2020 sebesar sekitar IDR 11,357 miliar (sekitar USD 805 miliar) (Bank Indonesia, 2020[3]). Kebutuhan investasi untuk sektor energi bersih selama 5 ke depan untuk memenuhi target pembangkitan energi terbarukan RUEN diperkirakan sekitar USD 44.2 miliar (IESR, 2019[6]). Angka ini menunjukkan adanya kesenjangan pembiayaan mengingat bahwa infrastruktur hanyalah satu dari banyak sektor yang akan berlomba untuk memperoleh modal yang terbatas ini. Indonesia perlu menarik sumber dana asing untuk membiayai pembangunan infrastrukturnya serta melanjutkan promosi dan implementasi kebijakan untuk meningkatkan inklusi keuangan serta meningkatkan upaya untuk memperdalam sektor keuangannya. Dari sisi skala dan kepentingan perekonomian, pembangunan sektor keuangan Indonesia jauh tertinggal dari negara-negara lain di kawasan. Hanya sedikit investor lembaga dalam negeri di Indonesia, dengan perusahaan asuransi dan dana pensiun menyumbang hanya 11,32% dari aset keuangan negara (lihat Gambar 6.2). Dibutuhkan upaya untuk mengembangkan pasar ini dan menggeser cakrawala investasi menuju investasi jangka panjang sebagai cara untuk mendukung pengembangan pasar modal yang lebih kuat guna mendanai pembangunan ekonomi Indonesia dan tujuan pembangunan berkelanjutan.

Pasar modal yang masih dangkal di Indonesia membatasi opsi pembiayaan untuk korporasi

Beberapa perusahaan non-keuangan (termasuk pengembang energi bersih) sejauh ini telah memanfaatkan pasar modal (yang masih dangkal) Indonesia untuk pembiayaan. Pada tahun 2018, pasar obligasi korporasi domestik yang tumbuh menyumbang kurang dari 3%[2] dari PDB dibandingkan dengan 46,3% di Malaysia, misalnya. Hampir 80% dari sekuritas pasar yang beredar memiliki tenor kurang dari 5 tahun (lihat Gambar 6.3). Sekuritisasi dan obligasi proyek mewakili bagian yang tidak berarti dari sekuritas utang yang masih beredar. Sebagian besar emiten adalah lembaga keuangan (sekitar dua pertiga), sementara sebagian besar sisanya adalah badan usaha milik negara (BUMN) (ADB, 2017[7]; IMF, 2018[2]). Sebaliknya, pasar obligasi pemerintah Indonesia jauh lebih besar (menyumbang 16% dari PDB) dan lebih likuid daripada pasar obligasi korporasi (meskipun jauh lebih kecil dibandingkan pasar obligasi regional lainnya) dan menawarkan rata-rata jatuh tempo yang lebih lama. Pemerintah Indonesia juga jauh lebih aktif dalam memanfaatkan produk keuangan berkelanjutan, dengan menjadi salah satu emiten obligasi/sukuk hijau terbesar di dunia (pembahasan lebih lanjut akan disajikan dalam bab ini). Sedangkan untuk pasar obligasi, hanya sedikit korporasi yang memperoleh pembiayaan primer melalui pasar saham, sebagaimana ditunjukkan dengan rendahnya jumlah penawaran umum perdana tahunan. Akibatnya, pasar saham Indonesia juga memiliki kapitalisasi pasar yang lebih kecil dibandingkan negara-negara lain di kawasan dan dengan omset yang jauh lebih rendah.

Gambar 6.3. Obligasi perusahaan berdasarkan jangka waktu jatuh tempo, 2018

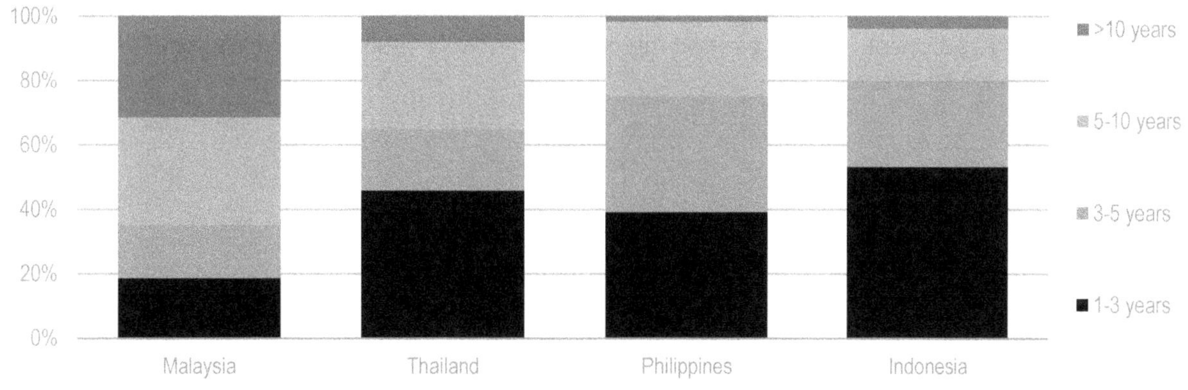

Sumber: ADB (2020[8]), Obligasi Asia Daring (Asian Bonds Online).

StatLink https://stat.link/ohtflg

Menyadari perlunya memperdalam pasar keuangannya, Pemerintah Indonesia membentuk sebuah dewan nasional untuk inklusi keuangan dan forum bersama tingkat tinggi untuk mendorong koordinasi antarlembaga. Dengan pimpinan Presiden, dewan nasional mengadopsi Strategi Nasional Inklusi

Keuangan pada tahun 2016 yang mencakup lima pilar berikut ini: pendidikan keuangan, hak atas kekayaan publik, perluasan produksi keuangan, distribusi transfer pemerintah, dan perlindungan konsumen. Strategi tersebut menetapkan sasaran agar 75% orang dewasa memiliki rekening transaksi pada akhir 2019. Hasil survei inklusi nasional 2019 melaporkan 76,19% orang dewasa memiliki rekening, melampaui sasaran yang ditetapkan[3]. Forum bersama tingkat tinggi berfokus pada pengembangan enam pasar keuangan berikut ini secara paralel: uang, valuta asing, obligasi, ekuitas, investasi syariah, dan produk terstruktur. Perkembangan pasar-pasar ini memainkan peran integral dalam memperdalam sektor keuangan Indonesia dan dengan demikian kemampuan negara untuk memobilisasi lebih banyak investasi dalam negeri dan luar negeri serta pembiayaan untuk energi bersih.

Pasar modal Indonesia relatif masih belum berkembang jika dibandingkan dengan negara-negara lain di ASEAN, dengan pasar saham dan obligasi dalam negeri yang secara signifikan kurang berkembang dibandingkan negara-negara di kawasan regional. Perkembangan lebih lanjut dari pasar modal di Indonesia menunjukkan peluang untuk mengalihkan tabungan dari simpanan jangka pendek menjadi investasi jangka panjang dalam bentuk obligasi, ekuitas, dan instrumen terstruktur lainnya. Diversifikasi pasar obligasi untuk mendorong lebih banyak penerbitan obligasi korporasi dapat membantu memperluas pasar obligasi yang saat ini hampir seluruhnya terdiri atas obligasi pemerintah, dengan obligasi korporasi hanya mewakili 13% dari pasar.

Akses dan status pembiayaan untuk energi bersih

Analisis yang dilakukan oleh Badan Energi Internasional (*International Energy Agency*/IEA) tentang tren investasi dalam pembangkit listrik, menunjukkan tingginya ketergantungan pada modal asing untuk membiayai pertumbuhan permintaan listrik Indonesia dengan pembiayaan dalam negeri yang hanya mewakili seperempat dari total investasi (lihat Gambar 6.4). Porsi terbesar yang mencapai 40% berasal dari lembaga pembiayaan pembangunan dan lembaga kredit ekspor (40%), diikuti oleh sektor swasta yang mencapai lebih dari seperempat dan sisanya berasal dari sumber publik. Cina adalah sumber utama pendanaan baik dari lembaga publik maupun lembaga kredit ekspor, sementara investor (ASEAN) lainnya mewakili bagian penting dari sumber pendanaan swasta. Investor internasional (tidak termasuk Cina dan negara-negara ASEAN lainnya) menyumbang sekitar setengah dari total pendanaan yang dibagi di ketiga segmen dengan bobot yang relatif lebih tinggi di segmen Lembaga Pembiayaan Pembangunan (*Development Finance Institution*/DFI) dan Lembaga Kredit Ekspor (*Export Credit Agency*/ECA) serta sektor swasta. Sumber pendanaan lokal sedikit condong ke anggaran publik dengan pendanaan swasta berasal dari perbankan umum, yaitu kurang dari setengahnya. Mengingat peran kunci yang dimainkan oleh DFI dan ECA, Indonesia sangat bergantung pada pembiayaan konsesi *(concessional finance)* untuk ekspansi pembangkit listriknya.

Gambar 6.4. Sumber pembiayaan sektor pembangkit listrik, 2016-2019

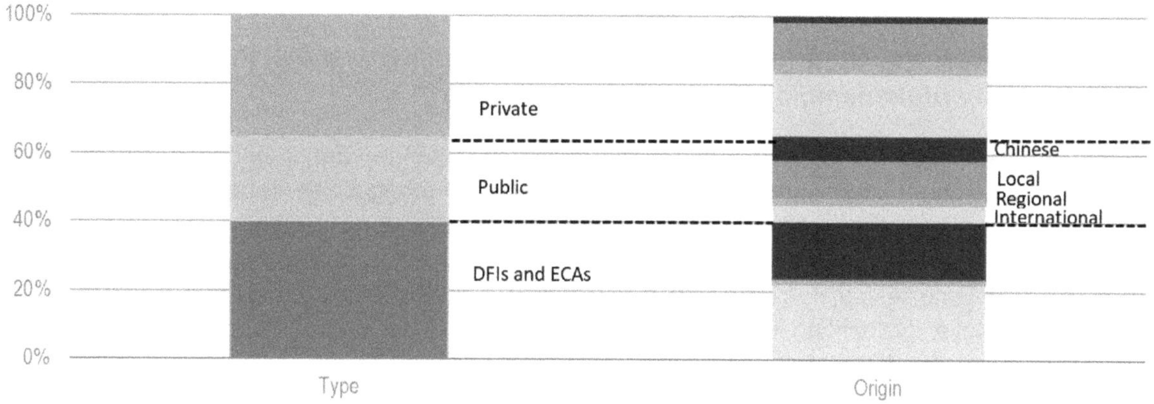

Sumber: IEA(2020[9]), Tren-tren investasi ketenagalistrikan di Indonesia.

StatLink https://stat.link/4n2fbg

Berbeda dengan pembangkit listrik berbahan bakar fosil, di mana dana publik mewakili sekitar 40% dari total pendanaan, proyek energi terbarukan bergantung pada pembiayaan dari DFI dan ECA serta sumber swasta, terutama bank umum (lihat Gambar 6.5). Sementara investasi di pembangkit listrik berbahan bakar fosil terus mendominasi pasar, pangsa investasi pembangkit listrik energi terbarukan baru mulai meningkat dengan panas bumi merupakan pangsa terbesar mengingat potensinya yang besar di Indonesia (lihat **Bab 1**). Ketergantungan yang tinggi saat ini pada pembiayaan pembangunan dan dana konsesi untuk memenuhi permintaaan listrik yang terus meningkat sebetulnya tidak berkelanjutan sehingga pemerintah Indonesia perlu terus meningkatkan kerangka kebijakannya untuk mengalihkan porsi pembiayaan yang lebih besar ke sumber swasta.

Gambar 6.5. Sumber pembiayaan menurut teknologi pembangkit listrik, 2016-2019

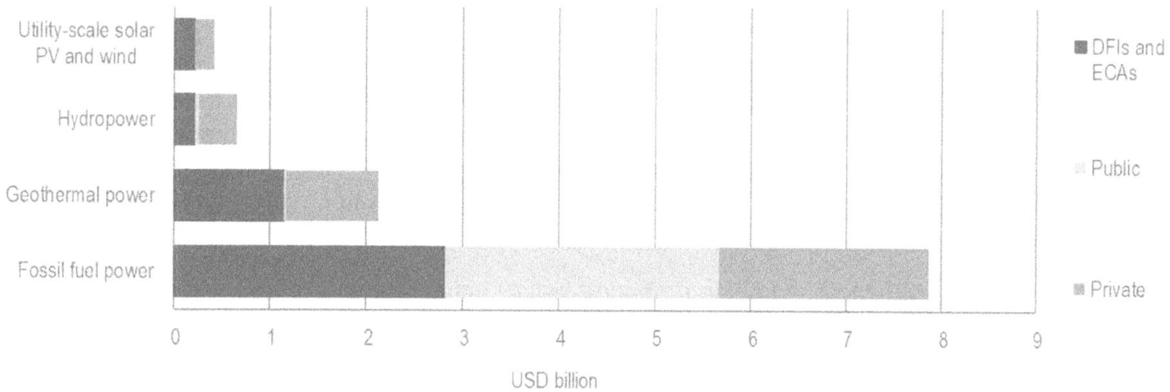

Sumber: IEA(2020[9]), Tren-tren investasi ketenagalistrikan di Indonesia.

StatLink https://stat.link/xw3t9s

Saat ini, kontribusi bank umum di Indonesia untuk mendanai proyek energi bersih masih terbatas. Data resmi 2019 menunjukkan bahwa bank umum hanya mengalokasikan 3,5% dari portofolio pinjamannya untuk sektor listrik, gas, dan air, dibandingkan dengan sekitar 6,1% dan 6,7% masing-masing untuk sektor konstruksi dan pertanian. Tidak ditemukan data terpilah untuk energi bersih, tetapi porsinya kemungkinan hanya kecil saja dari angka agregat tersebut. Walaupun secara keseluruhan, pembiayaan proyek energi bersih di kalangan perbankan umum di Indonesia masih merupakan pasar yang relatif baru dan tidak pasti, rencana aksi keuangan berkelanjutan yang disusun bank-bank BUMN menunjukkan tanda-tanda positif bahwa sektor ini berpotensi memiliki pertumbuhan signifikan dengan estimasi total pembiayaan pada September 2019 mencapai Rp 20 Triliun[4] (sekitar USD 1.4 miliar).

Hambatan regulasi dan kurang memadainya data dan informasi menimbulkan kesulitan bagi perbankan untuk membiayai proyek energi bersih

Lembaga jasa keuangan di Indonesia menghadapi sejumlah tantangan dalam pendanaan proyek energi terbarukan. Tantangan ini termasuk kurangnya pengetahuan lembaga jasa keuangan tentang proyek-proyek terbarukan dan kurang memadainya informasi terkait risiko yang dianggap tinggi karena kurang tersedianya rekam jejak proyek mengingat sedikitnya proyek yang beroperasi; kurangnya instrumen dan dana pembiayaan yang sesuai; dan terbatasnya pembiayaan untuk mendukung sumber energi terbarukan korporasi[5]. Akibatnya, perbankan umum sejauh ini hanya memberikan pembiayaan untuk beberapa proyek panas bumi dan bioenergi, sementara belum ada yang melakukannya untuk mengoperasikan proyek pembangkit tenaga surya dan bayu berskala besar di Indonesia.

Masalah serupa juga menghambat pembiayaan bank untuk proyek efisiensi energi. Secara umum hal ini dapat dijelaskan oleh sifat arus kas aktifitas efisiensi energi yang tidak berwujud, terbatasnya skala transaksi, serta terbatasnya rekam jejak proyek dan pengembang. Sebagian besar bank umum juga memiliki aturan agunan yang ketat, sebagian besar berkisar antara 80-120% dari total nilai pinjaman - karena aturan tersebut melarang pemanfaatan proyeksi penghematan energi sebagai agunan, pada gilirannya aturan ini sangat membatasi kapasitas pinjaman pengembang (APEC, 2017[8]).

Untuk mengatasi tantangan tersebut, pemerintah Indonesia akan mengevaluasi insentif tambahan untuk mendukung investasi; meningkatkan ketersediaan data dan informasi dengan menerapkan protokol pemantauan dan pelaporan; mendukung peningkatan kapasitas di antara staf lembaga jasa keuangan; dan mengembangkan skema pembiayaan untuk membantu menarik investor dan perusahaan.

Regulasi yang mengatur sektor perbankan Indonesia, yaitu BMPK (Batas Maksimum Pemberian Kredit) dan rumus perhitungan ATMR (Aset Tertimbang Menurut Risiko) untuk energi terbarukan juga dapat menimbulkan kendala terhadap pembiayaan proyek energi terbarukan oleh lembaga jasa keuangan. BMPK atau batas pinjaman resmi tidak mengizinkan bank yang memiliki eksposur signifikan dengan PLN dalam portofolio pinjaman mereka untuk memperluas pemberian pinjaman ke proyek-proyek energi terbarukan. Sebagai satu-satunya pembeli listrik, PLN atau anak perusahaannya terlibat dalam sejumlah besar proyek energi terbarukan (termasuk proyek pembangkit listrik tenaga hidro berskala besar) dan karenanya proyek-proyek tersebut dikonsolidasikan sebagai bagian dari eksposur PLN dalam penghitungan batas ini. Pelonggaran regulasi BMPK ini perlu ditinjau untuk semua sektor dan tidak hanya untuk sektor energi sehingga regulasi ini menimbulkan kendala dan bahkan sulit diatasi oleh beberapa bank dalam negeri.

Rumus perhitungan ATMR (aset tertimbang menurut risiko) untuk energi terbarukan merupakan dasar untuk menentukan risiko yang dihadapi lembaga jasa keuangan dalam pemberian pinjaman untuk proyek energi terbarukan. Lembaga jasa keuangan menggarisbawahi bahwa kajian terhadap rumus ATMR dapat memfasilitasi peningkatan pemberian pinjaman ke sektor tersebut, meskipun hal ini harus dilakukan dengan pertimbangan yang cermat terhadap potensi dampak sistemiknya. OJK telah melaksanakan program peningkatan kapasitas untuk memfasilitasi evaluasi risiko oleh lembaga jasa keuangan dan meningkatkan pengetahuan tentang proyek energi bersih yang masih dihadapkan pada risiko yang dianggap tinggi.

Selain mengatasi hambatan regulasi pasar keuangan, untuk memfasilitasi evaluasi proyek dan meningkatkan akses ke utang dalam negeri untuk proyek energi bersih, OJK dapat mempertimbangkan untuk melaksanakan "program kredit" yang bertujuan untuk menyatukan dan menstandarisasi aturan dan ketentuan kontrak lainnya, yang akan membantu memfasilitasi penilaian kredit.

Dalam pembiayaan proyek yang disediakan perbankan umum lokal, pinjaman jangka panjang (di atas 10 tahun) sangat jarang diberikan dan tidak tersedia pembiayaan proyek tanpa jaminan *(non-recourse)* (norma yang berlaku untuk sebagian besar proyek energi terbarukan di OECD dan perekonomian besar lainnya), demikian pula pembiayaan dengan jaminan terbatas *(limited-recourse financing)*. Suku bunga (sekitar 7-12% dalam USD) jauh di atas sumber pendanaan internasional (sekitar 5-8%) (CPI, 2018[9]; IESR, 2019[10]). Berdasarkan estimasi, jika suku bunga turun menjadi 5% (sesuai dengan rata-rata suku bunga yang pada umumnya berlaku di sektor listrik, gas dan air) akan terjadi penurunan biaya listrik tenaga surya yang diselaraskan *(levelised)* saat ini sebesar 40% (IESR, 2019[10]). Ketidaksesuaian antara aset dan kewajiban, yang terjadi di banyak pasar, menimbulkan kesulitan besar dalam meningkatkan modal jangka panjang untuk proyek energi bersih. Hal ini disebabkan oleh ketergantungan yang berlebihan terhadap simpanan jangka pendek untuk mendanai operasi pemberian pinjaman yang membatasi tenor pinjaman yang khas yaitu hanya selama 5-7 tahun, berbeda dengan proyek jangka panjang yang dapat mencapai 15-20 tahun atau lebih untuk proyek energi bersih.

Peraturan keuangan berkelanjutan, pengembangan taksonomi, dan obligasi hijau

Memetakan jalur menuju keuangan berkelanjutan

Indonesia merupakan salah satu negara terkemuka di pasar berkembang yang mengakui dan mengambil langkah terkait perlunya mengintegrasikan keberlanjutan ke dalam regulasi keuangan negara. Bank sentral Indonesia, Bank Indonesia, bergabung dalam Jaringan Perbankan Berkelanjutan Internasional (*International Sustainable Banking Network*) pada tahun 2012, sementara OJK selanjutnya bergabung pada tahun 2013 setelah ditetapkan sebagai badan pengatur independen. Bank Indonesia sebagai otoritas keuangan bertanggung jawab untuk menjaga stabilitas keuangan serta stabilitas sistem keuangan. OJK dibentuk pada tahun 2011 untuk menggantikan Bank Indonesia sebagai otoritas untuk lembaga jasa keuangan dan bertanggung jawab untuk memastikan bahwa sistem keuangan berkembang secara berkelanjutan dan stabil.

OJK mempublikasikan Peta Jalan Keuangan Berkelanjutan Tahap I (2015-2019) dengan fokus pada meningkatkan kesadaran di antara lembaga jasa keuangan tentang pentingnya keuangan berkelanjutan dan memberikan kerangka dan pedoman regulasi yang komprehensif. Publikasi ini diikuti oleh peraturan tahun 2017 (Peraturan OJK No. 51/2017) untuk memberlakukan implementasi peta jalan, termasuk mekanisme pelaporan komprehensif untuk lembaga jasa keuangan, emiten, dan perusahaan publik.

Peraturan ini mencakup pedoman bagi perbankan agar menerapkan peraturan keuangan berkelanjutan, tetapi tidak dikeluarkan pedoman untuk lembaga jasa keuangan lain. Pedoman untuk perbankan ini menetapkan kegiatan dan operasi yang dianggap sesuai dengan 8 prinsip keuangan berkelanjutan, yaitu: 1) Investasi yang Bertanggung Jawab; 2) Strategi dan Praktik Usaha yang Berkelanjutan; 3) Pengelolaan Risiko Sosial dan Lingkungan; 4) Tata Kelola; 5) Komunikasi Informatif; 6) Inklusivitas; 7) Pembangunan Sektor Superior Prioritas; dan 8) Koordinasi dan Kerja Sama. Kedelapan prinsip tersebut menjadi dasar bagi para pemain industri keuangan untuk mengembangkan kegiatan. OJK juga mengharuskan lembaga jasa keuangan merancang sebuah strategi yang berisi pelaksanaan prinsip-prinsip lingkungan, sosial, dan tata kelola (ESG) dalam rencana bisnisnya dan menyerahkan laporan publik yang menguraikan pelaksanaan prinsip-prinsip ESG. OJK juga telah mengklasifikasikan jumlah kategori Kegiatan Usaha Berkelanjutan yang merupakan referensi untuk klasifikasi sektor hijau dan memfasilitasi pengembangan kegiatan keuangan berkelanjutan oleh lembaga jasa keuangan.

Pedoman yang berisi sektor energi bersih juga telah dirilis oleh OJK dan mencakup Panduan lengkap Energi Bersih[6], Panduan Pembiayaan Efisiensi Energi dalam Industri[7], dan Panduan untuk Bangunan Hijau[8], dan saat ini OJK sedang menyusun pedoman untuk pembangkit listrik tenaga surya. Pedoman ini berisi definisi energi bersih, gambaran umum tentang peraturan terkait, skema pembiayaan dan metode evaluasi proyek.

Peraturan keuangan berkelanjutan ini mengharuskan lembaga jasa keuangan menyerahkan rencana aksi keuangan tahunan dan lima tahunan yang berkelanjutan (RAKB) kepada OJK, yang berisi uraian tentang strategi dan tujuan mereka untuk mengarusutamakan kegiatan keuangan berkelanjutan dalam pengoperasian lembaga. Perbankan dalam negeri dan perbankan asing terbesar diharuskan menerbitkan RAKBnya pada tahun 2019 dan mulai mempublikasikan laporan keberlanjutan tahunan yang berisi uraian kemajuan pada tahun 2020. Lembaga-lembaga lain (perbankan berskala kecil, manajer aset, dan investor lembaga) diharuskan mempublikasikan RAKBnya pada tahun 2020 dan melaporkan kemajuannya pada tahun 2021. Semua bank telah memenuhi kewajibannya dan telah menyerahkan RAKBnya kepada OJK.

Peta Jalan Keuangan Berkelanjutan OJK Tahap II (2020-2024) diterbitkan bulan Januari 2021 dengan fokus pada pembangunan ekosistem keuangan berkelanjutan yang diperlukan untuk membantu negara mencapai SDGnya dan Perjanjian Paris (OJK, 2021[1]). Peta Jalan tersebut mengidentifikasi lima bidang prioritas yang diharapkan dapat mempercepat transisi sektor keuangan: 1) pengembangan taksonomi hijau; 2) penerapan aspek-aspek ESG dalam penilaian risiko; 3) pengembangan program riil melalui skema pembiayaan inovatif; 4) pengembangan produk dan jasa keuangan inovatif; dan 5) kampanye keuangan berkelanjutan nasional untuk membangun kesadaran dan kapasitas.

OJK akan segera menerbitkan pedoman pengawasan yang berisi uraian proses untuk mengatasi risiko ESG. Pedoman yang berlaku saat ini tidak mencantumkan penilaian risiko iklim dan kewajiban untuk mengadopsi penilaian risiko iklim (sebagaimana diuraikan dalam Gugus Tugas untuk rekomendasi Pengungkapan Keuangan Terkait Perubahan Iklim (*Task Force for Climate Related Financial Disclosure*/TCFD) dapat memengaruhi perubahan dalam sistem. Beberapa bank di Indonesia telah menerapkan prinsip-prinsip ESG dan pada awal tahun 2020, BNI Asset Management (AM) menerbitkan ESG bertemakan Reksa Dana *Exchange Traded* dengan nama Reksa Dana BNI-AM dalam MSCI ESG *Leaders* Indonesia (XBES), yang mulai diperdagangkan dalam Bursa Saham Indonesia (Indonesian Stock Exchange) pada 9 Januari 2020.

Untuk mendorong dan menerapkan praktik keuangan berkelanjutan, OJK meluncurkan "*First Movers on Sustainable Banking*" yang merupakan kelompok delapan bank nasional (Bank Artha Graha Indonesia, BRI Syariah, Bank Central Asia, Bank Mandiri, Bank Muamalat, Bank Negara Indonesia, Bank BJB, dan Bank Rakyat Indonesia). Ke-8 bank tersebut bersama WWF Indonesia meluncurkan Inisiatif Keuangan Berkelanjutan Indonesia (*Indonesia Sustainable Finance Initiative*/ISFI) melalui kerja sama dengan OJK yang saat ini telah mencakup 14 bank dan PT SMI, sebuah lembaga jasa keuangan non-perbankan. ISFI adalah sebuah prakarsa yang berorientasi pasar yang bertujuan mendukung industri jasa keuangan melalui penerapan keuangan berkelanjutan dan peraturan obligasi hijau (Peraturan OJK No. 51/2017 dan No. 60/2017) dan menunjukkan kesediaan sektor keuangan untuk mulai melaksanakan praktik-praktik keuangan yang lebih berkelanjutan.

Walaupun upaya ini menggembirakan, kurangnya pengalaman, kesenjangan data dan hambatan terkait kebijakan pada praktiknya menyebabkan lambatnya pelaksanaan karena kurangnya *pipeline* proyek yang *bankable*, khususnya untuk proyek energi bersih. Dari lima belas bank dalam ISFI, empat bank (BNI, Bank Mandiri, BCA and BRI) telah mendedikasikan unit energi bersih. Beberapa bank memiliki unit energi yang mencakup proyek energi bersih dan energi konvensional. Pembentukan tim proyek energi bersih khusus di lingkungan lembaga jasa keuangan akan membantu mengembangkan keahlian yang diperlukan untuk mengevaluasi proyek dan membantu memperluas pendanaan proyek. Secara positif, sejumlah lembaga keuangan ASEAN dan Asia yang aktif di Indonesia, seperti HSBC, CIMB Niaga, dan DBS bergabung dalam gerakan yang berkembang di antara lembaga jasa keuangan untuk mengadopsi kebijakan energi bersih yang melarang pembiayaan pembangkit listrik bertenaga batu bara baru di antara kebijakan lain untuk meningkatkan dukungan terhadap energi terbarukan.

Indonesia juga harus mempercepat upaya untuk mempromosikan pertimbangan ESG di sektor jasa keuangan sesuai dengan standar internasional. Ini termasuk menilai secara khusus sejauh mana hambatan untuk mengintegrasikan faktor-faktor ini di pasar, terutama dalam hal jangka panjang dan kualitas pelaporan dan kerangka penilaian (OECD, 2020[11]).

Pertimbangan untuk mengembangkan Taksonomi Keuangan Berkelanjutan Indonesia

Pengembangan Taksonomi Keuangan Berkelanjutan Indonesia merupakan langkah penting dalam Peta Jalan Keuangan Berkelanjutan OJK Tahap II dan membantu melengkapi regulasi obligasi hijau yang telah ada serta pedoman desain RAKB agar bank dapat menyusun daftar sektor yang memenuhi syarat. Taksonomi yang akan dikembangkan oleh OJK akan menjadi taksonomi nasional yang berlaku di seluruh sektor dan tidak hanya untuk lembaga jasa keuangan. Indonesia dapat memetik pembelajaran dari negara dan kawasan lain seperti Perancis, Uni Eropa, Jepang dan Cina dalam mengembangkan taksonominya. Pertimbangan penting berdasarkan pengalaman internasional meliputi penentuan tujuan lingkungan dan tujuan lain yang terkait dengan taksonomi, identifikasi kegiatan ekonomi serta integrasi perubahan teknologi dan inovasi. Pertimbangan kedua adalah kegunaan taksonomi tersebut untuk pengguna akhir, emiten, dan investor. Taksonomi yang mudah digunakan akan dapat diadopsi pasar dengan mudah dan ketersediaan data harus diperhitungkan untuk memfasilitasi verifikasi.

Walaupun taksonomi nasional harus ambisius, taksonomi harus mencerminkan realitas perekonomian nasional dan dikembangkan dengan kesadaran bahwa transisi Indonesia menuju perekonomian berkelanjutan tidak akan tercapai dalam waktu singkat. Taksonomi harus dapat memandu investor terkait bagaimana transisi menuju sektor listrik yang didekarbonisasi dapat dicapai dan harus mendorong percepatan peralihan dari pembangkit listrik tenaga batu bara dan BBM menuju energi terbarukan dan sumber listrik rendah karbon lainnya. Perlu diadakan konsultasi di antara kementerian, pelaku utama di semua sektor ekonomi terkait, dan pengguna.

Taksonomi ini harus memfasilitasi transisi yang lebih cepat dan tidak menimbulkan hambatan tambahan untuk mengembangkan sektor keuangan negara. Perlu pula dipertimbangkan dampak regulasi dan taksonomi di negara lain karena definisi lingkungan yang lebih ketat di negara atau kawasan lain seperti di Eropa, dapat membatasi kemampuan perusahaan di negara-negara tersebut untuk berinvestasi di Indonesia jika investasi tersebut tidak memenuhi definisi taksonomi yang lebih ketat di negara asal mereka.

Regulator keuangan di seluruh dunia telah meningkatkan persyaratan pengungkapan perubahan iklim dan menerapkan pengujian *stress* terhadap portofolio dan pengawasan yang lebih cermat terhadap risiko perubahan iklim dan kepatuhan terhadap peraturan keuangan berkelanjutan yang baru, sehingga negara dan perusahaan yang tertinggal dalam transisi berkelanjutan akan mendapati mereka berada di luar lingkungan aset yang dapat diinvestasikan. Sebagai anggota Platform Internasional tentang Keuangan Berkelanjutan, Indonesia dapat belajar dari pengalaman dan menarik pembelajaran dari kelompok ini dalam mengembangkan taksonomi yang sesuai dengan keadaan nasional dalam negeri dan jika memungkinkan, mempertimbangkan untuk menyelaraskan prinsip dan pendekatan untuk memfasilitasi investasi di berbagai wilayah sektor ekonomi.

Kotak 6.2. Pembelajaran dari pengembangan Taksonomi Keuangan Berkelanjutan di Uni Eropa (UE)

Walaupun bagian ini berfokus pada taksonomi UE, negara-negara lain termasuk Cina, Jepang, Malaysia dan banyak lainnya telah mengembangkan taksonomi nasional untuk membantu mendukung transisi sektor jasa keuangan mereka. Persyaratan taksonomi UE pada umumnya lebih berkembang daripada kriteria dalam kerangka lain karena tingkat ketelitian Komisi Eropa yang diminta dari Kelompok Ahli Teknis (Technical Expert Group/TEG) dalam rekomendasinya untuk kriteria penyaringan teknis. Perbandingan dan rangkuman taksonomi untuk UE, Cina, Jepang, Perancis, dan Belanda disajikan dalam laporan OECD tentang Developing Sustainable Finance Definitions and Taxonomies 2020 2020 (OECD, 2020[11]).

Taksonomi UE dirancang untuk membantu mengarahkan kembali aliran modal menuju pembangunan berkelanjutan, mengelola risiko keuangan akibat perubahan iklim, degradasi lingkungan dan isu-isu sosial dan mendorong transparansi dan jangka panjang dalam kegiatan keuangan dan ekonomi. Upaya ini bertujuan untuk memberikan sistem klasifikasi dan bahasa yang sama untuk mendefinisikan kegiatan berkelanjutan. Dengan demikian risiko *green washing* dapat diatasi dan kepercayaan investor pada saat berinvestasi dalam produk keuangan berkelanjutan semakin meningkat.

Untuk membantu pengembangan taksonomi UE, Komisi Eropa menunjuk Kelompok Ahli Teknis yang terdiri atas 35 anggota terutama dari industri jasa keuangan serta bank pembangunan, asosiasi perdagangan, dan LSM. OECD adalah pengamat TEG bersama dengan Bank Eropa untuk Rekonstruksi dan Pembangunan (European Bank for Reconstruction and Development), Jaringan Bank Sentral untuk Keberlanjutan Sistem Keuangan (Central Bank Network for Greening the Financial System), dan Prakarsa Pembiayaan Program Lingkungan Perserikatan Bangsa-Bangsa (United Nations Environment Programme Finance Initiative). Selama sekitar 12 bulan, TEG bertemu secara teratur (rata-rata 2 hari per bulan) dalam empat sub-kelompok (taksonomi, tolak ukur untuk industri manajemen aset, pengungkapan terkait perubahan iklim dan Standar masa depan untuk Obligasi Hijau berlabel UE) untuk membantu Komisi Eropa mempersiapkan tindakan yang didelegasikan yang akan berisi rincian pelaksanaan regulasi.

Definisi keuangan berkelanjutan UE melampaui definisi keberlanjutan yang mempertimbangkan pula aspek sosial dan tata kelola selain perubahan iklim. Taksonomi UE mencakup enam tujuan lingkungan berikut ini: 1) mitigasi perubahan iklim; 2) adaptasi perubahan iklim; 3) pemanfaatan dan perlindungan sumber daya air dan laut secara berkelanjutan; 4) transisi menuju perekonomian melingkar *(circular economy)*; 5) pencegahan dan pengendalian polusi; dan 6) perlindungan dan pemulihan keanekaragaman hayati dan ekosistem.

Suatu kegiatan harus memenuhi tiga kriteria berikut ini agar dianggap sesuai dengan taksonomi UE: 1) berkontribusi secara substansial terhadap satu atau beberapa tujuan lingkungan; 2) tidak menimbulkan bahaya signifikan terhadap tujuan lingkungan lainnya; dan 3) mematuhi pengamanan sosial dan tata kelola minimum. Kriteria tidak menimbulkan bahaya signifikan memastikan penerapan pertimbangan lingkungan yang lebih luas secara komprehensif dan merupakan fitur unik taksonomi UE dibandingkan dengan taksonomi negara lain. Kriteria Teknis untuk Penyaringan atau tingkat kinerja yang harus memenuhi kriteria tidak menimbulkan bahaya signifikan dimaksudkan agar selaras dengan tujuan bersih emisi 2050 (net zero by 2050) dan oleh karenanya dapat dianggap relevan secara global.

Sektor perekonomian ditentukan berdasarkan sistem klasifikasi industri NACE9 dan digunakan untuk mendefinisikan kriteria teknis penyaringan untuk sektor ini. Pendekatan ini memiliki beberapa keterbatasan karena teknologi tertentu (yaitu, penangkapan dan penyimpanan karbon) dan kegiatan ekonomi mungkin tidak termasuk dalam aturan NACE. Tidak terdapat aturan NACE untuk bangunan atau untuk pelestarian, restorasi dan kreasi modal alam. Untuk mengatasinya, digunakan pula Klasifikasi Perlindungan Lingkungan (Classification of Environmental Protection/CEPA) dan Klasifikasi Kegiatan Pengelolaan Sumber Daya (Classification of Resource Management Activities/CREMA). Selain itu, taksonomi UE menerapkan pendekatan sistemik pada kegiatan ekonomi untuk lebih mengintegrasikan aspek produksi, dampak penggunaan dan akhir umur ekonomis turut dipertimbangkan. Misalnya, dampak mitigasi kendaraan listrik akan bergantung pada sejumlah pertimbangan lain seperti intensitas karbon listrik, kemacetan terkait dan apakah baterai dapat digunakan kembali atau didaur ulang di akhir masa pakainya. Metrik yang menentukan kontribusi substansial untuk mitigasi dan kriteria tidak menimbulkan bahaya signifikan merupakan komponen utama dari taksonomi UE.

Taksonomi UE dikembangkan dengan berpedoman pada empat prinsip. Taksonomi ini dirancang menjadi teknologi netral; dinamis dan berkembang; mudah dimengerti dan digunakan; dan harus memungkinkan kegiatan transisi. Kegiatan transisi mencakup tiga jenis kegiatan ekonomi: kegiatan yang sudah rendah karbon (yaitu, energi terbarukan); kegiatan yang berkontribusi pada ekonomi bersih emisi tahun 2050 (yaitu, pembangkit listrik hingga 100g CO2/kWh); dan kegiatan yang memungkinkan pengurangan emisi dalam dua kegiatan pertama (yaitu, pemasangan *boiler* yang efisien pada bangunan).

Taksonomi UE mencakup 72 kegiatan ekonomi, yang menghasilkan lebih dari 93% emisi gas rumah kaca (GRK) UE-28 dan kegiatan tambahan dapat juga dimasukkan kelak. Kajian atas regulasi taksonomi akan dilakukan dua tahun setelah berlakunya dan setiap tiga tahun setelah kajian pertama. Produk keuangan yang akan dipasarkan sebagai investasi berkelanjutan harus sesuai dengan taksonomi keuangan berkelanjutan dan mengungkapkan bagaimana dan sejauh mana taksonomi tersebut digunakan. Manajemen aset dan perusahaan asuransi juga perlu melaporkan porsi dari portofolionya, yang sesuai dengan taksonomi serta perusahaan besar yang tunduk pada arahan pelaporan non-keuangan, perlu mengungkapkan bagian pendapatan, belanja modal dan biaya operasional yang sesuai dengan taksonomi tersebut. Peningkatan persyaratan pengungkapan yang tunduk pada taksonomi keuangan berkelanjutan UE diharapkan dapat memfasilitasi transisi yang lebih cepat menuju keuangan berkelanjutan dan praktik investasi di seluruh perekonomian.

Sumber: (OECD, 2020[11])

Pemimpin pasar dan inovator dalam obligasi hijau pemerintah (sukuk)

Untuk mendukung penerapan regulasi keuangan berkelanjutan dan memfasilitasi peralihan menuju produk keuangan berkelanjutan, OJK menerbitkan Peraturan No. 60/2017 yang menguraikan syarat-syarat penerbitan obligasi hijau *(green bond)* di pasar dalam negeri. Peraturan tersebut menetapkan 11 sektor yang memenuhi syarat (termasuk energi terbarukan dan efisiensi energi) yang memenuhi syarat sebagai proyek berkelanjutan dan selaras dengan Prinsip Obligasi Hijau dan Standar Obligasi Hijau ASEAN yang dikeluarkan oleh ICMA. Emiten juga wajib melaporkan penggunaan hasil dan manfaat lingkungan dari proyek harus dilaporkan dan diverifikasi oleh pihak ketiga yang independen. Namun demikian, masalah koordinasi dengan Kementerian ESDM mendapat sorotan dari perbankan terkait penetapan definisi karena teknologi tertentu seperti bahan bakar nabati *(biofuel),* yang merupakan prioritas Kementerian ESDM sebagai bagian dari pengembangan energi terbarukan, tidak termasuk dalam ruang lingkup regulasi obligasi hijau yang menimbulkan beberapa ketidakpastian bagi perbankan terkait proyek energi terbarukan karena perbedaan antara OJK dan Kementerian tentang tentang aktifitas yang dianggap berkelanjutan ini.

Indonesia adalah negara pertama yang menerbitkan sukuk hijau pemerintah *(sovereign green sukuk)* pada tahun 2018 yang menghasilkan USD 1,25 miliar di pasar obligasi luar negeri. Sementara obligasi hijau harus memenuhi ambang batas lingkungan tertentu, sukuk hijau juga harus mematuhi prinsip-prinsip investasi Syariah yang melampaui pertimbangan lingkungan melalui masuknya pertimbangan keberlanjutan dan kesejahteraan lainnya serta larangan investasi tertentu yang tidak diizinkan berdasarkan hukum Syariah. Penerbitan pertama ini diikuti oleh penerbitan berikutnya pada tahun 2019 dan 2020 yang berhasil menggalang tambahan dana sebesar USD 1,5 miliar untuk mendanai proyek-proyek berkelanjutan, termasuk proyek-proyek efisiensi energi dan energi terbarukan. Penerbitan Sukuk Hijau 2020 di pasar global telah membuat pencapaian penting termasuk perolehan tarif kupon terendah untuk tenor 5 tahun, *oversubscription* sebesar 7,4 kali lipat dan menarik pangsa investor hijau yang lebih besar (34% *vs.* 29% dibandingkan dengan dua penerbitan sebelumnya).

Kementerian Keuangan telah menerbitkan dua laporan alokasi dan dampak sukuk hijau tahun 2019 dan 2020 yang mencakup masing-masing penerbitan tahun 2018 dan 2019. Transportasi berkelanjutan menyumbang bagian terbesar dari hasil pada kedua tahun tersebut, yaitu 62% untuk penerbitan 2018 dan 48% untuk penerbitan 2019. Proyek efisiensi energi mengalami peningkatan besar dari 6% pada tahun 2018 menjadi 27% pada tahun 2019 sedangkan energi terbarukan justru menurun dari 8% pada tahun 2018 menjadi 4% pada tahun 2019. Menariknya, berdasarkan evaluasi CICERO tentang ruang lingkup proyek hijau, proyek efisiensi energi hanya menerima warna hijau muda hingga sedang, sementara transportasi berkelanjutan menerima warna hijau sedang hingga tua dan proyek energi terbarukan menerima warna hijau tua[10] (Ministry of Finance, 2020[12]).

Sejauh ini, Indonesia telah menggalang dana sebesar total USD 3,2 miliar dari penerbitan sukuk hijau, yang terdiri atas USD 2,75 miliar dari tiga penerbitan global dan USD 490 juta (Rp 6,88 triliun) dari dua penerbitan dalam negeri. Selain penerbitan obligasi pemerintah tersebut di atas, Indonesia juga telah menerbitkan obligasi hijau korporasi oleh PT SMI, PT BRI dan OCBC NISP. Pada November 2019, pemerintah Indonesia juga menerbitkan sukuk hijau pemerintah ritel pertama di dunia yang menghasilkan dana sebesar Rp 1,46 triliun (USD 150 juta) di pasar lokal dari investor ritel. Keberhasilan ini diikuti oleh penerbitan sukuk hijau ritel kedua pada Desember 2020, yang menghasilkan Rp 5,4 triliun - yang mencapai volume pembelian tertinggi dan menarik jumlah investor terbesar dalam sejarah penerbitan sukuk tabungan. Kelompok Milenial juga menyumbang lebih dari setengah (56,7%) investor baru yang tertarik dengan penerbitan ini. Walaupun jumlahnya relatif kecil dan jangka waktunya singkat, yaitu hanya 2 tahun, pencapaian ini merupakan tahapan pencapaian penting dalam transisi menuju keuangan yang lebih berkelanjutan. Pertama, pencapaian ini menunjukkan adanya minat terhadap obligasi hijau di kalangan investor ritel sehingga memungkinkan adanya diversifikasi basis investor, terutama investor milenial yang menjadi pembeli utama penerbitan ini; kedua, penerbitan tersebut dilakukan sepenuhnya secara daring, menggunakan *platform* yang dikembangkan oleh Kementerian Keuangan secara internal sehingga membuka peluang untuk penerbitan berikutnya dengan biaya yang relatif rendah yang menunjukkan bahwa kemampuan *Fintech* (financial technology) dapat membantu mengurangi dana pembiayaan serta meningkatkan inklusi keuangan; dan ketiga, pencapaian ini membantu meningkatkan kesadaran akan pentingnya berinvestasi sebagai solusi untuk mengatasi perubahan iklim dan peran individu sebagai bagian dari solusi karena pembelian obligasi minimum ditetapkan hanya Rp 1 juta (USD 70) menjadikan obligasi ini dapat diakses secara luas oleh sebagian besar penduduk.

Perkembangan pesat pasar obligasi hijau global (dan sukuk hijau) menawarkan sarana pembiayaan yang menarik bagi pengembang proyek energi bersih untuk meningkatkan pembiayaan utang jangka panjang. Indonesia telah menjadi pemimpin dalam pasar obligasi hijau/sukuk hijau pemerintah, tetapi penerbitan obligasi korporasi dan daerah belum berkembang dengan hanya tiga obligasi hijau korporasi yang diterbitkan oleh lembaga keuangan PT SMI, PT BRI dan OCBC NISP dan hingga saat ini, tidak dilakukan penerbitan oleh pemerintah daerah. Dua perusahaan yang pertama adalah perusahaan milik negara dan yang ketiga adalah satu-satunya perusahaan non-pemerintah yang menggalang modal melalui obligasi hijau. Secara global, perusahaan non-keuangan untuk pertama kalinya mewakili pangsa terbesar (23%) dari pasar obligasi hijau dengan menerbitkan obligasi hijau senilai USD 59,1 miliar pada tahun 2019 (dua kali lipatnya dibandingkan dengan 2018) sehingga mendongkrak perusahaan keuangan sebagai penerbit teratas, sementara pemerintah daerah menyumbang lebih dari 5% pangsa pasar (Climate Bonds Initiative,

2020[13]). Pemerintah dapat mempertimbangkan untuk menerapkan kebijakan untuk memfasilitasi penerbitan obligasi/sukuk hijau oleh perusahaan dan pemerintah daerah termasuk insentif untuk membantu biaya sertifikasi dan peningkatan kapasitas untuk membangun kesadaran pasar.

Untuk lebih mengembangkan instrumen pasar modal untuk mendanai proyek berkelanjutan perlu dilakukan upaya lain, disertai dengan pengembangan regulasi yang mendorong diversifikasi produk keuangan dan upaya untuk lebih memperdalam pasar modal Indonesia. Instrumen pasar modal perlu dikembangkan untuk membantu meningkatkan ketersediaan modal jangka panjang dan harus mencakup pasar primer dan sekunder untuk pembiayaan infrastruktur. Instrumen pasar modal harus dapat mengatasi isu skala yang diperlukan untuk menarik modal luar negeri dengan memasukkan produk-produk seperti sekuritas beragun aset *(asset backed securities)*, obligasi terkait keberlanjutan *(sustainability-linked bonds)*, dan dana energi bersih.

Peran pembiayaan pembangunan

Lembaga pembiayaan pembangunan berperan penting dalam membantu dimulainya sektor energi bersih di Indonesia yang mendukung berbagai proyek efisiensi energi dan energi terbarukan. Bersama dengan lembaga kredit ekspor, lembaga tersebut menjadi satu-satunya sumber pendanaan terbesar untuk proyek pembangkit listrik energi terbarukan. Bank pembangunan multilateral seperti Bank Dunia dan Bank Pembangunan Asia telah menjalin kerja sama dengan pemerintah untuk memberikan bantuan teknis kepada pembuat kebijakan, pengembang proyek, dan sektor keuangan untuk membantu memperkuat ekosistem energi bersih dalam negeri. Bank pembangunan multilateral lainnya yang aktif di Indonesia dengan program-program energi bersih antara lain *Asian Infrastructure Investment Bank* (AIIB) dan *European Investment Bank* (EIB). Selain itu, sejumlah bank pembangunan bilateral termasuk KfW (*Kreditanstalt für Wiederaufbau*), AFD (*Agence Française de Développement*), IFU (*International Fund for Developing Countries*) dan JBIC (*Japan Bank for International Co-operation*) turut membiayai proyek energi bersih dan gambaran umum program kerja sama pembiayaan pembangunan dirangkum dalam Tabel 6.2 di bawah ini. *Green Climate Fund* (GCF) dan sejumlah yayasan filantropi hadir pula di Indonesia dan mendukung pembiayaan energi bersih dan investasi.

Tabel 6.2. Program-program energi terbarukan terpilih yang menerima bantuan DFI

	Program-program terpilih
ADB	Pinjaman yang digabungkan sebesar USD 40juta untuk proyek panel surya 7 MW (2017) Pinjaman sebesar USD 300 juta untuk PLTP Muara Laboh 110 MW (2017)
AFD	Pinjaman sebesar USD 100 juta untuk PT SMI (2015)
JBIC	Pinjaman sebesar USD 490 juta untuk PLTP Sarulla 330 MW dan *political risk guarantee* untuk pemodal swasta (2018)
OPIC	Pinjaman sebesar USD 160 juta untuk PLTB Janeponto 72 MW Jeneponto (2017)

Sumber: (ADB, 2020[14]); (AFD, 2020[15]); (US International Development Finance Corporation, 2019[16]) (JBIC, 2014[17]); OECD, Sistem Pelaporan Kredit (basis data).

Antara tahun 2003 dan 2017, lembaga pembiayaan pembangunan membiayai sekitar USD 3,9 miliar proyek energi terbarukan dengan proyek pembangkit listrik tenaga hidro dan panas bumi yang menyumbang porsi pendanaan terbesar selama periode ini (Gambar 6.6). Baru-baru ini, pendanaan DFI telah beralih ke proyek tenaga surya dan bayu yang baru mulai berkembang di pasar, sementara bank umum di Indonesia, berkat upaya DFI dalam membangun pengalaman dan kepercayaan pasar, lebih memilih untuk mendanai proyek pembangkit listrik tenaga hidro dan panas bumi.

Gambar 6.6. Pembiayaan energi terbarukan berdasarkan lembaga pembiayaan pembangunan

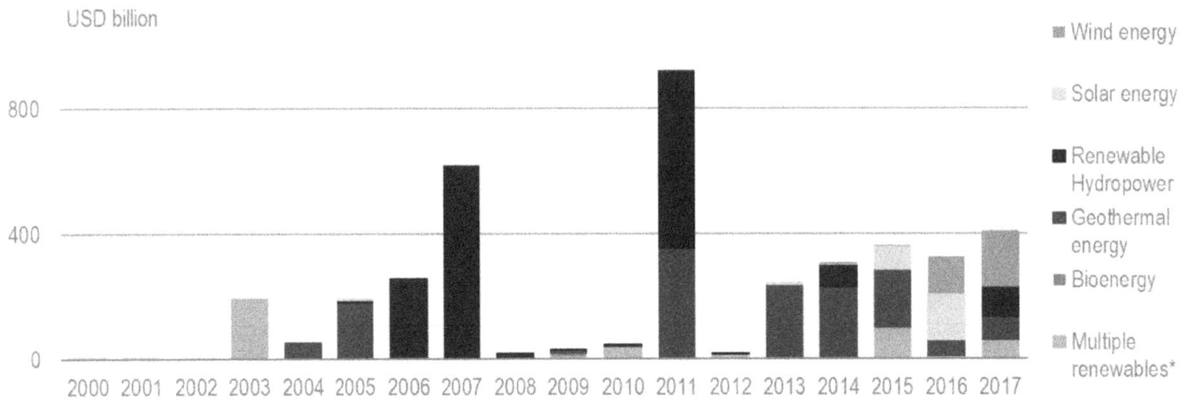

Sumber: IRENA(2020[20]), Arus Pembiayaan Energi Terbarukan (Basis data).

StatLink https://stat.link/yfobm1

Alokasi pembiayaan pembangunan kepada lembaga pemerintah dan BUMN merupakan tanggung jawab Bappenas, yang menerbitkan daftar resmi proyek yang memenuhi syarat dan lembaga penerima *(recipient institutions)* dalam bentuk buku biru *(bluebook)*. Buku Biru tersebut berisi proyek-proyek prioritas (biasanya yang disebutkan dalam amanat presiden) untuk jangka waktu lima tahun ke depan dan diperbarui setiap tahun. Proyek dalam Buku Biru cenderung proyek infrastruktur berskala relatif besar yang memiliki potensi ketidaksesuaian dalam proses alokasi pembiayaan pembangunan yang lebih menguntungkan proyek besar terpusat daripada proyek efisiensi energi dan energi terbarukan yang terdesentralisasi dengan karakteristik yang lebih kecil.

Sama halnya dengan lembaga jasa keuangan lainnya, DFI menghindari pembiayaan proyek berskala kecil karena tingginya biaya transaksi dan terbatasnya kapasitas uji tuntas *(due diligence)* proyek. Hal ini menimbulkan pertanyaan apakah lembaga-lembaga ini, mengingat kendala praktis ini, tidak benar-benar mendorong bank umum untuk keluar dari pasar yang memiliki tingkat pembiayaan yang lebih menarik. Hal ini pada gilirannya dapat menghambat pengembangan pasar keuangan komersial untuk proyek energi bersih dan menciptakan ekspektasi yang tidak realistis tentang dana pembiayaan utang yang sesuai mengingat sifat konsesi dari sebagian dana lembaga tersebut. Dengan adanya DFI yang mendanai penuh atau sebagian besar proyek, sulit untuk mengevaluasi apakah lembaga-lembaga tersebut membantu mendorong modal swasta atau sesungguhnya, menahan kembali. Diskusi dengan lembaga jasa keuangan dan pengembang proyek internasional menyiratkan potensi persaingan antara DFI dan lembaga jasa keuangan swasta dalam pembiayaan proyek energi bersih. Data tentang tingkat proyek dan data sektoral yang lebih terperinci untuk proyek energi bersih harus disediakan untuk publik guna memfasilitasi analisis tersebut sehingga membantu DFI menyusun target alokasi pendanaannya dengan lebih baik dan membantu negara penerima menetapkan prioritas[11]. DFI juga berperan penting dalam memberikan bantuan teknis kepada pengembang proyek dan lembaga jasa keuangan dan dapat membantu pengembangan basis data pembiayaan dan investasi energi bersih.

Pembiayaan Campuran dan Dana SDG Indonesia One

Indonesia berkontribusi secara aktif dalam mengembangkan mekanisme keuangan campuran *(blended finance mechanisms)* yang menggunakan dana pembangunan untuk membantu mengatalisasi keuangan sektor swasta melalui berbagai instrumen mitigasi risiko termasuk antara lain, jaminan kerugian pertama dan risiko parsial, investasi bersama dan subordinasi[12]. OECD mendefinisikan *blended finance* (pembayaran campuran) sebagai penggunaan strategis pembiayaan pembangunan untuk mobilisasi pembiayaan tambahan menuju pembangunan berkelanjutan di negara berkembang, di mana pembiayaan tambahan mengacu pada pembiayaan komersial yang tidak menargetkan hasil pembangunan di negara berkembang, padahal pembiayaan pembangunan publik dan swasta yang dijalankan memiliki mandat pembangunan (OECD, 2018[19]) (Gambar 6.7).

Pada tahun 2018, Indonesia menunjukkan dukungannya kepada Peta jalan Tri Hita Karana untuk Pembiayaan Campuran *(Tri Hita Karana Roadmap for Blended Finance)*[13] yang mengakui bahwa diperlukan bahasa yang sama dan tindakan bersama untuk menyediakan pembiayaan yang diperlukan untuk mendukung tercapainya SDG. Pengembangan mekanisme keuangan campuran ini dipimpin oleh OJK dan regulator keuangan secara aktif bekerja sama dengan DFI dan bank umum dalam menciptakan struktur yang sesuai dan menetapkan pedoman pemanfaatan keuangan campuran untuk mencapai SDG termasuk untuk proyek energi bersih. Kementerian Koordinator Bidang Kemaritiman dan Investasi bertindak sebagai koordinator Program Keuangan Campuran *(Blended Finance Programme)* di Indonesia.

Pada tahun 2018, Indonesia meluncurkan Dana SDG Indonesia One, yang merupakan *platform* keuangan campuran multi-donor dengan komitmen pendanaan sekitar USD 3 miliar untuk mendukung pencapaian SDG di Indonesia. Di tingkat implementasi, PT SMI bertanggung jawab untuk mengelola dana dan bekerja sama dengan lembaga pembiayaan pembangunan dalam menyiapkan berbagai fasilitas pembiayaan termasuk yang dikhususkan untuk mendukung energi bersih seperti AFD. Fasilitas pinjaman khusus sebesar USD 150 juta ini juga akan mencakup komponen hibah tambahan (EUR 5,6 juta) untuk bantuan teknis guna mendukung persiapan proyek (AFD, 2020[15]). Fasilitas terkait energi bersih lainnya melalui dana SDG Indonesia One juga telah dipersiapkan oleh KfW untuk mendukung persiapan proyek energi terbarukan dan *ClimateWorks* untuk studi kelayakan pembangunan atap panel surya. Fasilitas hibah KfW sebesar EUR 16 juta melalui program Dukungan untuk Investasi Infrastruktur di Indonesia (*Support for Infrastructure Investments in Indonesia programme*/S4I), yang didanai oleh UE memungkinkan PT SMI membantu pemerintah kota dan pengembang energi terbarukan dalam mempersiapkan proyek dan memberikan perlindungan lingkungan dan sosial.

Gambar 6.7. Memahami mekanisme pembiayaan campuran

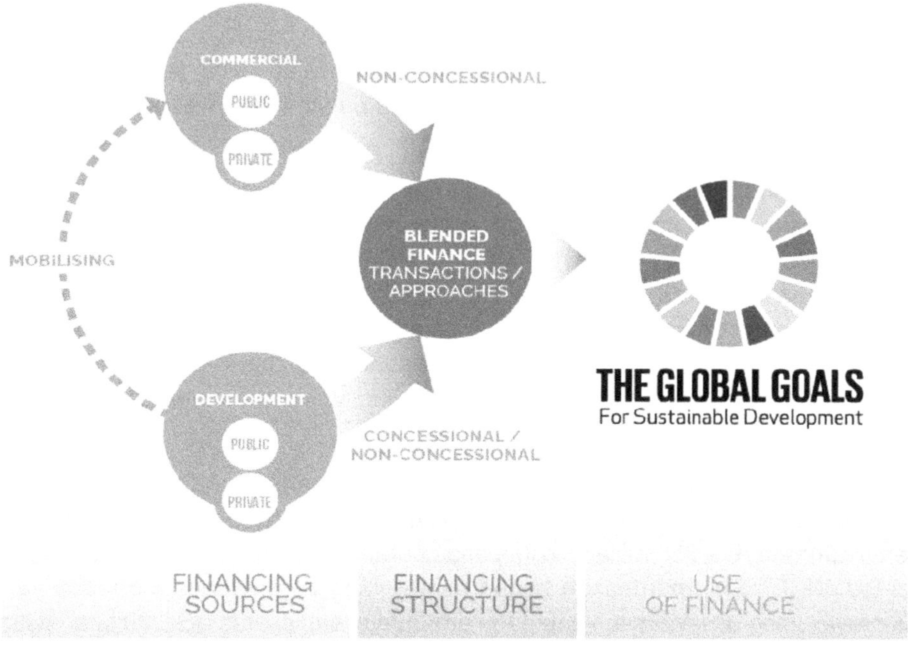

Source: OECD 2018.

Dana SDG Indonesia One dirancang untuk menggunakan pembiayaan pembangunan strategis untuk menarik modal sektor swasta. Salah satu contoh penting untuk energi terbarukan termasuk penggunaan hibah dari AFD untuk membentuk mekanisme kerugian pertama yang mencakup jumlah maksimum 15% dari nilai pinjaman untuk pembangkit listrik tenaga mini-hidro yang membantu memitigasi risiko dan mendorong bank umum lainnya untuk mendanai proyek. PT SMI bekerja sama dengan Kementerian ESDM mendukung pengembangan energi terbarukan serta proyek efisiensi energi dengan dukungan dana ini termasuk untuk proyek penerangan jalan dengan menggabungkan panel surya dan *light-emitting diode* (LED), berbagai pembangkit listrik energi terbarukan dan menetapkan standar kinerja energi minimum (SKEM) untuk berbagai peralatan elektronik. Agar dana ini memberi manfaat terbesar, proyek harus fokus pada proyek dengan potensi katalistik yang baik yang dapat membantu menciptakan pasar, khususnya, apabila terdapat peluang untuk dapat direplikasi dan standarisasi untuk membantu membuktikan kelangsungan pasar dan mendemonstrasikan model bisnis dan pembiayaan baru untuk energi terbarukan. atau teknologi efisiensi energi yang belum dikembangkan. Sebagaimana tercermin dalam prinsip-prinsip keuangan campuran OECD, keuangan campuran harus digunakan dengan tujuan untuk keluar dari pembiayaan konsesi dan keluar dari pembiayaan pembangunan publik secara keseluruhan (OECD, 2018[18]).

Fasilitas keuangan khusus dan inovasi kelembagaan untuk mendorong energi bersih

Indonesia memiliki berbagai opsi pembiayaan publik untuk mendukung pembiayaan iklim melalui sejumlah lembaga publik, seperti PT SMI, BPDLH dan PT PII (IIGF). Masing-masing lembaga tersebut memiliki struktur operasional dan mandat berbeda serta berperan penting dalam membantu mengungkit investasi swasta untuk energi bersih. PT SMI dan PT PII telah mendukung proyek energi bersih, sementara BPDLH saat ini masih mengevaluasi kemungkinan untuk melakukan pembiayaan proyek energi bersih.

Selain itu, sebagai bagian dari UU Cipta Kerja, Indonesia membentuk investasi dana abadi *(sovereign wealth fund)* sebagai Lembaga Pengelola Investasi pemerintah untuk mendukung investasi dalam infrastruktur berkelanjutan dan energi bersih. Pemerintah Indonesia telah memberikan komitmen sebesar Rp 15 triliun (USD 1 miliar) sebagai modal awal dan USD 4 miliar tambahan akan diberikan oleh BUMN dengan tujuan agar investasi dari investor asing dapat mencapai USD 20 miliar tahun ini. Investor AS, Jepang, Kanada, Denmark dan UEA telah menunjukkan minat berinvestasi (sebesar USD 10 miliar) (Reuters, 2021[19]) (Reuters, 2021[20]). Dana yang diharapkan siap akhir tahun ini akan memfasilitasi pembangunan proyek melalui pengelolaan proses perizinan dan ikut berinvestasi dalam proyek.

Walaupun Indonesia tidak memiliki bank pembangunan, PT SMI dapat dianggap sebagai kuasi-bank pembangunan. PT SMI adalah satu-satunya lembaga pembiayaan publik nasional dengan mandat untuk mendukung pembiayaan proyek infrastruktur melalui pembiayaan utang dan ekuitas serta memberikan peningkatan kapasitas dan bantuan teknis. Selain itu, PT SMI mengelola dua dana yang relevan dengan energi bersih, yaitu Dana Mitigasi Risiko Sumber Daya Panas Bumi dan SDG Indonesia One. Kedua dana ini mendukung proyek energi bersih (walaupun lebih sering membantu pengembangan energi terbarukan) melalui mitigasi risiko *(de-risking)* dan fasilitas pembiayaan. PT SMI berencana memperluas pembiayaan proyek energi bersihnya dan *platform* SDG Indonesia One yang akan menjadi sarana penting untuk mencapai tujuan ini.

Proyek energi terbarukan yang dibiayai PT SMI sampai dengan dan selama tahun 2019 mencapai sekitar Rp 3,2 triliun (sekitar USD 224 juta), yang terdiri Rp 2,12 triliun dalam proyek listrik mini-mikro hidro, Rp 735 miliar dalam biomassa, Rp 250 miliar dalam panas bumi dan Rp 184 miliar dalam proyek listrik tenaga bayu. Sebagai BUMN, PT SMI merupakan badan usaha yang berorientasi pada laba yang membatasi skala dan jenis proyek yang dibiayainya, yang pada umumnya jauh di atas USD 20 juta. Akibatnya, banyak proyek energi terbarukan dan efisiensi energi berskala kecil harus berjuang untuk mengakses pendanaan PT SMI.

PT PII adalah lembaga pembiayaan publik berskala besar dengan kekhususan dalam penyediaan jaminan untuk proyek KPBU di Indonesia. Lembaga ini memberikan jaminan untuk berbagai proyek infrastruktur mulai dari jalan tol dan penerangan jalan humum ingga pembangkit listrik bertenaga batu bara. Energi terbarukan adalah sektor prioritas untuk PT PII dan beberapa proyek energi terbarukan, terutama tenaga hidro, didukung oleh jaminan PT PII. PT PII memberikan jaminan kredit kepada BUMN; menyatakan jaminan sebagai bagian dari pengaturan KPBU; bantuan persiapan proyek; dan juga menjalankan tugas penasihat kebijakan (IIGF, 2020[21]). Terkait dengan efisiensi energi, PT PII telah mengumumkan niatnya untuk meningkatkan upaya pengembangan proyek efisiensi energi dan sedang mempersiapkan instrumen jaminan dengan Bank Pembangunan Asia yang secara khusus menyasar proyek efisiensi energi.

BPDLH, Dana SDG Indonesia One yang dikelola oleh PT SMI, GCF dan dana *Climate Investor One* (didukung oleh FMO, bank pembangunan Belanda) dianggap sebagai sarana pembiayaan penting untuk menyalurkan pembiayaan perubahan iklim internasional dengan tujuan menarik investor swasta. Keterbatasan anggaran negara membuat Pemerintah Indonesia harus menjajaki bagaimana dana tersebut dapat digunakan secara strategis untuk memobilisasi pembiayaan swasta. Tantangan terbesar yang dihadapi Indonesia adalah pengembangan *pipeline* terukur untuk proyek energi bersih yang *bankable* dengan bantuan teknis tambahan yang diperlukan untuk mendukung pembangunan proyek.

Fasilitas keuangan berkelanjutan berperan penting dalam mengatasi hambatan dalam meningkatkan pembiayaan komersial untuk proyek energi bersih dengan menggunakan dana pemerintah untuk menarik pembiayaan swasta. Model fasilitas keuangan berkelanjutan (atau bank hijau) dirancang untuk mengatasi hambatan pasar dalam pembiayaan untuk investasi iklim. Model ini menggunakan pendanaan konsesi dalam bentuk gabungan dana publik dan modal swasta untuk membangun kepercayaan investor dan mengurangi biaya pendanaan *(financing cost)* untuk teknologi baru yang menawarkan mitigasi perubahan iklim atau solusi adaptatif. Model ini biasanya menetapkan produk untuk pembiayaan berulang pasar sasaran dan tujuannya adalah untuk memobilisasi pembiayaan dari lembaga keuangan dalam negeri.

Kotak 6.3. Fasilitas Keuangan Berkelanjutan: Pembelajaran dari Australia, Mongolia dan Afrika Selatan

Pengalaman Australia, Mongolia, dan Afrika Selatan dalam mendirikan fasilitas keuangan berkelanjutan yang khusus atau bank hijau menyoroti berbagai model yang dapat digunakan untuk mengkatalisasi investasi swasta dalam energi bersih dan menarik modal swasta untuk proyek-proyek yang sebelumnya tidak akan mendapatkan pembiayaan pasar. Contoh berikut ini menunjukkan keterbatasan pendanaan publik untuk menarik modal swasta dan memperluas pasar energi bersih. Ada beberapa model pembiayaan campuran untuk memitigasi risiko proyek dan membantu sektor perbankan mendapatkan pengalaman dan keyakinan dalam membiayai proyek energi bersih. Model ini termasuk jaminan risiko parsial, utang subordinasi, perpanjangan jangka waktu pinjaman, dan instrumen mitigasi risiko lainnya. Fasilitas tersebut berperan penting dalam menyediakan utang dalam mata uang setempat untuk proyek-proyek yang tidak dapat mengakses pembiayaan yang terjangkau.

Instrumen keuangan yang digunakan oleh negara-negara termasuk penyediaan pembiayaan utang dan ekuitas, investasi dalam obligasi hijau, investasi dan penciptaan dana untuk penyelenggaraan proyek bersama, pembiayaan konsesi, fasilitas pinjaman, peningkatan kredit melalui kerugian pertama atau pendanaan subordinasi dan perpanjangan tenor, hibah dengan penggantian untuk membantu pengembang proyek berskala kecil memenuhi persyaratan agunan dan hipotek hijau *(green mortgages)*. Pemanfaatan hibah dan keuangan konsesi bervariasi di berbagai negara tetapi semuanya berfokus pada proyek dengan dampak sosial dan/atau lingkungan yang tinggi atau dengan kapasitas demonstrasi dan kemampuan replikasi yang signifikan untuk mengembangkan *pipeline* proyek yang terukur. Alat untuk mengevaluasi dampak lingkungan dan sosial proyek juga merupakan unsur penting. Dalam konteks *South Africa's Climate Finance Facility*, dibentuk sebuah komite tinggi untuk membantu mengevaluasi dampak proyek.

Dalam konteks Mongolia dan Afrika Selatan, GCF memainkan peran penting dalam memanfaatkan fasilitas atau lembaga serta memberikan bantuan teknis dalam pengembangannya dan dapat bertindak sebagai mitra fasilitas di Indonesia. Beberapa model kapitalisasi diterapkan, misalnya model yang sepenuhnya didanai publik (Australia); gabungan antara anggaran negara dan GCF (Afrika Selatan); dan gabungan anggaran negara, GCF dan konsorsium bank swasta (Mongolia). Keputusan untuk membuat lembaga baru atau mengakomodasi fasilitas dalam lembaga yang sudah ada bergantung pada ada tidaknya lembaga yang sesuai serta struktur tata kelola dan mandat operasional yang tepat.

Langkah penting pertama dalam mempersiapkan fasilitas adalah pemahaman komprehensif tentang kebutuhan pasar untuk lebih menyesuaikan desain instrumen pembiayaan guna mengatasi hambatan pasar. Keterlibatan sektor pembiayaan daerah dalam mengidentifikasi kesenjangan pasar (dan mengusulkan solusi yang sesuai) serta transparansi dan mandat operasional yang jelas merupakan hal yang sangat penting. Independensi pemerintah dan campur tangan politik dalam pengoperasian dana merupakan unsur yang dianggap penting.

Kemampuan teknis staf yang kuat dan pengalaman dalam pembiayaan energi bersih atau solusi iklim dianggap sebagai prasyarat penting lainnya untuk menjamin keberhasilan. Fasilitas keuangan berkelanjutan harus didukung staf yang memiliki keahlian dalam evaluasi proyek serta pengembangan proyek dan idealnya berpengalaman dalam mengevaluasi efisiensi energi, proyek energi terbarukan dan sektor terkait perubahan iklim lainnya seperti pengelolaan air dan limbah, kolaborasi internasional untuk mendukung pelatihan dan peningkatan kapasitas.

Sumber: (Muhammed Sayed, 2020[22]) (Sylvester, 2020[23]) (Bold Magvan, 2020[24])

Fasilitas keuangan berkelanjutan harus memfokuskan pendanaan pada proyek komersial atau proyek yang nyaris komersial yang memiliki dampak demonstrasi yang kuat atau potensi kemampuan replikasi untuk membangun kepercayaan investor serta mengembangkan pengetahuan dan keahlian di antara penyandang dana lokal. Pembiayaan harus berfokus pada upaya meningkatkan dan menarik pembiayaan komersial yang sebelumnya tidak dialokasikan untuk mendanai proyek. Kemandirian operasional pemerintah akan memberi perlindungan terhadap ketidakpastian politik yang sering muncul akibat perubahan dalam pemerintahan. Kemandirian tersebut dicapai melalui kerangka hukum yang ditetapkan dalam pembentukan fasilitas atau lembaga. Melalui pendekatan programatik, fasilitas dapat membantu mengatasi kesenjangan kapasitas (kurangnya keahlian di bidang energi bersih) dalam sektor pembiayaan termasuk penataan keuangan yang perlu didukung pula oleh langkah-langkah mitigasi risiko.

Untuk membuktikan konsep dan menunjukkan kelayakan proyek, fasilitas semacam itu dapat mulai dengan sektor yang lebih matang, misalnya proyek tenaga surya dan bayu yang di banyak negara cukup kompetitif tetapi kurang berpengalaman di Indonesia. Apabila digunakan hibah atau pendanaan konsesi, proyek semacam itu harus memberikan dampak sosial yang signifikan dan manfaat suku bunga rendah harus langsung diberikan kepada pengembang proyek. Setelah suatu sektor tersebut mencapai tingkat kematangan, fasilitas harus menghentikan pembiayaan proyek dan mengalihkan pendanaan ke sektor menjanjikan lainnya yang tidak dapat mengakses pendanaan komersial. Mengingat jumlah fasilitas khusus yang berbeda untuk mendanai proyek energi bersih di Indonesia, penilaian terperinci atas kebutuhan pasar harus dilakukan untuk memastikan bahwa fasilitas baru ditargetkan dan dirancang dengan baik. Tantangan pembiayaan terkait dengan hambatan regulasi atau kebijakan tidak dapat diatasi oleh fasilitas tersebut dan tidak dapat digunakan dalam situasi semacam itu.

Referensi

ADB (2020), *Asian Bonds Online*, https://asianbondsonline.adb.org/ (accessed on 22 December 2020). [28]

ADB (2020), *Projects and Tenders*, https://www.adb.org/projects (accessed on 22 December 2020). [15]

ADB (2017), "ASEAN+3 Bond Market guide 2017 - Indonesia", http://dx.doi.org/10.22617/TCS178908-2. [7]

AFD (2020), *Promoting renewable energy and climate investments through a green credit line to PT SMI, a key public financial institution of Indonesia*, https://www.afd.fr/en/carte-des-projets/promoting-renewable-energy-and-climate-investments-through-green-credit-line-pt-smi-key-public-financial-institution-indonesia (accessed on 22 December 2020). [16]

APEC (2017), *Energy Efficiency Finance in Indonesia Current State Barriers and Potential Next Steps*, https://apec.org/Publications/2017/10/Energy-Efficiency-Finance-in-Indonesia-Current-State-Barriers-and-Potential-Next-Steps (accessed on 8 April 2020). [8]

Bank Indonesia (2020), *Statistik Sistem Keuangan Indonesia (Indonesia's Financial System Statistics)*, https://www.bi.go.id/id/statistik/sski/default.aspx (accessed on 30 November 2020). [3]

Bank Indonesia (2019), *Indonesia Financial Statistics (Monthly Statistics - March 2019)*, https://www.bi.go.id/en/statistik/ekonomi-keuangan/seki/Default.aspx (accessed on 22 December 2020). [26]

Bloomberg (2019), *Indonesia Has a $412 Billion Plan to Rebuild the Country*, https://www.bloomberg.com/news/articles/2019-05-16/indonesia-has-a-412-billion-plan-to-rebuild-the-country (accessed on 27 November 2020). [5]

Bold Magvan (2020), *Mongolia Green Finance Corporation*, https://www.slideshare.net/OECD_ENV/bold-magvan-mgfc-mongolia-green-finance-corporation (accessed on 18 December 2020). [25]

Climate Bonds Initiative (2020), *Green bonds global state of the market 2019*, https://www.climatebonds.net/system/tdf/reports/cbi_sotm_2019_vol1_04d.pdf?file=1&type=node&id=47577&force=0 (accessed on 13 January 2021). [14]

CPI (2018), *Energizing Renewables in Indonesia: Optimizing Public Finance Levers to Drive Private Investment*, http://www.climatepolicyinitiative.org (accessed on 10 January 2019). [9]

IEA (2020), *Power investment trends in indonesia*, International Energy Agency. [29]

IESR (2019), *Kebutuhan Investasi Energi di Indonesia (English translation: Energy investment needs in Indonesia)*, http://iesr.or.id/pustaka/kebutuhan-investasi-energi-indonesia/ (accessed on 3 April 2020). [6]

IESR (2019), *Levelized Cost of Electricity in Indonesia - Understanding The Levelized Cost of Electricity Generation*, http://www.iesr.or.id (accessed on 6 April 2020). [10]

IIGF (2020), *PT Penjaminan Infrastruktur Indonesia (Persero)*, https://ptpii.co.id/en/ (accessed on 22 December 2020). [22]

IMF (2018), *Realizing Indonesia's Economic Potential*, INTERNATIONAL MONETARY FUND, http://dx.doi.org/10.5089/9781484337141.071. [2]

IRENA (2020), *Renewable Energy Finance Flows (Database)*, https://www.irena.org/Statistics/View-Data-by-Topic/Finance-and-Investment/Renewable-Energy-Finance-Flows (accessed on 18 December 2020). [30]

JBIC (2014), *Project Financing and Political Risk Guarantee for Sarulla Geothermal Power Plant Project in Indonesia*, https://www.jbic.go.jp/en/information/press/press-2013/0331-19526.html (accessed on 22 December 2020). [18]

Keuangan, I. (ed.) (2009), *Economic and fiscal policy strategies for climate change mitigation in Indonesia : Ministry of Finance green paper*, Ministry of Finance, Republic of Indonesia : Australia Indonesia Partnership. [31]

Ministry of Finance, I. (2020), *Green Sukuk: Allocation and Impact Report*, https://www.djppr.kemenkeu.go.id/page/loadViewer?idViewer=9468&action=download (accessed on 8 March 2021). [13]

Muhammed Sayed (2020), *Climate Finance Facility*, Development Bank of Southern Africa, https://www.slideshare.net/OECD_ENV/muhammed-sayed-dbsa-climate-finance-facility (accessed on 18 December 2020). [23]

OECD (2020), *Developing Sustainable Finance Definitions and Taxonomies*, Green Finance and Investment, OECD Publishing, Paris, https://dx.doi.org/10.1787/134a2dbe-en. [12]

OECD (2020), *OECD Investment Policy Reviews: Indonesia 2020*, OECD Investment Policy Reviews, OECD Publishing, Paris, https://dx.doi.org/10.1787/b56512da-en. [11]

OECD (2018), *Making Blended Finance Work for the Sustainable Development Goals*, OECD Publishing, Paris, https://dx.doi.org/10.1787/9789264288768-en. [19]

OJK (2021), *Sustainable Finance Roadmap Phase II (2021-2025)*, OJK. [1]

Reuters (2021), *Indonesia president says new sovereign fund targeting $20 billion within a few months | Reuters*, https://www.reuters.com/article/us-indonesia-swf-idUSKBN29K1M6 (accessed on 11 February 2021). [20]

Reuters (2021), *Indonesia says new sovereign wealth fund attracts $10 billion commitment | Reuters*, https://www.reuters.com/article/us-indonesia-swf-idUSKBN29V0UT (accessed on 11 February 2021). [21]

Sylvester, B. (2020), *About the Clean Energy Finance Corporation*, Clean Energy Finance Corporation, https://www.slideshare.net/OECD_ENV/bianca-sylvester-cefc-about-the-cefc-experience-setting-up-a-green-finance-facililty-in-australia (accessed on 18 December 2020). [24]

US International Development Finance Corporation (2019), *Information Summary for the Public PT Energi Bayu Jeneponto*. [17]

World Bank (2020), *World Development Indicators*, The World Bank Group, Washington, D.C., https://data.worldbank.org/products/wdi (accessed on 9 July 2018). [4]

World Bank (2020), *World Development Indicators (Database)*, https://datatopics.worldbank.org/world-development-indicators/ (accessed on 22 December 2020). [27]

Catatan

[1] Investor institusi *(institutional investors)* adalah sinonim dari "investor perantara *(intermediary investors)*", yaitu sebuah lembaga yang mengelola dan menginvestasikan dana orang lain. Istilah *institutional investor* dapat digunakan untuk menjelaskan antara lain, perusahaan asuransi, dana investasi, dana pensiun, dana cadangan pensiun masyarakat (sistem jaminan sosial), yayasan dan dana sumbangan.

[2] Tidak termasuk di dalamnya penempatan terbatas *(private placements)*, yang jumlahnya lebih kecil daripada penawaran umum *(public offerings)*.

[3] https://www.idnfinancials.com/archive/news/29984/Financial-inclusion-index-target-has-been-reached

[4] Berdasarkan survei OJK tahun 2019 tentang rencana aksi 8 *mover banks* pertama.

[5] Diskusi kelompok terarah tentang Pengadaan Energi Terbarukan oleh Korporasi yang diselenggarakan pada 13 Oktober.

[6] https://www.ojk.go.id/id/Documents/Pages/Keuangan-Berkelanjutan/buku-energi-bersih.pdf.

[7] https://www.ojk.go.id/id/Documents/Pages/Keuangan-Berkelanjutan/Green%20Lending%20Model%20Final.pdf.

[8] https://www.ojk.go.id/id/Documents/Pages/Keuangan-Berkelanjutan/Pedoman%20Pembiayaan%20Isi.pdf.

[9] Nomenklatur *des Activités Economiques dans la Communauté Européenne (NACE)* adalah sistem klasifikasi standar industri Eropa yang dimasukkan ke dalam beberapa sistem perekonomian dan statistik UE, misalnya di Eurostat level.

[10] https://www.djppr.kemenkeu.go.id/page/loadViewer?idViewer=9468&action=download

[11] Saat ini, Program OECD CEFIM mengembangkan basis data pembiayaan energi bersih dan investasi untuk lebih memahami kondisi pembiayaan energi bersih saat ini, mengidentifikasi praktik-praktik yang baik, dan menyoroti apabila terjadi potensi kesenjangan pendanaan di tingkat regional atau teknologi.

[12] OECD Progress update on Approaches to Mobilising Institutional investment for Sustainable Infrastructure.

[13] Perincian lebih lanjut tentang Peta Jalan Tri Hita Karana untuk Pembiayaan Campuran tersedia di sini.

7 Isu-isu lintas sektoral

Dalam bab ini dibahas bidang penting lainnya yang dapat membantu meningkatkan kerangka pembiayaan dan investasi energi bersih Indonesia. Bab ini juga mengkaji upaya Indonesia untuk mempercepat integrasi jaringan listrik antar wilayah untuk memfasilitasi ekspansi listrik energi terbarukan serta mendorong inovasi, penelitian dan pengembangan energi bersih yang dapat membantu menurunkan biaya teknologi energi bersih dan mendukung pengembangan industri energi bersih dalam negeri.. Diuraikan pula program pelatihan dan pendidikan yang penting untuk menciptakan dan mengembangkan pengetahuan dan keterampilan pembiayaan dan investasi energi bersih serta upaya untuk mendorong kesetaraan gender di sektor energi bersih.

Indonesia perlu melengkapi upayanya untuk menciptakan kerangka pembiayaan dan investasi energi bersih yang kokoh dengan kebijakan pendukung yang diarahkan pada sejumlah bidang lintas sektoral. Kebijakan ini mencakup beberapa area utama, seperti integrasi jaringan listrik regional, Penelitian & Pengembangan (Litbang) dan inovasi, kesetaraan gender serta pengembangan keterampilan dan kapasitas, yang sangat penting untuk mewujudkan tujuan Indonesia di sektor energi bersih.

Upaya Indonesia untuk lebih mendorong integrasi jaringan listrik regional di kawasan ASEAN, dapat membantu meningkatkan pemberdayaan energi terbarukan, sepanjang hal itu dilakukan dengan pertimbangan cermat terkait interaksi antara kebijakan dekarbonisasi listrik nasional dan regional serta prioritas investasi jaringan listrik nasional lainnya. Dengan semangat yang sama, meningkatnya dukungan Litbang dapat mendorong inovasi energi bersih dan pengembangan industri apalagi bila disertai program pengembangan dan keterampilan dengan sasaran lebih jelas dan terintegrasi sehingga akan membantu memastikan bahwa tenaga kerja Indonesia dibekali dengan baik untuk mendukung kebutuhan pembiayaan dan investasi energi bersih. Di sisi lain, pengarusutamaan isu gender dalam proses ini tidak hanya menjadi kunci untuk mempercepat transisi energi bersih tetapi juga memastikan transisi tersebut bersifat inklusif dan adil.

Penilaian dan rekomendasi

Integrasi regional dapat menggerakkan investasi energi terbarukan, tetapi diperlukan koordinasi antara investasi energi terbarukan dan integrasi regional

Indonesia merupakan bagian dari kawasan ASEAN (Association for Southeast Asian Nations) yang mempunyai target mendorong *ASEAN Power Grid* dan *Multilateral Power Trade* di kawasan, sebagai bagian dari Rencana Aksi ASEAN untuk Kerja Sama Energi *(ASEAN Plan of Action on Energy Cooperation)*. Saat ini, Indonesia kurang memiliki infrastruktur transmisi listrik antar negara sehingga Indonesia perlu berinvestasi dalam infrastruktur transmisi listrik antar negara untuk ambil bagian dalam perdagangan listrik kawasan, dengan kemungkinan opsi menghubungkan Sumatera dan Malaysia atau sebagian Brunei, Indonesia dan wilayah Malaysia di pulau Kalimantan. Namun, alokasi anggaran infrastruktur yang terlalu besar untuk koneksi antar negara berpotensi mengalihkan investasi pemerintah dari jaringan listrik nasional yang juga membutuhkan investasi dalam jumlah besar

Diperlukan dukungan lebih kuat untuk Litbang listrik energi terbarukan dan efisiensi energi

Pusat Penelitian dan Pengembangan Ketenagalistrikan dan Energi Baru dan Terbarukan (P3TKEBTKE) Kementerian ESDM adalah lembaga Litbang terkemuka untuk energi bersih, walaupun instansi pemerintah lainnya seperti Badan Pengkajian dan Penerapan Teknologi (BPPT), Lembaga Ilmu Pengetahuan Indonesia (LIPI) dan berbagai perguruan tinggi juga mengambil langkah-langkah aktif walaupun dalam kadar rendah. Secara khusus, P3TKEBTKE melakukan upaya untuk mendukung pengembangan peralatan dan fasilitas pengujian guna memantau dan mengevaluasi penerapan SKEM dan bahan bakar ramah lingkungan, serta melakukan survei potensi energi terbarukan.

Walaupun Litbang energi bersih mewakili porsi cukup besar dari anggaran P3TKEBTKE selama 2015-18, angka ini mengalami penurunan substansial sejak 2016 secara absolut dan relatif. Penurunan ini mencerminkan penurunan total anggaran P3TKEBTKE, karena lembaga tersebut dirancang untuk menjadi lembaga yang berorientasi pendapatan (disebut juga BLU atau Badan Layanan Umum), serta semakin berkurangnya fokus pada energi bersih - terutama efisiensi energi yang hanya menerima porsi kecil dari anggaran Litbang. Sebaliknya, sebagian besar aktivitas Litbang P3TKEBTKE tetap berfokus pada teknologi bahan bakar fosil. Ini menunjukkan sulitnya memutus ketergantungan pada bahan bakar fosil, yang harus dilakukan jika Indonesia ingin mencapai target energi bersih dan perubahan iklimnya yang ambisius.

Percepatan transisi energi bersih membutuhkan dukungan lebih kuat untuk memacu pengembangan rantai pasokan dalam negeri, usaha energi bersih untuk listrik energi terbarukan dan inovasi efisiensi energi. Upaya ini mencakup insentif pajak yang baru-baru ini diterapkan untuk mendukung belanja sektor swasta terkait Litbang, dengan memberikan potongan hingga 300% untuk pengeluaran Litbang terhadap pendapatan kotor. Akan tetapi, insentif ini hanya menguntungkan perusahaan yang sudah memperoleh laba. Diperlukan insentif lain dengan sasaran perusahaan yang baru mulai beroperasi dan untuk membantu perusahaan melalui "lembah kematian *(valley of death)*". Kebijakan dan insentif yang kuat memberikan keuntungan bagi industri biodiesel dan saat ini, Indonesia telah menjadi salah satu produsen biodiesel terkemuka.

Diperlukan pendekatan terintegrasi untuk menjembatani kesenjangan keterampilan dalam mendukung pembiayaan dan investasi energi bersih

Indonesia telah membuat langkah besar dalam pengembangan keterampilan dan kapasitas untuk energi bersih serta keuangan berkelanjutan. Pusat Pelatihan Ketenagalistrikan, Energi Terbarukan dan Konservasi Energi (PPSDM EBTKE) Kementerian ESDM telah merancang, mengembangkan dan menyelenggarakan sejumlah pelatihan teknis, skema sertifikasi dan pedoman untuk efisiensi energi dan energi terbarukan. Beberapa perguruan tinggi juga mengikuti langkah ini dengan menyusun kurikulum tentang energi bersih, meskipun masih sangat terbatas. OJK (regulator pasar keuangan) juga aktif dalam upaya mengembangkan keterampilan dan kapasitas keuangan berkelanjutan, termasuk pembiayaan energi bersih. Terlepas dari pentingnya upaya ini, beberapa bidang masih membutuhkan pengembangan keterampilan dan kapasitas lebih lanjut. Hingga saat ini, upaya peningkatan keterampilan dan kapasitas energi bersih lebih condong pada aspek teknis dan operasional, sebagaimana terjadi di banyak negara. Walaupun upaya tersebut penting untuk transisi energi bersih, pengembangan pembiayaan proyek dan keterampilan mitigasi risiko, dengan sasaran berbagai pemangku kepentingan utama (misalnya pengembang proyek, perusahaan teknik, pemerintah, dan pembangkit energi), tidak kalah pentingnya untuk memungkinkan serangkaian proyek siap investasi dan memastikan lembaga jasa keuangan dilengkapi dengan baik untuk mendanai mereka. Demikian pula, banyak pelatihan lembaga jasa keuangan untuk energi bersih dengan fokus pada pembiayaan proyek terbarukan, seringkali mengabaikan efisiensi energi. Menyeimbangkan fokus pada efisiensi energi dengan tetap mengembangkan basis bukti kelayakan finansial dari proyek-proyek efisiensi energi dan energi terbarukan, yang diikuti dengan kampanye peningkatan kesadaran yang ditargetkan, menjadi sangat penting.

Pemberdayaan perempuan dan dukungan kepada pengusaha perempuan dapat mempercepat transisi energi bersih di Indonesia

Pemberdayaan perempuan khususnya perempuan pengusaha dapat membantu mempercepat transisi energi bersih. Indonesia mengakui peran penting perempuan dalam mencapai Tujuan Pembangunan Berkelanjutan meskipun, sebagaimana halnya di sebagian besar negara, perempuan masih kurang terwakili dalam hal peran kepemimpinannya dalam pemerintahan dan industri di Indonesia. Walaupun Kementerian Keuangan, Kementerian Lingkungan Hidup dan Kehutanan, dan Kementerian Luar Negeri dikepalai oleh menteri perempuan, dari 30 menteri, hanya enam menteri perempuan yang duduk di kabinet. Selain itu, tidak ada program sasaran di sektor energi bersih yang dibuat untuk mendukung pemberdayaan perempuan atau membantu pengusaha perempuan mengatasi bias gender dan tantangan pembiayaan. Kementerian Keuangan memiliki program pembiayaan mikro yang memberi manfaat bagi usaha yang dipimpin perempuan, tetapi program tersebut tidak secara khusus menyasar perempuan dan tidak juga menguntungkan usaha perempuan di sektor energi bersih. Indonesia dapat belajar dari Program Kolaborasi Energi Bersih, Pendidikan dan Pemberdayaan (C3E) dengan bekerja sama dengan negara, industri, dan organisasi lain untuk mengembangkan solusi konkret yang mendorong partisipasi dan kepemimpinan perempuan di sektor energi bersih dan Indonesia dapat belajar dari kelompok ini dan bahkan mempertimbangkan untuk bergabung dengan program ini.

Kotak 7.1. Rekomendasi kebijakan utama terkait Litbang dan inovasi, pengembangan keterampilan dan kapasitas serta pemberdayaan perempuan

- Secara bersamaan mengembangkan energi terbarukan nasional dan integrasi jaringan listrik transmisi regional serta perdagangan listrik, dengan mempertimbangkan secara cermat interaksi antara kebijakan dekarbonisasi sistem listrik nasional untuk menurunkan karbon bersih secara signifikan.
- Meningkatkan pendanaan pemerintah secara substansial untuk Litbang efisiensi energi dan energi terbarukan dan mempercepat peralihan dalam pembelanjaan Litbang dari bahan bakar fosil menjadi teknologi energi bersih guna mempercepat pengembangan industri energi bersih dalam negeri. Mengingat keterbatasan anggaran, mempertimbangkan untuk menyasar teknologi yang berpotensi mampu mendorong perekonomian dengan persyaratan modal yang rendah atau sedang seperti sistem manajemen energi dalam industri dan bangunan komersial dan aplikasi energi terbarukan untuk Usaha Mikro, Kecil & Menengah (UMKM).
- Menetapkan program dengan sasaran inkubator energi bersih untuk mendukung inovasi dan membantu generasi perusahaan rintisan *(start-ups)* berikutnya yang mengembangkan efisiensi energi dan solusi energi terbarukan.
- Meningkatkan kapasitas sektor pembiayaan untuk membuka pembiayaan energi bersih melalui pelaksanaan program pelatihan dan peningkatan kapasitas dan penyusunan pedoman. Sebagai bagian dari tahap kedua Peta Jalan Keuangan Berkelanjutan, memfokuskan upaya pada peningkatan ketersediaan dan pengungkapan kinerja proyek energi bersih dan profil *risk-return* yang akan membantu meningkatkan transparansi dan membangun keyakinan investor. Melengkapi upaya ini dengan kampanye peningkatan kesadaran akan kesempatan dalam pembiayaan proyek energi bersih.
- Mempertimbangkan untuk menerapkan pendekatan yang lebih terintegrasi terhadap program pelatihan energi bersih, yang melampaui aspek teknis dan operasional dalam pengembangan proyek efisiensi energi dan energi terbarukan dengan sasaran pemangku kepentingan utama, misalnya pengembang proyek, lembaga pemerintah dan perusahaan pembangkit. Sebagai bagian dari program peningkapan kapasitas ini, mempertimbangkan integrasi aspek pengembangan keuangan dan usaha dalam pembangunan proyek dan mencantumkan desain PJBTL yang *bankable* dan diakui secara internasional serta pengembangan dan penerapan model KPBU.
- Mempertimbangkan pelaksanaan skema program sasaran dan dukungan pembiayaan untuk mendorong dan memfasilitasi akses ke pembiayaan untuk pengusaha perempuan di sektor energi bersih, khususnya karena perempuan merupakan kontributor penting untuk mencapai pembangunan berkelanjutan.

Integrasi jaringan listrik regional

Indonesia merupakan bagian dari Rencana Aksi Kerja Sama Energi ASEAN Tahap II (2021-2025), yang disusun dalam kerangka ASEAN dengan dua strategi berbasis hasil sebagai berikut:

- Mempercepat pengembangan dan penyelesaian proyek Jaringan Listrik ASEAN yang ditetapkan dalam Studi Rencana Induk Interkoneksi ASEAN III (ASEAN *Interconnection Masterplan Study* III/AIMS III) 2020.
- Memperluas perdagangan listrik regional multilateral, memperkuat daya tahan dan modernisasi jaringan listrik, dan mendorong integrasi energi bersih dan terbarukan.

Studi AIMS III menetapkan lima proyek-proyek transmisi listrik lintas perbatasan potensial yang menghubungkan Indonesia dengan negara tetangganya. Proyek ini termasuk koneksi dari Sumatera ke daratan Malaysia serta koneksi antara Malaysia dan sebagian pulau Kalimantan, Indonesia. Interkoneksi listrik yang ditetapkan adalah:

- Malaka (Malaysia) – Sumatera (Indonesia)
- Batam (Indonesia) – Singapura
- Sarawak (Malaysia) – Kalbar (Indonesia)
- Sabah Timur (Malaysia) – Kalimantan Utara (Indonesia)
- Singapura – Sumatera (Indonesia)

Sejauh ini, hanya interkoneksi listrik Sarawak – Kalbar yang berhasil mencapai operasi komersial. Pengembangan interkoneksi listrik tidaklah sederhana dan biasanya memerlukan waktu beberapa tahun. Akan tetapi, beberapa faktor penentu utama dapat mempercepat pengembangan, seperti kejelasan anggaran dan kerangka kerja untuk memanfaatkan interkoneksi listrik yang telah terbangun.

Indonesia kurang memberikan perhatian pada pengembangan transmisi listrtik karena keterbatasan anggarannya, misalnya, anggaran RUPTL (Rencana Usaha Penyediaan Tenaga Listrik) terbaru 2019-28 untuk transmisi listrik nasional 10% lebih rendah dari RUPTL sebelumnya. Selain itu, Indonesia lebih memprioritaskan pengembangan transmisi listrik nasional daripada interkoneksi listrik lintas negara sebagai bagian dari strategi pengembangan jaringan listrik yang dihadapkan pada keterbatasan anggaran pemerintah (investor swasta tidak diizinkan berinvestasi dalam infrastruktur jaringan, tetapi ketentuan ini diperkirakan akan berubah dalam RUPTL berikutnya); **lihat Bab 2 dan 4**). Mengingat permasalahan ini dan sebagaimana ditunjukkan dalam studi IEA tentang perdagangan listrik lintas negara ASEAN, sudah seharusnya jika Indonesia mempertimbangkan untuk mengizinkan masuknya lebih banyak modal swasta dalam segmen transmisi dan distribusi pasar ketenagalistrikan untuk meringankan beban anggaran pemerintah dan mempercepat pengembangan jaringan transmisi listrik (IEA, 2019[1]).

Walaupun dapat membantu mempercepat penetrasi energi terbarukan, peningkatan interkoneksi dan listrik multilateral menyebabkan kenaikan emisi aktual di negara-negara ASEAN, mengingat kadar bahan bakar fosil saat ini (IEA, 2019[1]). Apabila perdagangan transmisi dan listrik multilateral ditetapkan berdasarkan tingkat energi terbarukan saat ini, maka akan ada resiko bahwa listrik murah bertenaga batu bara dari Indonesia dapat diekspor ke negara-negara ASEAN lainnya yang dapat menyebabkan kenaikan emisi. Sebaliknya, apabila peningkatan perdagangan transmisi dan listrik multilateral dibarengi dengan tingginya pangsa energi terbarukan, maka akan memungkinkan turunnya total emisi untuk negara-negara ASEAN. Dengan demikian, diperlukan perencanaan sistem energi yang holistik untuk mencapai target penurunan emisi negara-negara ASEAN.

Pengembangan perdagangan listrik multilateral juga menjadi salah satu target Rencana Aksi ASEAN untuk Kerja Sama Energi (*ASEAN Plan of Action for Energy Cooperation*/APAEC). Indonesia ikut serta dalam kerja sama ini melalui Kepala Badan Utilitas/Otoritas Tenaga Listrik ASEAN serta Jaringan Pengaturan Energi ASEAN. Indonesia akan melanjutkan kerja samanya di tingkat regional karena pengembangan perdagangan listrik multilateral dapat memberikan beberapa manfaat bagi sistem ketenagalistrikan Indonesia. Salah satunya adalah dapat mengintegrasikan pangsa energi terbarukan yang lebih besar ke dalam sistem Indonesia karena manfaat keamanan dari perdagangan listrik multilateral serta peluang untuk mengekspor tenaga listrik ke negara-negara ASEAN.

Litbang dan inovasi

P3TKEBTKE Kementerian ESDM memimpin sebagian besar upaya Litbang dan inovasi energi bersih di Indonesia. P3TKEBTKE telah melakukan serangkaian kegiatan Litbang energi bersih pada energi terbarukan dan efisiensi energi, termasuk pemetaan potensi energi terbarukan dan teknologi sisi pasokan *(supply-side)* serta metode pengujian untuk meningkatkan kinerja berbagai peralatan elektronik (misalnya, mesin cuci, pompa air dan penanak nasi) dan kepatuhan terhadap peraturan tentang Standar Kinerja Energi Minimum (SKEM). Instansi pemerintah lain juga mengadakan Litbang terkait energi bersih, tetapi dengan intensitas yang jauh lebih rendah (lihat Tabel 7.1). BPPT, badan litbang yang independen telah berperan penting dalam sektor energi di Indonesia, namun sampai saat ini hanya sedikit melakukan litbang energi bersih

Tabel 7.1. Contoh kegiatan Litbang terkait energi bersih yang dilakukan oleh lembaga Litbang

	Efisiensi energi	Listrik energi terbarukan	Bidang terkait lainnya
P3TKEBTKE	• Metode pengujian efisiensi energi untuk berbagai peralatan. • Dukungan kebijakan untuk mengembangkan MEPS dan label energi.	• Pengembangan dan inovasi teknologi (termasuk panas bumi, surya, mikro hidro, sampah menjadi energi). • Pemetaan sumber daya terbarukan.	• Pengembangan jaringan pintar *(smart grid).*
BPPT	• Pemanfaatan teknologi konservasi energi untuk industri (termasuk pedoman teknis pengelolaan energi).	• Transfer teknologi untuk PLTP skala kecil. • Inovasi untuk PLT Bioenergi.	• Studi tentang Prospek Energi Indonesia. • Studi tentang Persyaratan Tingkat Kandungan Dalam Negeri. • Smart grid untuk elektrifikasi perkotaan dan pedesaan. • Pengujian mobil listrik dan baterai.
LIPI	• Pengembangan teknologi pico hidro untuk mendukung efisiensi energi. • Pengembangan sistem pengelolaan energi.	• Pengembangan teknologi pico hidro untuk mendukung efisiensi energi. • Pengembangan sistem pengelolaan energi.	• Sistem jaringan mikro *(microgrid)* di daerah terpencil. • Konverter DC-DC dan inverter DC-AC.

Catatan: AC= *Alternating Current*. DC= *Direct Current*
Sumber: BPPT, LIPI dan P3TKEBTKE.

Sifat kegiatan Litbang yang tersebar di Indonesia (termasuk di luar sektor energi bersih) baru-baru ini mendorong Presiden untuk mengumumkan rencana konsolidasi upaya Litbang nasional (di semua sektor) di bawah payung Badan Riset dan Inovasi Nasional (BRIN) (The Jakarta Post, 2020[2]). Walaupun implikasinya terhadap Litbang energi bersih belum sepenuhnya jelas, namun ini mungkin dapat menyeimbangkan kembali aktivitas Litbang energi bersih dari P3TKEBTKE ke BRIN. Dalam hal ini, P3TKEBTKE sudah mulai memfokuskan ulang mandat kelembagaannya dari badan Litbang pemerintah menjadi BLU yang berorientasi pada pendapatan dengan layanan laboratorium dan pengujian untuk perusahaan dan pemangku kepentingan lainnya. Artinya, sebagai BLU, sebagian besar anggaran P3TKEBTKE akan berasal dari pihak ketiga (misalnya dari swasta, dana penelitian dan kerja sama internasional) daripada dari anggaran pemerintah.

Kegiatan Litbang P3TKEBTKE biasanya berfokus pada bahan bakar fosil bersih, walaupun instansi ini mengalokasikan kurang dari sepertiga dari total anggarannya untuk energi bersih selama 2015-20 (lihat Gambar 7.1). Selama periode tersebut, lebih dari separuh pengeluaran Litbang energi bersih digunakan untuk mengadakan penelitian tentang teknologi energi terbarukan (terutama di sektor ketenagalistrikan) dengan sebagian kecil anggaran dialokasikan untuk penelitian efisiensi energi (lihat Gambar 7.2).

Gambar 7.1. Pengeluaran Litbang P3TKEBTKE dan porsi Litbang energi bersih dari total pengeluaran, 2015-20

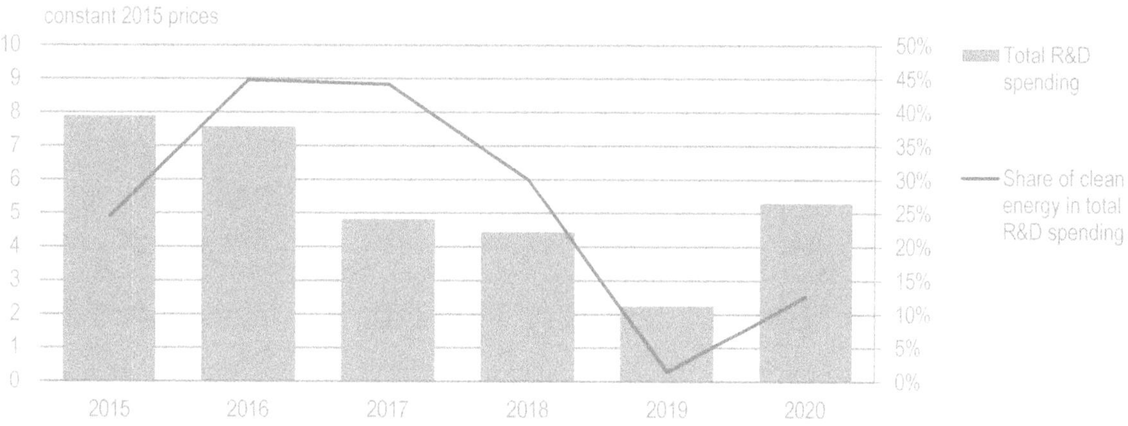

Sumber: P3TKEBTKE statistics.

StatLink https://stat.link/kt93y6

Gambar 7.2. Anggaran Litbang energi bersih PT3KEBTKE per kegiatan penelitian, 2015-20

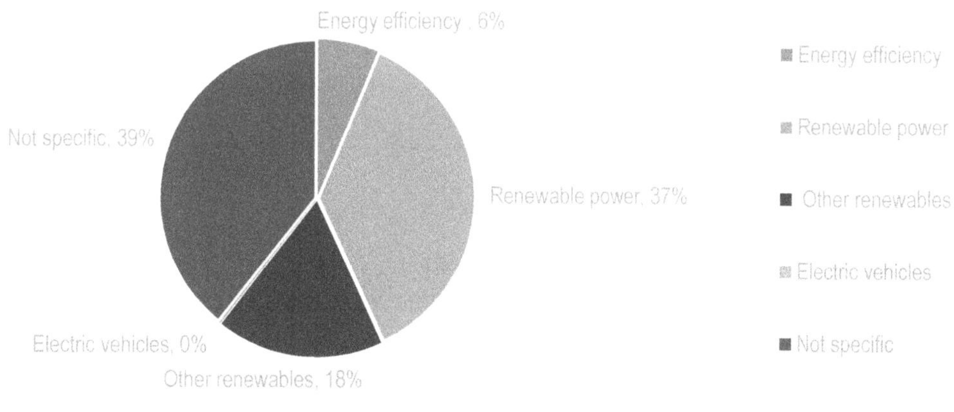

Catatan: "Energi terbarukan lainnya" mencakup kegiatan energi terbarukan yang tidak berkaitan dengan sektor ketenagalistrikan. "Tidak spesifik" mencakup wilayah penelitian yang tidak spesifik untuk kategori lain atau yang tidak ditentukan.
Sumber: P3TKEBTKE.

StatLink https://stat.link/qyaeh9

Anggaran Litbang pemerintah untuk energi bersih masih terlalu rendah untuk mencapai tujuan energi bersih Indonesia. Total alokasi anggaran Litbang P3TKEBTKE untuk energi terbarukan dan efisiensi energi rata-rata mencapai sekitar USD 1,3 juta per tahun selama 2015-20. Angka ini jauh di bawah ambisi Indonesia dalam *Mission Innovation*, di mana Indonesia berjanji untuk meningkatkan anggaran Litbang yang dialokasikan untuk energi bersih menjadi USD 150 juta pada tahun 2020 atau lebih dari 80 kali lipat alokasi anggaran tahunan rata-rata aktual PT3TKEBTKE selama tahun 2015-19 (lihat Gambar 7.3). Meskipun total anggaran Litbang energi bersih juga akan mencakup anggaran dari lembaga penelitian lain (yang datanya tidak tersedia untuk umum), jumlah tersebut kemungkinan tidak akan melebihi target *Mission Innovation*. Selain itu, sejak 2016 anggaran Litbang energi bersih P3TKEBTKE mengalami penurunan tren, dengan porsi dalam total anggaran anjlok menjadi 1,5% pada 2019. Di sisi lain, penurunan ini mencerminkan tren penurunan secara umum dalam anggaran keseluruhan P3TKEBTKE sejak 2015, mengingat rencana untuk mengubah instansi ini menjadi organisasi yang berorientasi pada penghasilan mulai tahun 2020 (lihat Gambar 7.1). Namun di sisi yang lain, hal ini secara keseluruhan juga mencerminkan kurangnya perhatian terhadap teknologi energi bersih (terutama efisiensi energi) dibandingkan dengan bahan bakar fosil "bersih" dan teknologi lainnya, yang tetap menjadi bidang fokus utama Litbang di sektor energi Indonesia.

Gambar 7.3. Proyeksi alokasi anggaran Litbang berdasarkan Mission Innovation 2016-20 (Ribu USD)

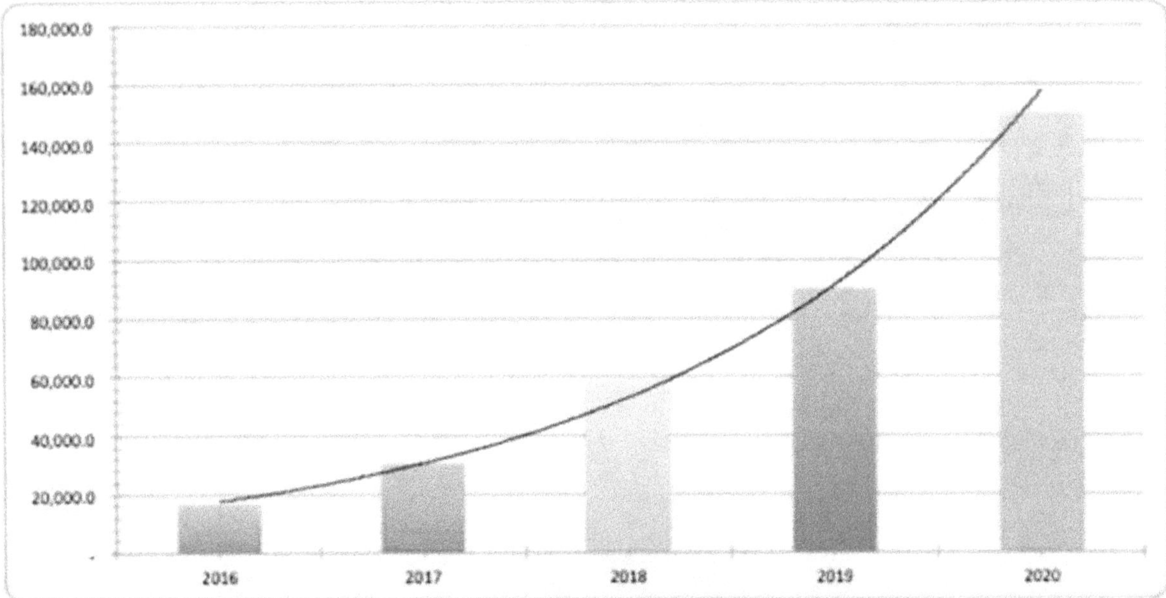

Sumber: Mission Innovation, 2016

P3TKEBTKE menerima dukungan internasional yang cukup signifikan (Rp 32,18 miliar di tahun 2019) dan terlibat dalam beberapa inisiatif kerja sama internasional di bidang energi bersih. Ini termasuk melalui tantangan *Mission Innovation* berikut: jaringan listrik pintar *(smart grid)*,, akses *off-grid* ke listrik, penangkapan karbon, dan bahan bakar nabati yang berkelanjutan. Selain itu, P3TKEBTKE telah bekerja sama dengan Organisasi Pengembangan Energi Baru dan Teknologi Industri Jepang, UNDP, serta Lembaga Evaluasi dan Perencanaan Teknologi Energi Korea (*Korea Institute of Energy Technology Evaluation and Planning*).

Selain dukungan pembiayaan langsung untuk Litbang energi bersih, untuk mencapai transisi energi bersih diperlukan dukungan kebijakan yang dapat membantu mengembangkan rantai pasokan domestik dan ekosistem inovasi secara lebih luas dan memfasilitasi pengembangan pengusaha energi bersih. Salah satu kebijakan penting yang diterapkan di Indonesia adalah insentif pajak yang baru-baru ini diterapkan untuk membantu pengeluaran sektor swasta dalam bidang penelitian dan pengembangan, sehingga memungkinkan potongan hingga 300% untuk pengeluaran penelitian dan pengembangan terhadap pendapatan kotor. Walaupun memberi harapan, insentif ini hanya menguntungkan perusahaan yang sudah *profitable* sehingga diperlukan insentif lain yang menyasar perusahaan tahap awal dan mendukung perusahaan untuk mengatasi "lembah kematian *(valley of death)*".

Pendidikan, pelatihan dan peningkatan kapasitas

PPSDM EBTKE Kementerian ESDM bertanggung jawab untuk mengembangkan dan melaksanakan berbagai kegiatan pelatihan dan peningkatan kapasitas untuk energi bersih. Di sektor efisiensi energi, PPDSM Kementerian ESDM secara khusus telah melaksanakan sejumlah pelatihan untuk bangunan dan industri berwawasan lingkungan, skema sertifikasi untuk audit energi dan manajemen energi untuk auditor energi baik sektor bangunan maupun industri. Pada tahun 2019, PPSDM mensertifikasi 79 manajer energi dan 175 auditor energi di sektor industri sementara Kementerian Tenaga Kerja mensertifikasi total 775 auditor energi. Sertifikasi ini diberikan setelah peserta mengikuti kegiatan pelatihan dan peningkatan kapasitas, sebagaimana Peraturan Menteri No. 41 Tahun 2015, yang menerapkan SKKNI (Standar Kompetensi Kerja Nasional Indonesia) nasional untuk kompetensi manajer energi bangunan dan industri yang dirancang sebagai acuan untuk lembaga pelatihan tersertifikas[1]. Keputusan Menteri Tenaga Kerja No. 53 Tahun 2018 juga menetapkan standar kerja nasional untuk audit energi yang dirancang sebagai acuan untuk pendidikan dan pelatihan, penilaian kompetensi dan sertifikasi auditor energi[2].

Terkait dengan energi terbarukan, PPSDM mengembangkan berbagai pelatihan dan sertifikasi kompetensi tentang studi kelayakan, konstruksi, instalasi dan pemeliharaan berbagai teknologi energi terbarukan dengan sasaran pengembang, pemasang dan staf pemerintah. Lebih lanjut, perguruan tinggi dan sekolah kejuruan juga menyesuaikan hal ini dengan mengembangkan kurikulum energi terbarukan dan efisiensi energi, walaupun masih terbatas.

Di sektor jasa keuangan, OJK telah melakukan pengembangan keterampilan dan kapasitas sebagai salah satu pilar utama Peta Jalan Keuangan Berkelanjutan. Selanjutnya, dengan dukungan kerja sama pembangunan internasional, OJK telah berupaya keras untuk merancang sejumlah pedoman pembiayaan proyek efisiensi energi serta modul pelatihan tentang energi terbarukan dan efisiensi energi untuk perbankan dan mengadakan pelatihan berjenjang (termasuk *"training of trainers"*). Sejak tahun 2020, OJK telah melaksanakan 53 sesi pelatihan, yang mendukung peningkatan kapasitas dalam efisiensi energi dan energi terbarukan bagi sekitar 1.050 peserta (termasuk staf OJK).

Terlepas dari upaya yang telah dilakukan, Indonesia masih menghadapi kesenjangan keterampilan pembiayaan dan investasi energi bersih. Saat ini, berbagai program pelatihan untuk energi bersih cenderung berfokus pada aspek teknis dan operasional proyek energi bersih tanpa mengintegrasikannya dengan aspek bisnis dan keuangan pembangunan proyek. Meskipun demikian, keterampilan ini adalah kunci untuk membantu pengembang proyek mengembangkan proyek yang *bankable*, baik melalui rencana bisnis yang secara finansial kuat maupun penerapan pinjaman yang solid, dan membawa proyek menuju pemenuhan pembiayaan *(financial closure)*. Dalam efisiensi energi, misalnya, belum ada sertifikasi yang diakui secara internasional untuk audit berstandar investasi - meskipun telah ada upaya untuk mengembangkan sertifikasi semacam itu dengan Universitas TUV Rheinland - yang berpengaruh terhadap *bankability* berbagai proyek efisiensi energi. Upaya serupa juga diperlukan untuk memastikan bahwa pemerintah pusat dan pemerintah daerah serta PLN dilengkapi dengan baik untuk mendukung dan mendanai proyek energi bersih, misalnya upaya untuk fokus pada merancang skema KPBU dan merancang Perjanjian Jual Beli Tenaga Listrik (PJBTL) proyek energi bersih yang *bankable* serta meningkatkan fleksibilitas jaringan listrik (dengan memperhatikan proses dan perkiraan kebutuhan) sehingga memungkinkan integrasi energi terbarukan yang semakin baik.

Selain itu, pelatihan untuk lembaga jasa keuangan selama ini berfokus pada energi terbarukan dan seringkali mengabaikan aspek pembiayaan proyek efisiensi energi. Akibatnya, perbankan umum masih relatif tidak terbiasa dan enggan mendanai proyek efisiensi energi, sebagian besar karena skalanya yang kecil dan arus kas berbasis penghematan energinya *(energy-savings-based cash flows)* yang tidak berwujud. Oleh sebab itu, kelayakan finansial proyek efisiensi energi dan energi terbarukan berbasis bukti (misalnya, meningkatkan ketersediaan data historis proyek) harus dikembangkan disertai dengan kampanye peningkatan kesadaran yang terarah.

Keragaman gender dan dukungan terhadap pengusaha perempuan

Secara global diakui bahwa kesenjangan gender di sektor energi harus diatasi untuk mendorong transisi energi bersih karena perempuan berperan penting dalam inovasi dan pengembangan solusi inklusif. Dukungan terhadap kewirausahaan perempuan di sektor energi bersih tidak hanya mendorong inklusi dan pemberdayaan sosial, melainkan juga dapat mendorong pertumbuhan ekonomi dan merupakan faktor keberhasilan proyek. Keberhasilan penerapan energi bersih untuk menggantikan pasokan bahan bakar fosil tidak lepas dari peran perempuan, selain itu, sebagai pihak yang paling sering terkena dampak, perempuan memiliki andil terbesar dalam memperluas akses ke energi.

Sektor ini bergantung pada berbagai aktivitas di sepanjang rantai pasokan, mulai dari penelitian dan pengembangan, manufaktur, instalasi, pengoperasian dan pemeliharaan, hingga keuangan, pengembangan bisnis, dan lain-lain. Melalui penghapusan hambatan masuk bagi perempuan, akan lebih banyak sumber daya yang tercipta untuk industri yang sedang berkembang. Keragaman gender di setiap tingkatan organisasi, mulai dari karyawan sampai dengan pimpinan memberikan manfaat tambahan dalam hal pertumbuhan, budaya, dan keberlanjutan. Studi menunjukkan bahwa tim kepemimpinan yang semakin beragam akan meningkatkan kualitas inovasi dan kinerja keuangan perusahaan[3] akan semakin meningkat. Dengan menghapuskan hambatan bagi perempuan untuk turut ambil bagian dalam peran kepemimpinan di sektor energi bersih, akan lebih banyak perempuan yang dapat masuk ke dalam sektor ini.

Di Indonesia, perempuan seringkali kurang mandiri secara finansial dibandingkan pria. Dari sisi permintaan, perempuan pengusaha pada umumnya kurang memiliki pengetahuan tentang peluang usaha, fasilitas kredit dan layanan perbankan yang tersedia. Perempuan seringkali berada dalam posisi yang kurang menguntungkan karena tidak memiliki modal yang mencukupi untuk investasi atau agunan untuk memperoleh pinjaman. Di sisi penawaran, sebuah studi yang dilakukan *Asia Foundation* menemukan bahwa manajer bank sering kali kurang percaya pada rencana bisnis yang diajukan oleh perempuan, yang dianggap lebih berisiko[4]. Oleh karena itu, diperlukan dukungan bagi perempuan pengusaha untuk mengatasi bias ini dan membangun rekam jejak yang lebih kuat dalam mengembangkan usaha yang sukses.

Walaupun Kementerian Keuangan memiliki program pembiayaan mikro yang memberi manfaat bagi usaha yang dipimpin perempuan, program tersebut tidak menyasar perempuan dan tidak juga menguntungkan usaha perempuan di sektor energi bersih. Bisnis milik perempuan tidak hanya membutuhkan saluran pembiayaan inklusif, melainkan juga program pelatihan dan pendampingan dalam keterampilan teknis, keuangan dan kepemimpinan. Bank pembangunan multilateral (*Multilateral development bank*/MDB) mengakui adanya defisit pinjaman untuk perempuan pengusaha dan telah meluncurkan inisiatif untuk meningkatkan akses ke pembiayaan, pasar, jaringan, pendampingan, dan informasi. Contoh kolaborasi untuk membantu perempuan mengakses layanan keuangan dan nonkeuangan adalah *Women Entrepreneurs Finance Initiative* (We-Fi) yang diluncurkan oleh 14 negara dan 6 MDB[5].

Solusi lain yang berkembang pesat di berbagai negara berkembang, termasuk di Indonesia, adalah *fintech*. Mengingat penetrasi ponsel yang sangat tinggi, solusi seluler memberikan peluang unik untuk menjangkau segmen populasi yang paling rentan sekalipun. *Platform* seluler membuat perempuan mampu mengendalikan pembayaran dan tabungan, dan bagi pengusaha, *platform* ini dapat memberikan informasi dan akses ke layanan keuangan. *Women's MSME Fintech Innovation Fund* mendukung solusi percontohan di Asia Tenggara sehingga meningkatkan akses dan penggunaan layanan keuangan untuk UMKM milik perempuan, seperti platform *blockchain* untuk menghubungkan pengusaha dengan investor, melakukan pembayaran digital, pembukuan otomatis, dan penilaian kredit berbasis data (UNESCAP, 2021[3]). Solusi ini menyediakan sebuah *platform* bagi pelaku usaha untuk menggalang modal awal, dalam bentuk investasi, kredit atau bahkan donasi.

Keuangan berkelanjutan yang responsif gender untuk proyek energi dapat memberikan dampak terukur terhadap tujuan pembangunan berkelanjutan, pemberdayaan perempuan, pengentasan kemiskinan, dukungan terhadap pertumbuhan ekonomi dan peningkatan kesehatan manusia melalui pengurangan polusi udara, sekaligus mendukung perluasan energi bersih untuk melawan perubahan iklim. Investor berbasis gender *(gender-lens investors)* yang ingin meningkatkan penghidupan perempuan memiliki sejumlah opsi di antara kelas aset. Investor dapat memperoleh manfaat dari pilihan strategi pendapatan tetap dan ekuitas di pasar tertutup *(private market)* dan pasar publik *(public market)* untuk mendukung perempuan dan energi bersih dalam skala kecil serta proyek berskala besar *(utility-scale project)*. Pada tahun 2019, BBVA menyediakan pinjaman sebesar USD 44 juta untuk ladang angin berkapasitas 48 MW di Turki, sebagai bentuk pinjaman berbasis gender (BBVA, 2019[4]).

Program Kolaborasi Pendidikan dan Pemberdayaan Energi Bersih (*Clean Energy, Education and Empowerment Collaboration Programme*/C3E), sebuah prakarsa Kementerian Energi Bersih, memberikan sarana bagi negara, industri dan organisasi untuk bekerja sama mengembangkan solusi konkrit yang mendorong partisipasi dan kepemimpinan perempuan di sektor energi bersih[6]. Beberapa negara yang menjadi bagian dari prakarsa ini, seperti Kanada, Chili, Italia, dan Swedia mengadakan promosi tentang kepemimpinan dan partisipasi perempuan dalam transisi energi sebagai prioritas utama. Prakarsa C3E ini diluncurkan dalam Kampanye Kesetaraan 2018 *(Equal by 30 Campaign)*, yang merupakan komitmen publik oleh pemerintah dan korporasi untuk melakukan aksi guna mencapai kesetaraan dalam hal upah, kepemimpinan dan kesempatan untuk perempuan di sektor energi bersih pada tahun 2030. Dalam kampanye tersebut disampaikan praktik-praktik terbaik dan kisah keberhasilan dalam mendukung pemberdayaan perempuan di sektor energi bersih dan *platform* untuk memfasilitasi pengumpulan data dan pelaporan kemajuan untuk mencapai komitmen kampanye. Pemerintah Indonesia dapat berpartisipasi dalam prakarsa tersebut dan perusahaan energi atau terkait energi di Indonesia dapat bergabung dalam kampanye tersebut.

Referensi

BBVA (2019), *Garanti BBVA finances wind farm in Turkey with gender loan to Polat Energy | BBVA*, https://www.bbva.com/en/garanti-bbva-finances-wind-farm-in-turkey-with-gender-loan-to-polat-energy/ (accessed on 11 February 2021). [4]

IEA (2019), *ASEAN Renewable Energy Integration Analysis*, https://www.iea.org/reports/asean-renewable-energy-integration-analysis (accessed on 9 December 2020). [1]

IEA (2015), *Energy Policies Beyond IEA Countries: Indonesia 2015*, Energy Policies Beyond IEA Countries, International Energy Agency, Paris, https://dx.doi.org/10.1787/9789264065277-en. [5]

The Jakarta Post (2020), *Jokowi wants BRIN to take center stage in research efforts*, https://www.thejakartapost.com/news/2020/01/31/jokowi-wants-brin-to-take-center-stage-in-research-efforts.html (accessed on 8 February 2021). [2]

UNESCAP (2021), *Catalyzing Women's Entrepreneurship | ESCAP*, https://www.unescap.org/projects/cwe (accessed on 11 February 2021). [3]

Catatan

1 PERATURAN MENTERI NO. 41 TAHUN 2015

2 KEPUTUSAN MENTERI KETENAGAKERJAAN NO. 53 TAHUN 2018

3 https://www.bcg.com/en-us/publications/2018/how-diverse-leadership-teams-boost-innovation.aspx

4 https://asiafoundation.org/2017/11/01/financial-inclusion-women-entrepreneurs/

5 https://we-fi.org//

6 http://www.cleanenergyministerial.org/initiative-clean-energy-ministerial/clean-energy-education-and-empowerment-c3e

www.ingramcontent.com/pod-product-compliance
Lightning Source LLC
LaVergne TN
LVHW080655011026
849160LV00014B/1441